카자흐스탄의 정치와 ★경제

강남대학교 **중앙아시아연구소 총서 1**

카자흐스탄의 정치와 경제

초판 1쇄 인쇄 | 2009년 2월 25일
초판 1쇄 발행 | 2009년 3월 10일

지은이 | 김일겸
발행인 | 김학민
발행처 | 학민사

등록번호 | 제10-142호
등록일자 | 1978년 3월 22일

주소 | 서울시 마포구 대흥동 150-1번지 (우편번호 121-809)
전화 | 02-716-2759, 702-3317
팩시밀리 | 02-703-1495

홈페이지 | http://www.hakminsa.co.kr
이메일 | hakminsa@hakminsa.co.kr

ISBN 978-89-7193-189-9 (03340), Printed in Korea

ⓒ 김일겸, 2009

카자흐스탄의 정치와 ★경제

지은이 **김 일 겸**

학민사

감사의 글

　　사랑한다는 말을 하는 것이 어렵다지만, 감사의 말을 하는 것도 쉬운 것은 아니다. 그 동안 살아오면서 진 인생의 빚을 졸고를 출판하면서, 몇 마디 언급한다고 갚아질 수 있는 것도 아니다. 그럼에도 이런 기회에 감사의 말을 하지 않을 수 없는 것은 언젠가는 해야 되기 때문이다.

　　먼저 은사이신 윤이흠 선생님께 감사의 말씀을 전하지 않을 수 없다. 오랜 동안 필자를 지켜보시면서 학문적인 성장을 위해 격려해 주신 것을 잊을 수 없다. 기대에 부응하지 못한 것은 모두 필자가 부족하기 때문이다. 그리고 김필영 선생님께도 감사의 말씀을 드리지 않을 수 없다. 사실 이 책은 김필영 선생님이 아니었다면 결코 출판될 수 없었을 것이다. 책의 집필을 자극하고 격려하지 않았다면 필자의 게으름으로 결코 책이 만들어지지 못했을 것이다.

　　그리고 마지막으로 박현섭 선생님과 천강우 선생님께도 감사의 말씀을 전하고 싶다. 항상 필자를 지켜보며 용기를 준 것에 감사한다.

카자흐스탄은 구소련의 해체와 더불어 태어난
신생 독립국으로서 중앙아시아 지역에 위치하고 있다. 카자
흐스탄은 내륙 국가로서 서쪽으로는 카스피해와 접하고, 동
쪽으로는 중국과, 북쪽으로는 러시아와, 남쪽으로는 우즈베
키스탄, 키르기즈스탄, 투르크메니스탄과 국경을 접하고 있
다. 국토의 면적은 세계에서 9번째로 크고, 한반도의 12배에
달한다.

이 지역은 고래로 실크로드의 요충지로서 수많은 문화
와 종교, 예술, 상품이 교류되던 장소이기도 하다. 또한 수많
은 유목제국이 흥망성쇠를 거듭한 곳이기도 하다. 카자흐스
탄의 주민족인 카자흐 민족은 투르크계 민족으로서 한국과
같은 알타이어 계통의 언어를 사용하고, 문화적으로도 상당
한 공통점이 존재한다.

카자흐 민족은 전형적인 유목문화를 간직하고 있고,
한국민이 유목 민족의 후손이라는 측면에서 이 지역에 대
한 관심을 불러일으키기도 한다. 그러나 근래에 중앙아시
아 지역, 특히 카자흐스탄은 세계적 관심의 대상이 되고 있
다. 한국에서도 요즘 들어 부쩍 이 지역에 대한 관심이 증
가하고 있는 상태이다.

이러한 관심은 기본적으로 이 지역이 세계적인 자원의
보고이기 때문이다. 카자흐스탄에는 석유와 가스와 같은

에너지 자원이 다량으로 매장되어 있고, 다른 광물들도 풍부하게 매장되어 있다. 이런 점 때문에 독립 직후부터 이 지역은 세계적인 다국적 기업들의 집중적 관심의 대상이 되었다. 그리고 에너지 자원의 확보를 둘러싼 열강들의 패권 정치의 장이 되었다. 미국과 유럽, 러시아, 중국 등의 강대국이 이 지역의 에너지 자원을 확보하려고 치열하게 경쟁하고 있다. 한국도 최근에 이 지역의 에너지 자원에 관심을 가지고 진출하고 있는 중이다.

이러한 에너지 자원 확보 경쟁은 최근 몇 년간의 고유가와 원자재가 상승에 맞물려 더욱 치열하게 전개되고 있다. 2008년 하반기 들어 미국 금융 위기의 여파로 국제 유가와 원자재가가 많이 하락되었지만, 장기적으로 어차피 유가는 지속적으로 상승할 수밖에 없는 상황이라는 것이 일반적인 전망이다. 따라서 이 지역의 에너지 자원을 확보하려는 경쟁이 쉽게 가라앉지는 않을 것이다.

카자흐스탄은 독립 초기 경제적으로 상당히 어려운 처지에 있었다. 구소련 체제에서 각 공화국들의 경제는 러시아와 밀접한 분업 관계를 형성하고 있었는데, 이러한 관계망이 갑자기 끊어지면서 경제가 제대로 작동하지 못하게 되었다. 이로 인해서 카자흐스탄 경제는 한 동안 상당한 혼란을 겪어야 했고, GDP는 마이너스 성장을 하였다.

그러나 2000년 이후, 연간 거의 10%에 육박하는 고성장을 지속하고 있다. 이러한 고성장의 동력으로는 외국인 직접투자의 증대, 오일 달러의 유입, 적극적 정치·경제개혁 추진이 있었다.

카자흐스탄에 대한 외국인 직접투자는 중앙아시아 5개국(카자흐스탄, 우즈베키스탄, 키르기즈스탄, 타지키스탄, 투르크메니스탄) 중에서 압도적 위치를 차지하고 있다. 2006년 기준으로 외국인 직접투자 누적액으로 비교하면 중앙아시아 전체 투자액의 85.0%를 차지하고 있다. 이러한 카자흐스탄에 대한 투자는 1인당 투자액으로는 러시아보다 10배나 많은 것이다.

현재 카자흐스탄의 GDP 규모는 중앙아시아의 다른 국가들과 코카서스 국가들의 GDP를 합친 것보다 크다. 그리고 2007년 12월 기준으로 카자흐스탄의 1인당 GDP는 약 6,900달러에 달하고 있다. 독립 초기 1인당 GDP가 600달러에 불과하였다는 점을 감안하면 괄목한 만한 성장이라고 할 수 있다.

이러한 카자흐스탄의 경제적인 성공은 적극적인 정치·경제 개혁에 힘입은 바 크다. 이 결과 카자흐스탄은 독립국가연합(CIS) 국가 중에서는 처음으로 미국과 유럽연합에 의해 시장경제로 인정받게 된다. 이러한 성과는 주변의 다른 중앙아시아 국가들과 비교하면 확실한 차이를 느낄 수 있다. 독립 초기 유사한 조건에 있었던 다른 중앙아시아 국가들은 카자흐스탄만큼의 성취를 이루어내지 못하였다. 그것은 상당 부분 정치 · 경제 개혁이 지체되었기 때문이라고 할 수 있다.

현재 카자흐스탄은 중앙아시아 지역에서 지도적 국가로 두각을 나타내고 있다. 그리고 카자흐스탄의 전략도 중앙아시아 지역의 금융, IT 등의 분야에서 선도적 국가로, 센터로 자리잡는 것이다.

카자흐스탄이 이러한 야심적인 전략을 지니고 있고, 지금까지 잘 발전해 왔지만, 카자흐스탄의 정치 · 경제에 문제가 없는 것이 아니다. 여전히 카자흐스탄은 강대국의 패권 투쟁의 장이 되고 있고, 권위주의적 정권도 상당히 문제가 된다. 그리고 경제에도 몇 가지 문제가 존재한다.

그러나 본서는 카자흐스탄의 문제를 다루기 위해서 서술된 것은 아니다. 그러한 내용이 포함되기는 하지만, 본서는 카자흐스탄의 정치 · 경제에 대해서 전반적으로 소개할 목적으로 집필되었다. 본서의 의도는 카자흐스탄에 관심있는 독자가 카자흐스탄의 정치 · 경제에 대해 전체적인 그림을 그려 볼 수 있도록 하는 것이다. 이를 통해 독자가 카자흐스탄에 대해 더 관심이 있다면 보다 전문적인 주제를 찾아볼 수 있을 것이라고 기대하고 있다.

본서에서 다루는 내용을 간략히 소개하면, 1장에서는 카자흐스탄에 대한 전반적인 소개를 하고 있다. 그 내용은 카자흐스탄의 지리와 인구, 역사에 관한 것이다. 이를 통해 독자는 현대 카자흐스탄을 이해하는데 도움을 받을 수 있을 것으로 기대하고 있다.

2장에서는 강대국의 대카자흐스탄 정책을 다룬다. 미국과 러시아, 중국, 그리고 이란과 터키가 어떻게 이 지역에서 헤게모니를 장악하기 위해 경쟁하고 있는지가 주제이다.

3장에서는 카자흐스탄의 국내 정치에 대해 다룬다. 이 장에서 독자는 카자흐스탄 정치의 굴곡과 현정권이 지니는 성격에 대해서 파악할 수 있을 것이다.

4장은 카자흐스탄의 경제에 대해서 다룬다. 카자흐스탄의 전반적인 경제 현황과 에너지 자원의 문제, 경제 개발 전략, 최근의 금융 위기와 관련된 내용을 담고 있다.

카 자 흐 스 탄 의   정 치 와   경 제

Казакстан

감사의 글 …… *4*

서 문 …… *5*

I. 카자흐스탄 개관

1. 개 요 …… *14*
- 지리…*14* • 인구…*17* • 행정구역…*21*

2. 역 사 …… *24*
- 고대 유목제국들…*24* • 몽골제국과 그 계승국가들…*31*
- 카자흐한국과 러시아의 지배…*35*

II. 열강들의 대카자흐스탄 패권 정치

1. 미국의 정책 …… *42*
- 핵무기 외교…*42* • 파이프라인을 둘러싼 암투…*49* • 군사협력…*52*
- 민주주의 확산: 미국의 이중적 태도…*58*

2. 러시아의 정책 …… *60*
- 수직적 관계의 추구…*60* • 수평적 관계로의 전환…*66* • 경제적 영향력의 강화…*72*

3. 중국의 정책 …… *80*
- 안보문제와 SCO…*80* • 에너지 외교…*88* • 신실크로드의 건설…*91*

4. 터키와 이란의 정책 …… *93*
- 투르크 민족의 맏형: 터키…*94* • 이슬람 기반 헤게모니 전략: 이란…*98*

CONTENTS

III. 카자흐스탄의 정치 개관 103

1. 동질적 엘리트 지배의 시기: 1991-2000 ······ 109
   • 독립직전의 상황: 나자르바예프의 부상···109 • 세 번의 헌법개정···111
   • 1999년 대통령 선거···116
2. 엘리트 계층의 분열과 갈등의 시기: 2001-현재 ······ 122
   • 라하트 알리예프와 카자흐스탄 민주적 선택당의 탄생···122 • 강화된 언론 탄압···142
   • 2004년 의회선거와 야당의 분열···149 • 2005년 대통령 선거···158
   • 알튼벡 사르센바예프의 암살과 정당 재편···162 • 일당지배 종신 대통령···168

IV. 카자흐스탄 경제 개관 173

1. 카자흐스탄 경제 현황 ······ 175
2. 카자흐스탄의 석유와 가스 산업 ······ 192
   • 석유·가스 개황···192 • 주요 유전·가스전···198 • 파이프라인···205
   • 석유·가스 산업정책···224
3. 경제 개발 전략 ······ 231
4. 최근의 경제 상황 ······ 239

부록 : 카자흐스탄 연표 ······ 249
참고문헌 ······ 261

I

카자흐스탄 개관

카자흐스탄은 동서 문화 교류의 장인 실크로드 상에
위치한 국가이다. 그러므로 이곳을 통해 수많은 종교와 문
화, 상품이 교류되었다. 또한 고대로부터 수많은 유목 제국
이 명멸한 곳이기도 하다. 고대의 스키타이부터 훈족의 국
가, 돌궐제국, 몽골제국 등등의 거대한 유목제국이 번영하
고 쇠퇴한 곳이다. 카자흐스탄에는 아직도 많은 유목 전통
과 문화가 살아 숨쉬고 있다.

카자흐스탄의 주류 민족인 카자흐족은 투르크계의 민
족으로서 한국과 같은 알타이 계통의 언어를 사용하고 있
다. 이 때문에 언어와 문화에 있어 공통점이 많다. 그러나
이 지역이 역사적으로 수많은 민족들이 넘나들고, 수많은
문화가 교류되었던 곳이기 때문에 카자흐스탄 문화는 순수
한 단일성을 유지하고 있지는 않다. 사실 이렇게 순수하다
고 할 문화는 거의 없다고 보아야 할 것이다.

카자흐스탄에 많은 영향을 준 문화는 페르시아 문화,
이슬람 문화이다. 그리고 근대에 접어들면서 러시아 문화

의 영향을 많이 받았다. 그러나 여전히 고대 동북아 문화의 영향이 강하게 남아 있다. 이 점에서 한국 문화와의 공통분모가 존재한다. 사실 카자흐 민족의 기층 의식에는 알타이 문화가 강하게 자리잡고 있다. 이 점 때문에 한국인과 카자흐인이 만나면 친근감을 느끼게 되는지 모르겠다.

이 장에서는 카자흐스탄의 지리적, 인구론적인 개요와 그 역사에 대해서 간단히 살펴보도록 하겠다. 이것이 앞으로 서술될 현대 카자흐스탄의 정치·경제를 이해하는데 도움이 될 것으로 생각한다.

01 ── 개 요

:: 지리

카자흐스탄은 구소련의 붕괴와 더불어 태어난 신생 독립국이다. 카자흐스탄이 속한 지역을 내륙아시아라고 부르거나 중동에 포함시키기도 한다. 그러나 보통은 중앙아시아라고 부른다. 중앙아시아라고 할 때, 이견이 없는 것은 아니지만 일반적으로 구소련에서 독립한 5개국을 지칭한다. 이 5개국은 카자흐스탄을 포함한 우즈베키스탄, 키르기즈스탄, 투르크메니스탄, 타지키스탄이다.

카자흐스탄의 국토 면적은 2,724,900㎢로서 세계에서 9번째로 크다. 러시아, 중국, 미국, 아르헨티나, 브라질, 캐나다, 인도, 오스트레일리아 다음을 차지하고 있다(카자흐스탄 통계청). 또한 면적상으로 한국의 27배, 한반도의 12배에 달한다(대한무역진흥공사 2008: 1).

만약 카스피해나 아랄해를 바다로 간주하지 않는다면, 카자흐스탄은 완전한 내륙 국가이다. 카자흐스탄은 동으로는 중국과, 북으로는 러시아와, 서로는 카스피해와, 남으로는 키르기즈스탄, 투르크메니스탄, 우즈베키스탄과 접경하고 있다. 러시아와는 6,467km, 중국과는 1,460km, 키르기즈스탄과는 980km, 투르크메니스탄과는 380km, 우즈베키스탄과는 2,300km의 국경을 접한다.

카자흐스탄 동쪽 끝에는 알타이 산맥과 천산 산맥이 있고, 서쪽 끝에는 카스피해가 접한다. 8,500개의 크고 작은 강이 흐르고, 7개의 큰 강은 그 길이가 1,000km에 이른다. 우랄(Ural) 강과 엠바(Emba) 강은 카스피해로 흘러 들어가고, 스르다리아(Syrdaria) 강은 아랄해로 들어간다. 이르트쉬(Irtysh), 이쉼(Ishim), 토볼(Tobol) 강은 북극해로 흘러간다.

카자흐스탄에는 48,000개의 호수가 있는데, 이중 가장 큰 것들은 아랄해(Aral Sea), 발하쉬(Balkhash), 자이산(Zaisan), 알라콜(Alakol), 텡기즈(Tenghiz), 셀레텡기즈(Seletenghiz)이다. 카자흐스탄에서 스텝은 국토 전체의 26%를 차지하고, 사막이 44%, 반사막이 14%를 차지하고 있다(카자흐스탄 대통령 공식 사이트). 대개 카자흐스탄의 중앙부에 사막이 위치하고 있다.

카자흐스탄은 전형적인 대륙성 기후를 지니고 있어서,

[그림 1] 카자흐스탄 지도

자료: http://en.wikipedia.org/wiki/Image:Kazakhstan-CIA_WFB_Map.png

여름에 남부지방에서는 영상 40도, 겨울에 북부지방에서는
영하 40도의 기온이 나타난다. 강수량은 전반적으로 적어
서, 남부지방은 연간 250㎜이고, 북부는 350㎜ 정도이다.
강수량의 80%는 여름에 집중된다. 옛날 수도이었던 알마
티는 강수량이 629㎜ 정도이다. 그러나 필자의 체험으로는
알마티의 경우 여름에 강수량이 거의 없고, 주로 겨울에 강
수량이 집중되는 것 같다. 여름에는 거의 비가 안 오고, 겨
울에는 눈이 무척 많이 내린다. 현재의 수도가 위치한 카자
흐스탄 중부 지역에는 1년에 120일 정도 눈이 내린다
(Poujol 2000: 17).

카자흐스탄의 이러한 기후 조건은 밀 재배에 적합해서 구소련 시대에 주요한 곡물 생산지이었고, 현재는 세계 10대 곡물 수출국 중의 하나이다. 카자흐스탄의 경작지 면적은 일본의 전체 면적과 비슷한 38만㎢로서, 연간 1,500만 톤 정도의 곡물을 생산한다. 또한 이러한 기후는 축산에도 적합하다. 그러나 스탈린 시대의 정책으로 인해 가축 수가 급격히 줄었고, 그 이후 아직 1914년 수준을 회복하지 못하고 있다(Poujol 2000: 17; 김일수 외 2008: 16).

:: 인구

카자흐스탄 사람들은 멘델레예프의 주기율표에 나오는 원소가 모두 카자흐스탄에서 나온다고 자랑한다. 사실 현재 카자흐스탄이 세계의 주목을 받는 주요한 이유는 이곳이 자원의 보고이기 때문이다. 석유와 가스가 풍부하게

[표 1] 카자흐스탄 인구 (단위: 천명)

조사일	인구
1897	5136.3
1926	6229.3
1939	6081.4
1959	9283.2
1970	13013.6
1979	14688.3
1989	16199.1
1999	14953.1

자료 : Алексеенко 2001: 59

매장되어 있는데, 특히 우라늄, 크롬, 바나듐, 비스무트, 창
연, 플루오르, 불소 등은 세계 최고 수준이다(카자흐스탄
대통령 공식 사이트).

카자흐스탄의 원래 토착 민족은 카자흐 민족이다. 이
들은 알타이계 민족의 한 갈래인 투르크계 민족의 하나이
다. 이런 점 때문에 동일한 알타이계 피를 나눈 한국과 문
화적 언어적으로 상당한 유사점이 존재한다.

그러나 현재의 카자흐스탄은 다민족 국가로서 1999년
행해진 인구 조사에 의하면, 131개 민족이 카자흐스탄에 살

[표 2] 민족별 구성(1897-1959)

	1897		1926		1939		1959	
	천명	%	천명	%	천명	%	천명	%
총인구	5136.3	100	6197.9	100	6151.1	100	9294.7	100
카자흐	3649.9	71.1	3627.6	58.5	2327.6	37.8	2787.3	30.0
러시아	539.4	10.5	1275.7	20.6	2458.7	39.9	3972.0	42.7
독 일	7.0	0.1	51.1	0.8	92.6	1.5	659.8	7.1
우크라이나	92.7	1.8	860.2	13.9	658.3	10.7	761.4	8.2
우즈벡	224.6	4.4	129.4	2.1	120.7	2.0	135.9	1.5
타타르	55.4	1.1	79.8	1.3	108.1	1.8	191.7	2.1
벨로루시	0.5	0.0	25.6	0.4	31.6	0.5	107.3	1.1
위구르	56.0	1.1	62.3	1.0	35.4	0.6	59.8	0.6
고려인	0.0	0.0	0.0	0.0	96.5	1.6	74.0	0.8
기 타	510.7	9.9	86.3	1.4	221.6	3.6	545.4	5.9

자료 : Алексеенко 2001: 60

고 있는 것으로 나타난다(Агенство Республикн Казах-
стан по статнстнке 2000: 6-8). 이중에는 약 10만명 정도
의 우리 동포인 고려인도 있다.

　　[표 1]에 보면, 1926년에 6229.3천명이었던 인구가
1939년에 6081.4천명으로 감소되어 있는 것을 볼 수 있다.
다시 [표 2]를 보면, 1926년에 3627.6천명이었던 카자흐 민
족의 인구가 1939년에는 2327.6천명으로 줄어들어 있다.
카자흐 민족의 총인구에 대한 비율도 58.5%에서 37.8%로
하락하였다. 반면에 러시아인의 인구는 동기간에 1275.7천
명에서 2458.7천명으로 늘어나 있다. 러시아인의 비율도
20.6%에서 39.9%로 늘어 오히려 카자흐 민족을 넘어서고
있다. 1959년에는 카자흐 민족이 30.0%를 차지하는데 비
해, 러시아 민족은 42.7%를 차지할 정도로 러시아인의 비
중이 늘어나 있다. [표 3]에서 보듯, 카자흐인이 러시아인보
다 많아지는 것은 1989년에 이르러서이다.

　　1926년에서 1939년 사이에 카자흐인들이 대량으로 감
소한 것은 스탈린의 정책과 관련이 있다. 이 시기에 스탈린
은 유목민들을 강제로 정착민으로 만들려고 했고, 이 과정
에서 수많은 카자흐인들이 기아로 죽거나, 중국이나 몽골
등지로 이민을 떠났다. 이 결과 백만 명이 넘는 대규모 인
구 감소가 발생하였다. 반면에 러시아인들은 상당히 인구
가 증가했는데, 이것은 대규모 인구 유입에 의한 것이다.
이 시기에 독일인과 고려인이 카자흐스탄 지역으로 강제
이주당하기도 하였다. 이런 이유로 카자흐스탄에서 카자흐

[표 3] 민족별 구성(1970-1999)

	1970		1979		1989		1999	
	천명	%	천명	%	천명	%	천명	%
총인구	13013	100	14688.3	100	16199.2	100	14953.1	100
카자흐	4238.4	32.6	5293.4	36.0	6496.9	40.1	7985.0	53.4
러시아	5521.9	42.4	5991.2	40.8	6062.0	37.4	4479.6	30.0
독일	933.5	7.2	898.0	6.1	875.7	5.4	547.1	3.7
우크라이나	216.3	1.7	263.3	1.8	331.0	2.0	370.7	2.5
우즈벡	858.1	6.6	900.2	6.1	946.9	5.8	353.4	2.4
타타르	285.7	2.2	312.6	2.1	320.7	2.0	249.0	1.7
벨로루시	120.9	0.9	147.9	1.0	181.5	1.1	210.4	1.4
위구르	198.3	1.5	181.5	1.2	177.9	1.1	111.9	0.7
고려인	81.6	0.6	92.0	0.6	100.7	0.6	99.7	0.7
기타	558.9	4.3	608.2	4.3	705.9	4.5	546.3	3.5

자료 : Алексеенко 2001 : 61

[표 4] 연도별 인구 변동 (2000-2008.03)   연초 기준

	전체	아스타나	알마티
2000	14,901,641	380,990	1,130,439
2001	14,865,610	440,209	1,128,759
2002	14,851,059	493,062	1,132,424
2003	14,866,837	501,998	1,149,641
2004	14,951,200	510,533	1,175,208
2005	15,074,767	529,335	1,209,485
2006	15,219,291	550,438	1,247,896
2007	15,396,878	574,448	1,287,246
2008	15,571,506	602,684	1,324,739
2008.03	15,620,615	610,691	1,335,088

자료: 카자흐스탄 통계청 2008년 5월 12일

민족은 수가 줄고, 타민족의 비중이 상당히 늘어나게 되었다(도스만베토프 2003: 74-75).

카자흐스탄이 독립한 1991년 이후에는 [표 3]에서 보듯이, 러시아인이 상당히 감소하고 있다. 그리고 이와 더불어 독일인들도 감소하였다. 이러한 감소는 러시아인이나 독일인들이 본국으로 귀환하였기 때문이다. 이러한 인구의 감소세는 [표 4]를 보면, 2002년에 최저를 기록한 이후 꾸준히 증가하고 있다.

2007년 1월 1일 기준으로 카자흐스탄의 민족 구성은 카자흐인 59.2%, 러시아인 25.6%, 우크라이나인 2.9%, 우즈벡인 2.9%, 위구그인과 타타르인 각 1.5%, 다른 민족이 5% 정도 차지하고 있다(Демоскоп). 2007년 당시의 고려인의 수는 정확히 알 수 없으나 1999년에 약 10만 정도로 9위 정도를 차지하고 있었다. 아마 현재도 이 정도 수준을 유지하고 있을 것으로 생각된다.

카자흐스탄 통계청에 따르면 2008년 1월 초 기준으로 현재 카자흐스탄 인구는 1천 562만 명이다. 인구 밀도는 1 평방킬로미터에 5.7명으로 상당히 희소하다. 수도인 아스타나의 인구는 610,691명, 구수도인 알마티의 인구는 1,335,088명이다(카자흐스탄 통계청).

:: 행정구역

카자흐스탄은 미국의 주나 한국의 도 정도에 해당하는 14개의 오블르스가 있다. 그리고 특별시 정도라고 할 수 있는 국가적 중요성을 지닌 3개의 도시가 있다. 이들 도시는 구수도인 알마티와 신수도인 아스타나, 그리고 우주선 발사기지가 있는 바이코누르이다.

[그림 2]의 카자흐스탄 행정 지도의 주와 주도의 이름은 모두 카자흐어 발음에 가깝게 표기하였다. 기존의 러시아식 명칭이 있지만, 많이 차이가 나지 않는다. 많이 다른 것은 다음과 같다. 바트스 카작스탄(자파드노-카자흐스탄; 서부 카작스탄), 슈그스 카작스탄(보스토츠노-카자흐스탄; 동부 카작스탄), 옹튀스특 카작스탄(유즈노-카자흐스탄; 남부 카작스탄), 솔튀스특 카작스탄(세베로-카자흐스탄; 북부 카작스탄), 외스케멘(우스티-카메노고르스크), 오랄(우랄스크), 바이콩으로(바이코누르). 이렇게 몇 개 예를 들었지만, 다른 것들도 똑 같지는 않다. 언어가 다르고, 문법이 다르고, 발음이 다르기 때문이다.

[그림 2]의 지도에서 보아 알겠지만, 주와 주도의 이름이 일치하는 경우가 많다. 그러나 사실 이전에는 더 많이 일치하고 있었다. 그러나 도시의 이름이 바뀐다든지 하는 이유로 일치하지 않게 된 경우들이 있다. 예를 들어 타라즈는 전에 잠불이라는 이름을 지니고 있다가 1997년에 이름이 바뀌었다. 현재 수도인 아스타나의 이름은 아크몰라이었고, 수도로 결정되면서 이름이 아스타나로 바뀌었다. 그리고 주도가 1999년에 쾩세타우로 이전되었다. 알마티의 경우에도 수도이면서 주도로 있었으나, 2001년에 주도가 탈드코르간으로 이전되었다.

[그림 2] 카자흐스탄 행정지도

자료 : 다음 지도를 수정 http://kk.wikipedia.org/wiki/Cypet:Kazakhstan_obl_ru.svg

    카자흐스탄에 관한 몇 가지 사실을 덧붙이는 것으로
이 절을 마무리하겠다. 카자흐스탄은 1991년 12월 16일에
독립을 선언하였다. 현재 수도인 아스타나로 수도를 이전
한 것은 97년 12월 10일로, 이전의 수도는 알마티이었다.
정부 형태는 대통령 중심제로 임기는 7년이다. 상원과 하
원의 양원제 의회를 지니고 있다. 상원은 임기 6년이고, 하
원은 5년이다.

    화폐 단위는 텐게(Tenge)로서, 1텐게는 100티은(Tiyn)
이다. 2007년 12월 말 기준으로 GDP는 1천 70억 8천 1백

달러이고, 1인당 GDP는 6,954달러이다. 환율은 1달러에 120텐게 전후이므로, 1달러 120텐게로 계산하였다(카자흐스탄 통계청).

02 ____ 역 사

:: 고대 유목제국들

오늘날의 카자흐스탄 공간에 처음부터 카자흐 민족이 존재하였던 것은 아니다. 선사시대나 상고사에서는 오히려 카자흐 공간은 인도-이란 계통 민족들의 활동 무대이었다. 그러다가 후대에 투르크 계통의 민족들이 이곳으로 진출하고, 15세기 중반에나 되어서야 카자흐 민족의 정체성이 형성되기 시작한다.

카자흐스탄에는 전기 구석기 유물부터 후기 구석기 유물까지 모두 발견되었다. 이것은 이 지역에 매우 오래 전부터 인간이 살고 있었다는 증거이다. 신석기는 기원전 4천 년 경부터 시작된다. 이 시기에 이미 유목이 시작되었다고 생각되어지고 있다.

카자흐스탄에서 농업이 시작된 것은 기원전 3천년 이전인데, 이것은 투르크메니스탄의 남부 지역보다 3천년 정도 늦은 것이다. 청동기 시대는 기원전 18세기 무렵부터 시작된다. 이 청동기 문화를 안드로노프(Andronov) 문화라고 말한다. [그림 3]의 지도에서 보듯이 이 문화는 카스피해

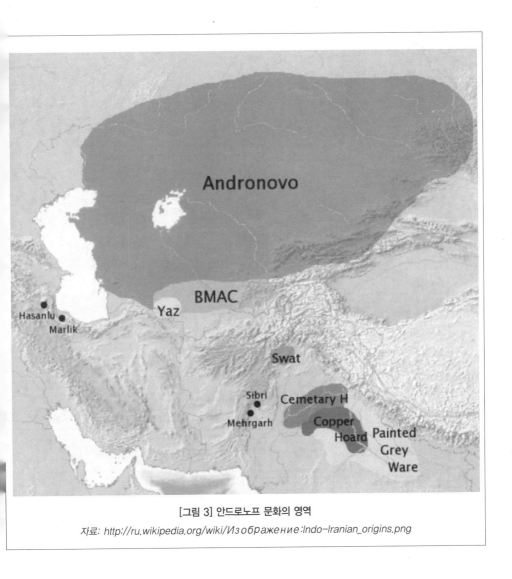

[그림 3] 안드로노프 문화의 영역

자료: http://ru.wikipedia.org/wiki/Изображение:Indo-Iranian_origins.png

동안에서 시베리아 지역까지 뻗어 있었다. 이 시기에 목축
이 행해지고, 쟁기가 사용되었다. 그리고 말, 낙타, 양이 사
육되기 시작하였다. 이것이 유목 생활에 결정적인 기여를

한 것으로 보여진다.

기원전 1천년 경에는 철기 문화가 시작된다. 이 무렵에 처음으로 문자로 된 역사서에 이들에 대한 이야기가 등장한다. 당시에 카자흐스탄 공간에 살던 이들은 보통 사카(Saka) 또는 스키타이라고 불리워졌다. 이런 명칭 외에도 다양한 부족들의 명칭들이 기록되어 있다.

이 지역 최초의 정주민 제국은 기원전 6세기 경에 세워진 아케메네스 제국이었다. 아케메네스 제국은 카자흐스탄 남부지역까지 정령하였지만, 스텝 지역을 정복하지는 못하였다. 아케메네스 왕조는 기원전 330년에 알렉산더 대왕에 의해 멸망하였다. 알렉산더 대왕은 스키타이와 전쟁을 하기도 하였다.

그 이후에 이 지역에는 흉노, 오손(烏孫, Wusun), 강거(康居, Kangui), 에프탈(Hephthalite) 등이 국가를 건설하였다. 흉노는 몽골이나 투르크계일 것으로 짐작되고 있다. 그러나 오손이나 강거는 투르크계 민족으로 여겨지고 있다. 에프탈은 인도-이란 계통의 민족이다.

이들 국가 이후에 돌궐제국이 형성되었다. 돌궐은 우리 역사에도 알려져 있는데, 사실 투르크에 대한 음역이다. 돌궐제국은 552년에 형성되어 745년에 멸망하였다. 이 제국은 몽골 초원에서 시작하여 중앙아시아 전역까지 포괄하는 대제국을 건설하였다. 그러나 603년에 동과 서 2개의 돌궐제국으로 나누어지게 된다. 서돌궐제국은 704년에 멸망한다.

돌궐제국 자체는 부민(Bumin) 카간에 의해서 성립되었다. 그리고 서돌궐 최초의 카간은 이스테미(Istemi)이었다. 그러나 그는 카간의 칭호를 사용하지 않고 야그부(yabghu)라는 호칭을 사용하였다.

돌궐의 시원에 대해서는 신화가 전해지고 있다. 돌궐족은 원래 거대한 호수 옆에 살고 있었는데, 잔인한 적의 침입을 받아 모두 살해되고 한 아이만 남게 되었다. 이 아이는 손발이 모두 잘리고 들판에 버려졌다. 그런데, 한 마리의 암늑대가 이 아이를 길렀다. 그리고 둘은 결혼하였다. 그 소식을 들은 적이 사람을 보내어 아이와 늑대를 죽이려 하였다. 결국 아이는 죽고, 늑대는 탈출하여 고차국 서북(동부 천산의 북방)의 산으로 들어가 10명의 자식을 낳았다(박시인 1994: 342). 이러한 신화를 지니고 있어서인지, 투르크 계통의 제민족들에게서 늑대는 신성시되는 측면이 있다.

이전부터 조금씩 중앙아시아 지역이 투르크화되어 갔지만, 사실 본격적인 투르크화는 돌궐제국에서 비롯된다고 보아야 할 것이다. 704년 서돌궐제국은 투르게쉬(Turgesh, 704-56)에 의해 멸망하고, 이 뒤를 이어 카를룩(Karluks, 756-940)이 이 지역을 지배하였다. 카를룩은 위구르(744-840)와 동맹을 맺었고, 그 결과 동돌궐은 위구르에 의해 멸망당하게 된다.

이슬람은 무하마드 사후에 그 세력을 광대하게 확장시켜 가고 있었다. 중앙아시아에 대한 진출은 우마이야 왕조

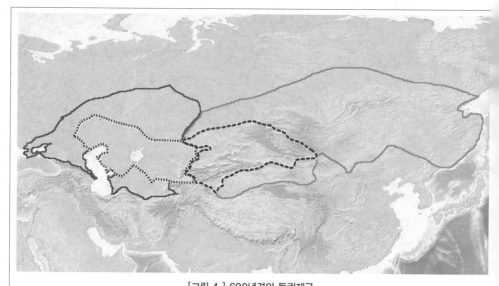

[그림 4] 600년경의 돌궐제국

(Umayyad Caliphate, 661-750)에 의해 이루어졌다. 그러나 그 영향력은 카자흐스탄 남부 정도에 머물렀다. 투르게쉬와 카를룩에 의해 저지되었기 때문이다. 그리고 결정적으로는 고선지 장군이 이끄는 당군에 의해 751년 타라즈 전투에서 패하였기 때문이다. 이 패배 이후 아랍군은 더 이상 군사적으로 이 지역을 점령하지 못하였고, 이것이 이슬람의 전파를 지체시키는 중요한 요인이 되었다. 이후 사만왕조(Samanid dynasty, 819-999)가 다시 카자흐 남부 지역, 주로 오늘날의 타지키스탄 지역을 지배하였다. 이들 왕조 시대에 카자흐 이남 지역은 이슬람 문화가 발전하게 된다.

[그림 5] 1213년 이전의 중앙아시아

자료: 〈다음 자료를 수정함 http://kk.wikipedia.org/wiki/Сурет:
Казакстан_жэне_Орта_Азия(1213_жылға_дейін).PNG〉

　　그러나 카자흐 스텝에 이슬람이 전파되기 시작한 것은
11세기에 이르러서이다. 19세기 중반까지도 카자흐 민족은
이슬람의 교리에 대해서 개략적인 지식만을 지니고 있었
고, 전통적인 샤마니즘, 애니미즘, 조상숭배 등의 신앙을
지니고 있었다. 사실 도시에 사는 카자흐인은 몰라도 유목
에 종사하는 사람들은 이슬람에 접할 기회가 별로 없었다.
그들의 이슬람과의 접촉은 주로 이슬람의 신비주의 종파인
수피들에 의한 것이었다. 18세기 중반의 관찰 보고에 의하
면, 카자흐 스텝에 이슬람 사원과 신학교가 전혀 없었고,

카자흐 남부 지역의 경우에도 몽골 침입 이후로 사원이나 학교가 재건되지 않은 것으로 보였다고 한다(Olcott 1995: 18-20). 이러한 이유로 현재에도 카자흐스탄은 이슬람 국가라고 하지만, 이슬람의 색체가 약하다.

9세기 초부터 발달하기 시작한 국가가 있었는데, 그것은 오그즈(Oghuz)이었다. 오그즈는 11세기 경까지 존재하였다. 이 뒤를 이어 킵착(Kipchaks)과 키막(Kimak)이 존재하였다. 킵착과 키막은 혈연적으로 가까운 사이였고, 키막은 카자흐 초원의 중부와 동부에 위치하였다.

이들의 뒤를 이어, 카라키타이(Kara Khitai)가 1132년에 중앙아시아 지역에 세워졌다. 카라키타이는 거란족이 세운 중국의 요나라(916-1125)이다. 그것이 여진족의 금나라에 의해 멸망하고, 그 일부 사람들이 중앙아시아로 옮겨가면서 왕족인 야율대석(耶律大石)이 세운 것이 카라키타이이다. 카라키타이는 이슬람화되어 가고 있던 중앙아시아에서 불교도가 만든 국가로서 이슬람 세력과 대립하였다. 1141년에 카라한(Kara-Khanid) 왕조와 싸워서 부하라를 쟁취하기도 하였다. 카라키타이는 1211년 나이만이 권력을 찬탈하여 멸망하고, 1218년 나이만은 몽골에 의해서 멸망한다. [그림 5]에 몽골 침입 이전의 중앙아시아의 지도를 볼 수 있다.

:: 몽골제국과 그 계승국가들

1206년에 칭기스칸은 칸의 칭호를 사용하기 시작하였는데, 이로써 몽골이 탄생되었다고 하겠다. 이후 칭기스칸은 대외정복 전쟁을 개시하기 시작한다. 징기스칸은 1218-19년에 이르트쉬 연안까지 진출한다. 1220년에는 사마르칸트와 부하라를 점령한다.

1227년에 징기스칸이 사망한 이후, 몽골은 네 개의 국가로 분할된다. [그림 6]에서 보듯이, 서북방에는 금장한국이 존재한다. 금장한국(Golden Horde, 1243-1502)은 징기스칸의 장남이었던 주치(Jochi)의 아들인 바투(Batu)에 의해 계승된 국가이다. 일칸국(Ilkhanate, 1256-1335)은 훌라구(Hulagu)에 의해 계승되었고, 차카타이칸국(Chagatai Khanate, 1266-1370)은 차카타이에 의해서 계승되었다. 중국과 오늘날의 몽골 지역은 쿠빌라이에 의해서 계승되었는데, 이것이 원나라(1271-1368)이다.

14-15세기에 걸쳐 몽골제국은 서서히 약화되고, 해체의 길로 접어들어 간다. 그리고 몽골제국을 이어 새로운 국가들이 탄생하게 된다. 그런데, 이들 국가들의 왕들은 모두 징기스칸의 후손임을 강조한다. 이러한 현상은 이후에도 지속되어 징기스칸의 후손이 아니면 고귀한 자리에 오를 수 없었다.

금장한국(알튼 오르다)의 초기에 오르다(청 오르다, Blue Horde)와 악 오르다(백 오르다, White Horde)가 존재하였다. 그러나 이들은 나중에 악 오르다로 합쳐지게 된다. 악 오르다는 14세기 중엽에는 실질적으로 금장한국에서 독

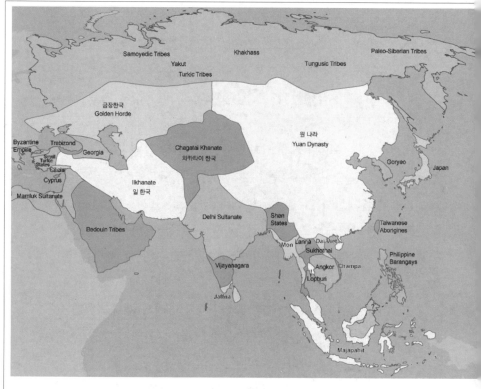

[그림 6] 1335년의 아시아
자료: 다음 자료 수정 〈http://en.wikipedia.org/wiki/Image:Asia_in_1335.svg〉

립한다. 그리고 광대한 영토를 차지하게 된다. 그러나 14세기 마지막 10년 동안의 티무르(Timur, Temur)와의 전쟁으로 인해 많이 약화된다.

14세기 중엽에 차카타이 한국은 동부의 모굴리스탄(Moghulistan)과 서부의 티무르(테무르) 제국으로 분리된다. 모굴리스탄은 1247년에 투구룩 티무르(Tughlugh Timur)에 의해 건립된다. 투구룩 티무르는 앞에 언급한 티

[그림 7] 1428년 이전의 중앙아시아

자료: 다음 자료 수정
〈http://kk.wikipedia.org/wiki/Сурет:Қазақстан_және_Орта_
Азияның_картасы(1428_жылға_дейінгі).png〉

무르와는 다른 사람으로서, 티무르라는 이름은 쇠를 의미하고, 이것은 흔한 이름 중의 하나이다. 앞에 언급한 티무르는 서양에서 태멀레인(Tamerlane)이라고도 불리는데, 절름발이 티무르라는 의미이다. 모굴리스탄은 1338-39년 사이에 창궐한 페스트와 티무르 제국의 침입으로 약화되다가 15세기 전반에 소멸하게 된다.

1428년 악 오르다의 영역 일각에서 아불하이르 한

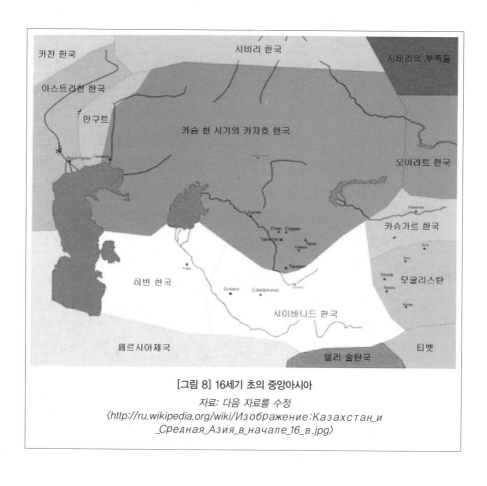

[그림 8] 16세기 초의 중앙아시아

자료: 다음 자료를 수정
⟨*http://ru.wikipedia.org/wiki/Изображение:Казахстан_и*
_Средняя_Азия_в_начале_16_в.jpg⟩

(Abu'l-Khayr Khan, 1428-68)의 국가가 발생한다. 그는 티무르 제국의 영토 일부를 빼앗고, 스르다리아 강 주변의 여러 도시를 점령하였다. 그러나 그의 세력은 1457년에 오이라트와의 전쟁에서 패하여 기울게 된다. 그리고 1468년에 그가 살해됨으로써 멸망한다. 14세기 말에 노가이 오르다(Nogai Orda)가 금장한국의 약화와 더불어 카스피해 우랄 강의 좌안에서 발전한다. 그리고 16세기 중반에는 러시아

의 동진에 따라 해체되고 만다.

:: 카자흐한국과 러시아의 지배

아불하이르 한국의 분열과 모골리스탄의 약화로 1465
년에 카자흐 한국(Kazakh Khanate)이 등장한다. 자니벡
(Janybek, 1458-1473)과 케레이(Kerei, 1473-1480)는 아불
하이르가 오이라트와의 전투에서 패한 직후, 모골리스탄의
영역인 세미레치예 지역으로 이주한다. 세미레치예는 일곱
개의 강이라는 뜻으로 카자흐어로는 줴트수라고 한다. 이
지역은 오늘날 발하쉬의 남쪽, 키르기즈의 이쉭쿨 지역을
포괄한다. 달리 말하면 현재의 알마티 오블르스 지역과 남
쪽의 이쉭쿨 지역이다.

이때 처음으로 카자흐란 명칭이 발생했고, 이것이 오
늘날의 카자흐 민족 형성의 기원으로 간주되고 있다. 다시
말해서, 이때부터 카자흐 민족의 정체성이 형성되기 시작
하였다. 카자흐 한국의 최전성기는 자니벡의 아들인 카슴
한(Kacym Khan, 1455-1522) 때에 이루어졌다. 그의 재위
기간은 1511-21년으로서, 이 시기에 카자흐 한국의 영역은
최대에 이른다.

그러나 카슴 한 이후 여러 주변 세력에 의해서 위협을
받았다. 그러던 것이 17-18세기에 걸쳐 준가르(오이라트)의
끊임없는 침입을 받게 되었고, 이에 카자흐 한국은 상당히
약화되었다.

18세기의 카자흐 한국은 세 개의 쥬즈로 구성되어 있

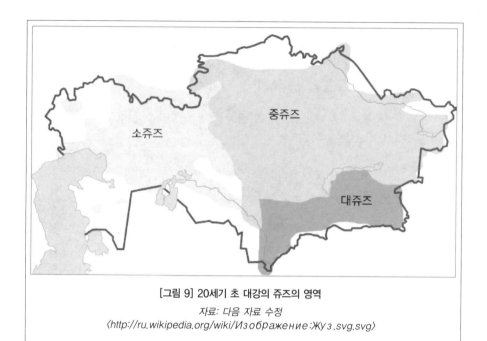

[그림 9] 20세기 초 대강의 쥬즈의 영역
자료: 다음 자료 수정
〈http://ru.wikipedia.org/wiki/Изображение:Жуз.svg.svg〉

었다. 카자흐어의 쥬즈는 원래 100이란 뜻인데, 이것은 일
종의 느슨한 형태의 정치적 · 문화적 · 경제적 공동체의 의
미로 사용되고 있다. [그림 9]에서 쥬즈의 대략적인 위치와
영역을 볼 수 있다. 각각의 쥬즈는 자신들의 한을 지니고
있었고, 자신의 영내에서 일어나는 일은 스스로 해결하였
다. 그러나 중대한 문제, 예를 들어 외국의 침입과 같은 사
태는 통합해서 처리하였다.

　1731년 소쥬즈(작은 쥬즈 또는 막내 쥬즈)의 한인 아불
하이르 한은 준가르의 위협에 대한 보호를 러시아의 안나
이반노브나 여제에게 요청하고, 그 댓가로 복속을 서약하

게 된다. 이로써 카자흐 한국은 러시아의 지배하에 들어가기 시작한다. 그러나 러시아의 전체 카자흐스탄 통합은 점진적으로 이루어졌고, 19세기 중반에나 완성되었다.

러시아는 상당히 압제적인 국가이었다. 그러므로 카자흐 민족의 권리와 재산을 수탈해 가기 시작하였다. 이러한 상황에서 카자흐 민족은 여러 차례 반란을 일으켰다. 수룸다토프(1783-97), 이사타이 타우마노프와 마함베트 우테미소프(1837-38), 케니사리 카수모프(1837-47)의 반란이 유명하다.

19세기 후반부터는 러시아인들이 대량으로 중앙아시아 지역으로 이주하기 시작한다. 이에 카자흐 민족들은 점차 주변화되기 시작되고, 유목 경제에 심대한 타격을 입기 시작한다. 이런 와중에 근대화된 카자흐 지식인들도 생겨나게 되었다.

1917년 3월 러시아에서의 부르조아 혁명으로 인해, 카자흐스탄에 지방 정부가 세워졌다. 최초의 의회가 성립되었고, '알라쉬 오르다' 당도 결성되었다. 이들은 소비에트 스타일의 정부가 아니라, 민족 부르조아에 의한 정부를 원하였다. 그러나 이후에 이들은 반혁명 죄로 모두 처형당하게 된다.

소비에트가 정권을 잡은 후, 1920년 8월 26일 키르기즈 사회주의 공화국이 선포되었다. 이렇게 키르기즈 공화국이 선포된 것은 러시아인들이 이 지역의 민족 문제에 대해서 무지하여, 카자흐와 키르기즈를 구분하지 못하였기 때문에 발생한 것이다. 키르기즈 공화국은 1922년에 러시아에 합병되고, 이듬해에 카자흐스탄 공화국으로 명칭이 변경되었다. 그리고 1936년에 대개 현재의 국경이 확립되었다.

1920-30년대에 스탈린의 강제 집단화 정책에 의해서 카자흐인은 기아로 인해 막대한 수의 인구가 사망하였다. 1926-30년 사이에 카자흐 인구는 22%가 줄었다. 스탈린의 통치 하에서 1930년에 수많은 카자흐 지식인들이 학살당하였다.

또 1930-40년대에 수많은 사람들이 중앙아시아 지역으로 강제 이주당하였다. 이 가운데는 한국의 동포들도 다수 있었다. 이러한 강제 이주의 결과 카자흐스탄은 카자흐 민족 외에 많은 수의 이민족이 동거하는 국가가 되었다.

1953년에 니키타 흐루쉬초프(Nikita Khrushchev)는 카자흐스탄을 곡물 재배지역으로 바꾸는 계획을 추진하였다. 이 정책은 레오니드 브레즈네프(Leonid Brezhnev)에 의해서 가속화되었다. 이러한 정책의 영향을 한 마디로 평가하기는 어렵지만, 적어도 이 결과 오늘날 카자흐스탄이 주요 곡물 생산국이 된 것은 확실하다.

1980년대에 들어와서 소련의 정치·사회·경제적 모순이 심화되고, 이에 정치·경제적 개혁이 불가피하게 되었다. 이에 미하일 고르바초프가 글라스노스트, 페레스트로이카라는 이름으로 개혁을 추진하게 되었다. 그러나 결국에는 소련의 해체에 이르게 된다.

1986년 12월 16일 카자흐스탄에서 젤톡산(Jeltoqsan, Желтоксан) 항쟁이 발생한다. 이 사건은 직접적으로는 기존의 카자흐스탄 공산당의 서기장이었던 디무하메드 쿠나예프(Dinmukhamed Kunayev)를 고르바초프가 해임하고, 대신 게나지 콜빈(Gennady Kolbin)을 임명한 문제에서 비롯되었다. 민족적으로 쿠나예프는 카자흐인이었고, 콜빈은 러시아인이었다. 이에 카자흐스탄의 지도자는 카자흐인이어야 한다는 주장을 기반으로 학생을 중심으로 많은 사람들이 시위를 벌였다. 그러나 결국 시위는 무력으로 진압되었다.

이 사건은 소련의 민족 정책의 실패를 보여주는 동시에, 오늘날에는 카자흐 민족 독립의 시원적 의미를 지니는 사건으로 평가되고 있다.

II

열강들의
대카자흐스탄 패권 정치

카자흐스탄은 1991년 12월 16일 독립을 선언한다. 카자흐스탄의 독립 선언은 구소련의 구성 공화국 중에서 가장 마지막으로 이루어진 것이다. 그리고 카자흐스탄의 독립은 1731년 소쥬즈가 러시아에 복속을 서약한 이후 거의 260년만에 성취된 것이다.

1991년 당시에 소련이 그렇게 갑자기 해체되고 많은 독립 국가들이 세워질지 예상했던 사람은 별로 없었을 것이다. 이것은 외부의 관찰자들뿐만 아니라, 구소련 내의 지도자들에게도 마찬가지이었다.

독립과 더불어 신생 공화국들은 새로운 문제들에 직면하였다. 그러나 갑작스런 독립으로 새로운 상황에 대한 준비는 전혀 이루어지지 못하였다. 신생 공화국들이 직면한 문제는 정치, 경제, 외교, 국방 등의 모든 문제를 포괄한다. 그러나 일차적으로 중요한 것은 역시 국가의 독립과 안전을 지키는 것이라고 할 수 있을 것이다.

카자흐스탄도 다른 신생국들과 마찬가지로 동일한 문제에 직면해 있었다. 특히 카자흐스탄은 그 지정학적 위치로 인해서 주변 강대국들의 패권적 정책의 희생물이 될 가능성이 많았다. 이들 주변 강대국 중에서 러시아가 가장 위협적인 존재였고, 중국 또한 무시할 수 없는 상대였다. 이들 외에도 미국과 유럽 국가들, 이란, 터키도 일정 정도 이 지역에서의 헤게모니를 장악하기 위해서 기회를 노리고 있었다.

이 장에서는 카자흐스탄의 독립과 안전 보장을 위한 노력과 강대국들의 대카자흐스탄 정책에 대해서 살펴보도록 하자.

01 ──── 미국의 정책

:: 핵무기 외교

미국은 중앙아시아 국가들에 대해 9.11 테러 이전에는 그렇게 심각한 관심을 두지 않았다. 미국은 초기에 장기적인 관점에서의 안보에만 관심이 있었다. 그러다가 90년대 중반에는 에너지 문제도 관심의 대상이 되었다. 그러나 이것도 장기적인 관점에서 공급원을 다변화하겠다는 정도의 전략이었다. 미국의 이러한 미지근한 관심은 중앙아시아 지역에 대한 상징적인 의미만을 지니는 지원에서도 잘 나타난다. 미국은 1992년에서 2002년까지 3억불 정도만 지원하였다(Olcott 2005: 66-67).

미국의 이런 입장은 어느 정도는 러시아의 세력권으로 간주되는 이 지역에 대한 직접적인 개입을 자제하거나 피하고 싶은 점도 있었을 것이다. 다른 한편으로는 유럽의 동구권으로의 확장에 보다 관심이 많았기 때문일 것이다.

그러나 중앙아시아 각국 지도자들은 미국과의 관계를 개선하는데 많은 관심을 두고 있었다. 이를 통해 이들은 러시아와 거리를 두면서 균형을 취하고 싶어하였다. 이런 이유로 각국 지도자들은 워싱턴을 방문하고 싶어했다. 그러나 투르크메니스탄의 니야조프 대통령 같은 경우에는 클린턴 행정부에 의해 기피되었다. 1993년 그가 미국을 방문했지만, 클린턴 대통령과의 면담은 이루어지지 않았다. 그래서 그는 사진을 조작해 배포했는데, 당시 투르크메니스탄 국민들은 이러한 사실을 몰랐을 가능성이 많다(Olcott 2005: 67).

미국의 이러한 일반적인 대중앙아시아 정책에 있어서 카자흐스탄은 예외였다. 그것은 독립 후 카자흐스탄이 핵보유국이 되어 있었기 때문이다. 카자흐스탄은 1,400개의 핵탄두를 보유한 SS-18 로켓 104기와 240기의 핵 비행 로켓을 보유한 40대의 전략 폭격기 TY-95MC가 배치되어 있었다. 밸로루시와 우크라이나도 비슷한 상황이었다(나자르바예프 1997: 74).

이러한 전략핵무기 보유라는 문제로 인해, 미국은 카자흐스탄에 많은 관심을 가졌다. 그 때문에 미국의 주요 관료와 정치인들이 카자흐스탄을 방문하였고, 나자르바예프는 미국에 초청되었다. 요컨대, 카자흐스탄과 미국의 초기 관계는 핵문제를 중심으로 전개되었다.

핵문제에 관한 나자르바예프 대통령의 입장은 — 나자르바예프는 1989년 쿠나예프에 이어 카자흐스탄 공산당 서기장이 되었고, 1990년 4월 24일 소비에트 최고회의에 의해 카자흐스탄 대통령으로 선출되었다 — 1991년 9월 16일 미국의 제임스 베이커 국무장관과의 알마티 회담에 대해서 회고하는 다음과 같은 언급에 잘 나타나 있다.

우리는 오늘 우리나라의 방위와 안전을 위해 핵무기를 유지한다는 것을 베이커에게 설득시키려고 하였다. 당시 우리에게는 대안이 없었다. 우리가 안전하다는 것과 확실한 보장이 있다는 것을 알게 될 때 핵무기를 거론하자. 나에게는 이것이 가장 중요한 문제이었다(나자르바예프 1997: 77).

요컨대, 나자르바예프는 핵무기를 국가의 안전보장을 위한 카드로 사용하고자 하였다. 결론적으로 이야기하면, 나자르바예프는 핵 카드를 적절하게 활용하였고, 자신의 국가의 안전을 보장 받는데 성공하였다.

1992년 5월 나자르바예프는 처음 미국을 공식 방문하게 된다. 이때의 회담에서 미국은 카자흐스탄의 안전보장을 약속하게 된다(나자르바예프 1997: 79). 그리고 미국의 카자흐스탄 투자 보장, 무역, 학문 및 기술 협력, 이중관세 폐지에 대한 합의가 이루어졌다(장병옥 2001: 30).

이후에도 미국은 카자흐스탄에 대해 비핵화 상태를 요구하였다. 나자르바예프는 열강의 카자흐스탄에 대한 보장이 선결된 뒤에 핵무기를 포기한다는 주장을 펼쳤다(나자르바예프 1997: 79).

클린턴 행정부가 들어서고 나서, 1993년에 크리스토퍼 국무장관과 엘 고어 부통령이 차례로 카자흐스탄을 방문하였는데(나자르바예프 1997: 82-83), 물론 핵무기에 대한 협상을 위해서이었다. 1993년 12월에 카자흐스탄의 모든 핵미사일 격납고를 파괴하고, 핵무기를 러시아로 반환한다는 조약이 맺어졌다(Olcott 2005: 71).

1994년 2월 14일 나자르바예프와 클린턴은 워싱턴에서 '카자흐스탄-미합중국 간의 민주적 동반자 관계'라는 조약에 서명하였다. 이 조약에는 양국이 정치, 경제, 문화, 교육, 생태학, 과학과 첨단기술, 건강과 서비스, 그리고 기타 분야에서의 교류를 강화할 것을 합의하였다. 그리고 조약 3조에는 "미합중국은 카자흐스탄의 안보, 독립, 주권, 영토의 영속성, 민주발전의 중요한 가치를 인정한다"라는 내용이 담겨 있는데, 이것은 카자흐스탄의 입장에서는 매우 중요한 의미를 지닌다.

1994년 3월 페리 미국 국방장관이 알마티를 방문하여 미국의 지지를 확인하였고, 미국과 영국, 러시아가 카자흐스탄과의 상호불가침 조약의 체결을 역설하였다(장병옥

2001: 31). 그리고 1994년 12월 5일 부다페스트 회의에서 러시아, 영국, 미국이 카자흐스탄 공화국의 안전보장 비망록에 조인함으로써 카자흐스탄 공화국의 독립과 자주권에 대한 존중과 현 국경의 확고부동함을 확인하였다. 비망록에는 카자흐스탄에 대한 영토 불가침권과 정치적 독립을 위협하는 무력을 사용하지 않는다는 조항이 포함되어 있었다. 이후 중국과 프랑스도 불가침권을 보장할 것임을 공표하였다(나자르바예프 1997: 86).

1995년 5월 26일 나자르바예프는 "공화국 영토에서 살인 무기가 완전히 철수되었다"고 선언하였다. 이로써 카자흐스탄의 핵문제는 종결된다(나자르바예프 1997: 86). 카자흐스탄의 핵무기 해체를 위해서 8,400만 달러의 자금이 지원되었다. 또한 울빈 야금 창고에 저장되어 있던 600kg의 고농축 우라늄은 미국에 팔렸는데, 이를 위해 '삽피르' 작전이 수행되었다. 미국은 카자흐스탄의 우라늄을 델라웨어 주 도버에 있는 미 공군기지로 이송하였다. 그리고 작전이 끝난 후, 클린턴 대통령은 "세계는 또 하나의 핵 테러와 핵무기 확산을 모면하였다. 이 사업에서 나자르바예프 대통령의 영도적 역할을 나는 높이 평가한다"고 언급하였다(나자르바예프 1997: 84-85).

결국 카자흐스탄이 지니고 있는 핵무기가 미국의 초미의 관심 사항이 되었고, 이것을 축으로 카자흐스탄과 미국과의 외교 관계가 발전되었다. 그리고 카자흐스탄은 핵을 수단으로 하여, 국제적인 안전보장에 대한 확약을 획득해

낼 수 있었다. 이런 점에서 카자흐스탄 외교의 성공이라고
평가할 수 있을 것이다.

사실, 나자르바예프 자신이 핵을 포기하려는 의지가
강하게 있었다. 다만 그것을 국가의 안전보장과 관련하여
포기할 수 없다는 의견을 강력히 피력한 것이다. 그는 핵무
기 보유에 대해서 다음과 같은 의견을 보이고 있다.

> 문제는 핵무기를 보유하는 것이 두 개의 화약 상
> 자 위에 앉아 있는 것과 다름 없다는 데 있다. 첫째, 소
> 련 해체 후의 불안정한 정세에서 대량 살상 무기는 우
> 리나라의 안전에 실제적 위협이 되고 있으며, 둘째 우
> 리 영토에 배치되어 있는 로켓에 관해 카자흐스탄 공
> 화국 내에 살인 무기를 그냥 두자고 선동하는 무리들
> 을 볼 때마다 나는 심기가 매우 불편하였다. 그들은 갈
> 기갈기 찢어진 세메이의 땅과 수많은 불구자, 그리고
> 암으로 불시에 죽어간 사람들을 보지 못한 것 같다. 값
> 싼 정치적 이익을 추구한 나머지 아직도 우리의 결정
> 에 의혹을 품고 있는 사람들도 있다(나자르바예프
> 1997: 87).

카자흐스탄의 세미팔라친스크 지방은 소련의 핵실험
장소로 유명하고, 그곳의 핵실험으로 인해서 수많은 피해
자가 발생한 것도 잘 알려져 있다. 나자르바예프(1997: 87)
는 이에 대해서 459회의 핵실험이 있었고, 그중 113회는 대

기중에서 실시되었다고 기술하고 있다. 그리고 핵실험장으로 사용된 1만 8천㎢ 중의 12%는 아직도 안전하지 않고, 8%는 특수 조사 대상으로 남아 있다고 한다. 아무튼 이런 핵실험으로 인해 세미팔란치스크 지역에서는 기형아의 출생률이 꽤 높은 편이다.

이러한 핵의 폐해로 인해, 핵무기의 폐기는 당연히 필요한 것이다. 카자흐스탄의 핵폐기에 나자르바예프의 개인적인 지도력이 상당한 역할을 한 것도 사실이다(Chad 2004). 이후에도 카자흐스탄의 비핵화 노력은 지속되고 있다.

중앙아시아 지역에서 마약 밀매가 성행하고 있는데, 이 마약 밀매 통로가 핵물질의 밀거래에도 이용되고 있을 가능성이 많다. 정확히 어느 정도의 핵물질이 시장에 나와 있는지 파악할 수 없지만, 타지키스탄에서는 핵물질에 접근하는 것이 쉽고, 이에 대한 통제가 어렵다. 그리고 1991년 소련 해체 이후에 사라진 방사선 물질이 상당량에 달하고 있다. 이것이 테러리스트의 손에 넘어가 사용될 가능성이 상당히 높다(NTI 2005.04.05).

이런 위험성을 제거하기 위해서, 카자흐스탄은 2005년 10월 2,900kg에 달하는 고농축 우라늄을 — 이중에서 26%는 무기로 사용 가능한 U-235 방사성 동위원소이다 — 원자력 발전소의 원료로 사용할 수 있는 저농축 우라늄으로 변형하였다. 이 정도 양이면 20여 개의 핵무기를 만들 수 있는 양이다. 이 변형 작업을 위해 2백만 달러가 소요되었다.

　나자르바예프는 다른 나라의 고농축 우라늄도 카자흐
스탄의 공장에서 저농축 우라늄으로 변형시킬 날이 올지
모른다고 이야기하면서, 미국과 러시아도 핵무기 감축에
동참해야 한다고 주장하였다. 어떤 나라들은 핵을 갖거나
심지어 연구하는 것도 금지되면서, 다른 나라는 핵무기를
지니고, 그것을 현대화하고 있는데, 이것은 적절하지 않고
불공평하다고 언급하였다(NTI 2005.10.11).

　2006년 9월 8일에는 중앙아시아 5개국, 즉 카자흐스
탄, 키르기즈스탄, 타지키스탄, 투르크메니스탄, 우즈베키
스탄의 지도자들이 세미팔라친스크에서 만나 핵무기자유
지역(nuclear-weapon-free-zone, NWFZ) 협정에 서명하였
다. 협정식에는 IAEA 관계자도 참관하였다. 협정에 의하
면, 핵무기와 그 부품, 핵무기 폭발 장치의 생산, 구입, 운송
을 금지하게 되어 있다. 그러나 원자력의 평화적인 이용은
IAEA의 세이프가드를 준수하는 한 인정된다(IAEA.
2006.09.08).

:: 파이프라인을 둘러싼 암투

　미국과 카자흐스탄의 초기 관계는 주로 핵문제를 중심
으로 발전하였으나, 미국의 중앙아시아에 대한 또 다른 관
심은 에너지 자원에 있었다. 사실 미국뿐만이 아니라, 유
럽, 중국, 러시아 등 대부분의 나라들이 이 지역의 화석연
료에 대해 지대한 관심을 보이고 있다. 최근에 국제 유가가

급격히 상승하면서 한국도 이 지역의 에너지 자원에 많은 관심을 갖고 진출하고 있는 상황이다.

중앙아시아 지역의 에너지 자원에 있어서 문제는 운송로에 있다. 기존의 소련 체제 하에서 석유와 가스의 파이프라인은 모두 러시아로 향하고 있었고, 러시아에서 정제되어 다시 각국에 배급되었다.

이런 상황에서 중앙아시아 국가들은 자신들의 생산물을 수출할 수 있는 파이프라인의 건설이 사활적인 문제이다. 파이프라인이 없다면, 아무리 막대한 석유와 가스를 갖고 있다고 하더라도 무용지물일 수밖에 없기 때문이다. 이것은 다른 외국의 경우도 마찬가지이다. 유럽과 미국 등이 중앙아시아의 석유와 가스에 지대한 관심을 갖고 있다고 하더라도 그것을 자국으로 또는 제 3국으로 운송할 수 있는 통로가 없다면 소용없는 것이다. 그러므로 이러한 이해가 일치하여 다양한 파이프라인 건설에 대한 구상이 나타나게 된다.

러시아는 1992년에 CPC를 구성하고, 카자흐스탄의 카스피해 연안의 텐기즈(Tengiz) 필드에서 러시아의 흑해 연안의 노보로시이스크(Novorossiysk)까지 연결하는 파이프라인을 제안하였다.

그러나 미국은 러시아를 믿지 못하였다. 그래서 여러 경로의 파이프라인 건설을 구상하게 된다. 이에 대안으로 나온 것이 BTC 파이프라인이다. 이것은 처음 1995년에 아이디어가 제기되었다. 그리고 98년에 실행 계획이 수립되었다. BTC는 아제르바이잔의 바쿠(Baku)와 그루지아의 트빌리시(Tbilisi), 터키의 제이한(Ceyhan)을 연결하는 파이프라인이다.

중앙아시아의 입장에서는 이란을 통하는 파이프라인이나 아프가니스탄을 통하는 파이프라인의 가능성도 있었나. 그러나 이란을 통하는 라인은 미국이 적극 반대하였다. 그러나 90년대 중반만 해도 아프가니스탄을 통하는 파이프라인도 가능성이 있었다. 그러나 이 계획은 탈레반이 아프가니스탄을 장악하면서 무산되게 된다.

캘리포니아에 기반을 둔 우노칼(Unocal)사가 투르크메니스탄 다울레타바드(Dauletabad)의 가스 운송을 위해 아프가니스탄을 지나는 파이프라인을 건설하려는 계획을 세웠다. 96-97년에 이 계획은 아프가니스탄과 합의가 이루어졌고, 미국 관료와 UN이 지원하는 평화협정 참여자들이 자주 언급하였다.

그러나 1998년 8월 아프가니스탄의 알 카에다와 관련된 조직이 케냐와 탄자니아의 미국 대사관을 폭파하였다. 이에 미국은 아프가니스탄의 알 카에다 기지를 쿠르즈 미사일로 공격하였다. 이 사태 이후 우노칼은 아프간 프로젝트에서 손을 뗐다. 그리고 이후 아프간에 관심을 갖고 작업하는 미국 기업은 하나도 없었다(Olcott 2005: 69-70).

사실 아프가니스탄이 안정되어 있다면, 투르크메니스탄뿐만 아니라 다른 중앙아시아 국가들도 아프가니스탄과 파키스탄을 통해 인도에 이르는 파이프라인을 열 가능성이 생긴다. 이런 점에서 아프가니스탄의 정치적 불안정은 중앙아시아 국가에게 여러 가지로 불리한 상황을 만들고 있다.

이 점은 이란의 경우도 마찬가지라고 할 것이다. 나중에 다시 언급하겠지만, 이란의 경우도 이슬람 혁명과 그 전파는 중앙아시아 국가들에게 의심의 눈초리를 갖게 만들고 있다. 이란이 이슬람 테러리스트를 지원한다는 것이 알려져 있고, 이 때문에 중앙아시아 지도자들은 이란을 결코 곱게 보지 못하고 있다.

카자흐스탄의 카스피해 연안에 있는 카샤간(Kashagan) 필드는 막대한 석유 매장량을 갖고 있는데, 이에 대한 소문이 돌기 시작하였다. 미국은 카자흐 정부를 설득하려고 노력하였고, 카자흐 정부는 일부 석유를 BTC를 통해 운송할 것을 약속하였다. 그러나 물량은 확정하지 않았다. 이러한 카자흐 정부의 태도는 워싱턴을 움직이게 만들었다. 이에 미국은 카자흐스탄을 중요 국가로 인식하고, 양국 관계는 고어-나자르바예프 위원회(Gore-Nazarbayev Commission)에 의해 유지되었다. 이것은 러시아의 고어-체르노미르딘 위원회(Gore-Chernomyrdin Commission)에 비견될 수 있다. 우즈벡과의 관계는 미국 대사와 우즈벡 외무장관 수준의 관계로 유지되었다(Olcott 2005: 70).

:: 군사협력

1999년부터 미군이 이 지역에서 증가하기 시작한다.

그리고 2000년, 2001년에 군사원조가 증대되었다. 미국과 나토(NATO)와의 협력이 이들 국가들의 군사력을 현대화하는데 가장 효과적인 방법이었다. 그러나 나토와 미국에 있어 이들을 국제적 안전보장 시스템에 포함시키는 것은 우선적 고려 대상이 아니었다. 이들의 우선적 관심은 우랄 산맥의 서쪽에 있었다. 중앙아시아는 천천히 가자는 생각이었다.

중앙아시아 국가들은 나토의 PFP(Partner for Peace)에 가입하였다. 그리고 미국의 센트콤(CentCom, Central Command)의 작전 통제 하에 들어갔다. 센트콤의 최고 지휘자인 프랭크스(Tommy R. Franks)는 2000년 9월과 2001년 5월에 이 지역을 방문하였다. 그러나 실제로 미국과 나토의 관심을 군사적 지원으로 연결하기는 어려웠다. 왜냐하면 이 지역 군대의 개혁에 대한 하나의 통일된 서구의 계획이나 전망이 부재했기 때문이다.

우즈베키스탄, 카자흐스탄, 키르기즈스탄은 모두 PFP의 활동적인 회원국이고, 미국과의 합동 군사 훈련에 매년 참여하고 있다. 미국은 원래 센트라스바트(CentrAsBat, Central Asian peacekeeping Battalion)라는 하나의 평화유지군을 만들려고 하였다. 그래서 민족 분쟁이 발생하면 파견하려고 생각하였다. 그러나 1997년과 98년 미국에 의해 주도된 훈련 결과, 중앙아시아 각국 군대는 서로에게 상당히 경쟁적이었다. 이후 미국은 각국과 쌍무적인 관계로 접근해야 했다. 그러나 미국의 이러한 활동에 비해 나토가 실제로 한 일은 거의 없다(Olcott 2005: 71-72).

센트라스바트는 카자흐스탄, 키르기즈스탄, 우즈베키스탄, 미국이 주축이 되어 하는 훈련이다. 여기에 러시아, 우크라이나, 터키, 영국, 그루지아, 아제르바이잔, 몽골도 참여하였다. 이 훈련은 원래 미국의 대서양 지휘부에 의해 이루어졌지만, 나중에 통합된 지휘 계획을 위해 센트콤(CentCom) 산하로 들어가게 된다. 이 훈련은 미국과 중앙아시아 국가들 간의 합동작전의 효율을 개선하기 위해서 실시되었다. 그러나 이 작전은 나토에서 이론적으로만 해오던 중앙아시아에 대한 작전을 실제로 해 본다는 데에 의의가 있었다.

센트라스바트는 원래 중앙아아시아 경제공동체(CAEC)의 회원인 카자흐스탄, 우즈베키스탄, 키르기즈스탄이 1995년 12월에 군사와 안보 분야의 합동 본부를 만들 것을 결정하고, 1996년에 결성하였다. 센트라스바트는 군사훈련, 영공 방어, 보급 방어를 조정하려는 의도로 시작되었다. 1998년에는 CAEC에 타지키스탄이 가입하였다.

1997년 8월 카자흐스탄, 우즈베키스탄, 키르기즈스탄 군이 노스 캐롤리나(North Carolina)의 포트 브래그(Fort Bragg)에서 훈련을 받았다. 그리고 9월에는 카자흐스탄과 우즈베키스탄에서 8개국의 합동 훈련이 시행되었다. 1997년 9월 14일 노스 캐롤리나에서 우즈벡까지 미국 비행기가 500명의 미군과 40명의 중앙아시아 군인을 태우고 7,700마일을 쉬지 않고 비행하였다. 이것은 역사상 가장 긴 거리의 비행 작전이었다.

1998년 9월 20일 다시 중앙아시아에서 훈련을 진행하였다. 훈련은 우즈베키스탄과 키르기즈스탄에서 시행되었다. 1999년 5월 13-19일에 시행된 훈련은 필드 훈련이 아닌 세미나 형식으로 진행되었다. 2000년 9월 10~18일에는 카자흐스탄의 알마티에 모여 훈련을 하였다. 2001년에는 독일에서 훈련이 시행되었다(Global Security).

2000년에 실행된 센트라스바트에는 키르기즈스탄과 우즈베키스탄이 참여하지 않겠다고 했었다. 그러나 나중에 번복해서 참여했는데, 이것은 이들의 나토에 대한 불만의 표시이었다. 1999년 이슬람 극단주의자들에게 의해 키르기즈스탄에서 인질이 납치되었고, 타쉬켄트에서는 폭탄 테러가 발생하였다. 공식적인 해명은 이 때문에 이들 지역에서 자신들의 군대를 빼낼 수 없다는 것이었다. 그러나 사실은 나토가 지역 안보에 도움이 되지 않는다는 점에 대해 불만을 표시한 것으로 여겨지고 있다(Razumov 2000).

우즈베키스탄은 카자흐스탄보다 미국과의 관계에 적극적이었다. 이것은 우즈벡이 러시아의 영향력에서 벗어나려는 의지를 좀 더 강하게 지녔기 때문이다. 카자흐스탄은 독립 이후 항상 러시아와 우호관계를 확인해 왔었다. 미국의 입장에서는 카자흐스탄이 물론 중요하지만, 우즈벡과의 관계도 중요하게 생각하였다. 그래서 미국은 1999년 5월 우즈벡 정부와 두 개의 상호협력 조약을 체결하게 된다. 이 조약에서 미국은 군사기지 유지에 관한 권리를 언급하지는 않았다. 그러나 2000년 아프가니스탄의 오사마 빈 라덴을 제거하기 위해 무인조종기를 우즈벡에 배치하였고, 2001년 8월 우즈벡에서 훈련받은 미군이 타지키스탄으로 탈레반과 싸우기 위해 파견되었다(Olcott 2005: 72).

9·11 테러 이후 미국의 중앙아시아에 대한 입장은 변화되었다. 이것은 미국의 다급한 안보적인 문제 때문이었다. 미국은 키르기즈스탄에 마나스(Manas) 공군 기지를, 우즈베키스탄에 하나바드(Khanabad) 공군 기지를 획득하였다. 기지 획득은 아프카니스탄에 대한 공격을 위한 것이었다. 미국의 이러한 행보는 중앙아시아가 미국에 전략적으로 중요해졌다는 것을 의미한다. 이 때문에 미국은 이 지역에 상당 정도의 재정적인 지원을 하였다. 그러나 이 지역의 전략적인 중요성은 아프가니스탄 전쟁이 일단락되고 전장이 이라크로 옮겨 가면서 쇠퇴하였다. 그 결과 이 지역에 대한 지원도 급격히 감소되었다. 미국으로서는 이라크에 대한 지원이 보다 시급하였다(Olcott 2005: 175).

카자흐스탄은 미국의 대테러 전쟁에 신중한 입장을 보였다. 미국의 아프가니스탄에 대한 공격이 지역 안정을 해치는 기능을 할 수도 있다고 판단하였다. 아프가니스탄 공격이 난민의 유입을 가져올 수 있고, 이들에 섞여 테러리스트들이 들어올 수 있기 때문이다. 또한 미국에 공군기지를 제공함으로써 탈레반과의 직접적인 대립관계에 서는 것을 두려워 하였다(Bissenova 2001.10.09). 그래서 카자흐스탄은 미국을 돕기는 하지만, 우즈베키스탄이나 키르기즈스탄처럼 적극적이지는 않았다. 또한 카자흐스탄은 중국과 러시아와의 관계를 해치고 싶어하지 않았다.

그럼에도 불구하고, 카자흐스탄은 자국의 영공을 미국과 다른 유럽의 군대가 지나갈 수 있도록 허용하였다. 그래서 2001년 10월과 2002년 5월에 카자흐스탄의 영공을 통해 600번의 공습이 이루어졌다. 미 국방 장관 럼스펠드(Donald Rumsfeld)가 2002년 4월 카자흐스탄을 방문하였다. 그리고 세 곳의 남부 카자흐스탄의 공항에 비상시 접근할 수 있는 권리를 획득하였다. 2004년 2월 아스타나에 들러 안보 협력을 축하하였다. 그러나 카자흐스탄은 원래 UN의 동의없는 이라크 침공에 대해 상당히 비판적이었다. 그러나 2003년 5월 침공이 되돌릴 수 없이 되자 평화유지군을 파견하였다.

이런 상황 하에서도 카자흐스탄은 미국의 군사적 지원을 열렬히 환영하였다. 이것으로 그들의 군대를 현대화하고, 군사 훈련을 개선하고, 국경 안보를 증진하고, 군사장비를 획득할 수 있었기 때문이다. 또 카스피해의 안보 문제에 대한 지원도 빼놓을 수 없다. 미국은 여기에 5백만 달러를 지원했는데, 이것은 연안 경비와 해군에 대한 지원이다. 카스피해를 통해 마약이나 반군이 침투하는 것을 저지하기 위한 것이다. 또 협력적인 위협 감소(Cooperative Threat Reduction, CTR) 프로그램의 지원을 받았는데, 이 자금은 군대 개혁, 군비 축소, 대량살상무기 제한 등에 이용된다(Olcott 2005: 182-183).

:: 민주주의 확산: 미국의 이중적 태도

미국은 중앙아시아 지역에 대해서 민주주의의 확산이라는 목표를 염두에 두고 있었다. 그러나 미국의 이러한 이념적 지향은 상당히 이중적인 태도를 보여주었다. 예를 들어, 2005년 우즈베키스탄에서 발생한 안디잔 사태와 관련된 행보는 이러한 측면을 보여준다. 안디잔에서 2005년 5월 수백 명의 시민이 학살당하는 사건이 발생하였다. 우즈벡 정부는 안디잔에서 187명의 범죄자들이 죽었다고 발표하였지만, 인권단체들은 800명 정도가 살해되었다고 주장하였다. 이 사태에 대해 미국은 처음에는 침묵하였다. 그러나 점차 이에 대한 비판이 거세어져 가고 있었다. 이 와중에 펜타곤은 우즈벡 기지의 재사용에 대한 계약을 추진 중이었다. 이에 대해서도 잔혹한 정부에 대해 미국이 단기적 이익 때문에 지원한다는 비판이 나왔다. 이런 미국의 태도에 대해 우즈벡의 카리모프 대통령은 격노하였고, 미군 기지의 철수를 요구하였다(guardian 2005.08.01).

이 사건으로 미국과 우즈베키스탄의 관계는 급격히 악화되었다. 사실 우즈베키스탄은 미국의 압력에 대해서 강하게 대응하였는데, 이것은 우크라이나, 그루지아, 키르기즈스탄의 민주화 혁명의 배후에 모두 미국이 있었다고 판단했기 때문이다. 이 때문에 우즈벡의 카리모프 대통령은 미군 기지 철수 요구라는 강력한 수단으로 대응하게 되었다(이홍섭 2007: 96).

미국 부시 행정부의 '민주가치의 세계화 정책'은 카자

흐스탄 정부에 불쾌감을 주었고, 이로 인해 중국과 러시아에 더 가깝게 되는 결과를 낳았다. 중국과 러시아는 인권이나 민주화 등의 문제에 대해 언급하지 않았기 때문이다.

이런 상황에서 우즈베키스탄에서 기반을 잃은 미국은 카자흐스탄에 접근하게 되고, 전략적 지역파트너(strategic regional partner) 관계를 맺게 된다. 이로써 카자흐스탄과 미국의 관계는 더욱 돈독해졌다. 2005년 12월 카자흐스탄 대선을 앞 둔 시점에서 카자흐스탄의 특별한 역할을 강조하고, 2006년 3월 보드만(Samuel W. Bodman)은 에너지 교역과 핵확산에서 카자흐스탄이 미국의 중요한 파트너라고 치켜세우고, 테러와의 전쟁에서의 카자흐스탄의 지원을 높게 평가하는 등 미국의 카자흐스탄에 대한 접근은 한층 강화되었다.

2006년 7월 미국의 라이스(C. Rice) 국무장관과 카자흐스탄 토카예프(Tokaev) 외무장관이 회담을 갖는 자리에서, 라이스는 나자르바예프의 전면적 사회정치 개혁을 미국은 무조건 지지할 것이고, 카자흐스탄이 지역의 중심 역할을 담당할 것이라고 말하였다(이홍섭 2007: 97). 또 2007년 미국의 체니 부통령이 카자흐스탄을 방문하여 나자르바예프의 종신대통령제 채택은 필요한 조치라고 지지를 표명하였다(이홍섭 2007: 94).

이러한 일련의 사태들을 보면 미국은 중앙아시아 지역에서의 민주화의 확산이라는 목표를 잃어버리고 있는 것 같다. 자신들의 전략적 이익을 위해 민주화를 수단으로 이용한다는 느낌이다.

02 ── 러시아의 정책

∷ 수직적 관계의 추구

독립 후 중앙아시아 국가들의 실제적인 문제는 러시아였다. 오랜 동안 러시아의 지배를 받아 왔는데, 러시아의 지배적인 위치가 독립 후에 갑자기 사라질 수는 없었다. 그러므로 중앙아시아 국가들은 러시아와의 관계를 어떻게 조율해 나가야 하는가의 문제에 봉착하였다. 이에 대한 중앙아시아 각국의 정책이 차이가 난다. 우즈베키스탄은 독립 초기에는 러시아와 거리를 두는 정책을 추구하였다. 그러나 카자흐스탄은 러시아와의 친선을 유지하면서 다른 국가들과도 가까워지는 정책을 채택하였다. 즉 전방위적인 외교 관계를 추구하였다. 그러나 전반적으로 볼 때 러시아 우선이라는 정책을 취하였다.

초기 러시아의 중앙아시아에 대한 정책은 다소 억압적인 것이었다. 보리스 옐친은 러시아가 소련의 권력을 승계하였다고 생각하였다. 그러므로 그는 옛 소련의 공화국들에 대해 손쉽게 통제할 수 있는 수단을 찾았다. 자유주의 성향의 외무장관인 코즐레프(Andrei kozyrev)조차도 독립한 국가들이 국내외 정책을 수립할 때 러시아의 이익에 부합해야 한다고 주장하였다. 독립국가연합(CIS)은 이러한 목적으로 창설되었다. 러시아는 CIS를 통해 주요 경제·외교 정책을 통제하려고 의도하였다.

그러나 아제르바이잔, 그루지아, 몰다비아는 러시아의 이런 의도에 반대해서 CIS에 참여하기를 거부하였다. 그러나 소련 시대의 인물들이 권력을 잡고 있었던 중앙아시아 국가들은 이에 대해 별로 거부감이 없어 보였다. 그리고 몰다비아의 트랜스드니스터(Transdniester), 그루지아의 압하지아(Abkhazia), 아제르바이잔의 카라바흐(Karabakh)에서 일어난 민족 분규는 CIS에 가입하지 않으면 어떤 결과가 발생하는지 보여주었다. 1994년에는 그루지아, 몰다비아, 아제르바이잔 모두 CIS에 가입하게 된다(Olcott 2005: 55-56).

옐친의 의도와는 다르게 CIS는 러시아의 지배를 위한 효과적인 도구가 되지 못하였다. 다른 독립국가들이 주권을 이양하는 데에 반대하였기 때문이다. 그러나 러시아는 동등한 파트너 관계를 맺는 것도 싫어하였다. 이런 상황에서 나자르바예프는 1994년 CIS를 유라시아연방(Euro-Asian Union, EAU)으로 대체하자는 제안을 하기도 하였다. 이것은 유럽연합(EU)를 모델로 한 것이었다(Olcott 2005: 55-56). 나자르바예프는 CIS가 경제, 국방, 외교, 생태 등의 문제에서 제 역할을 못하고 있고, 이를 대신할 기구가 필요하다고 생각하였다. 나자르바예프 자신이 이야기하고 있듯이, 적어도 독립 초기에는 구소련권의 통합이 필요하다고 생각하고 있었다. 그러나 그의 제안은 별로 호응을 얻지 못하였다(나자르바예프 1997: 112-116).

나자르바예프의 제안에 대한 이러한 냉담한 반응은 쉽게 이해될 수 있는데, 다른 독립국들은 러시아의 의도를 의심하여 불평등한 관계를 맺고 싶어하지 않았기 때문이다. 그러므로 CIS를 활성화시키려는 러시아의 노력은 별로 효과가 없었다. 그리고 러시아는 자체의 내부 문제만 해도 심각하였다. 경제 개혁도 문제이었고, 체첸과의 전쟁과 같은 내부의 분규도 있었다. 그렇다고 CIS를 완전히 포기한 것은 아니었다. 옐친이 건강한 동안 회의는 정기적으로 개최되었다. 푸친이 대통령이 되고도 CIS를 살리려는 노력을 했지만, 2001년 말에는 거의 형식적인 것으로만 남게 되었다. 그러나 1996년 벨라루시와 완전통합에 성공함으로써 러시아는 크게 고무되었다(Olcott 2005: 56).

아르메니아, 카자흐스탄, 키르기즈스탄, 러시아, 타지키스탄, 우즈베키스탄은 1992년 5월 15일 타쉬켄트에서 집단안보조약(Collective Security Treaty, CST)을 맺게 된다. 1993년 9월 24일에 아제르바이잔이, 93년 12월 9일 그루지아가, 93년 12월 31일 벨라루시가 여기에 참여하게 된다. 그러나 1999년 4월 2일에는 아제르바이잔, 그루지아, 우즈베키스탄이 탈퇴하고 6개국만 남는다. 우즈베키스탄은 대신 GUAM(Georgia, Ukraine, Azerbaijan, Moldova)을 구성하게 된다.

1990년대 말에는 이들 국가중 어느 나라도 러시아가 안보상의 도움을 줄 수 있다고 생각하지 않았다. 특히 아프가니스탄의 탈레반을 축출할 수 있을 것이라고 생각하지 않았다. 러시아는 체첸 문제로 다른데 힘을 쓸 여유가 없었다. 그래서 키르기즈스탄에 IMU(Islamic Movement of Uzbekistan)가 침입했을 때도 키르기즈스탄이 요구한 파병을 거부한다. 이 영향으로 CSTO의 안보를 위한 기능을 강화하기로 결정하고, 2001년 5월 1,500명의 신속 파견군을 만든다. 그러나 현장 훈련은 했지만, 실제로 파병된 적은 없었다(Olcott 2005: 57).

적어도 1990년대 말까지는 러시아의 의도대로 각국을 움직일 수는 없었다. 그것은 실제로 러시아가 중앙아시아 각국을 도울 형편이 되지 못하였기 때문이다. 중앙아시아 각국은 모두 안보 위협에 처해 있었다. 아프가니스탄에서의 테러 유입, 이슬람 극단주의자들의 세력확대 문제를 지니고 있었고, 또한 경제 개혁과 경제 수준의 향상이라는 과제를 안고 있었다.

그러나 러시아는 자국의 문제만으로도 벅찬 형편이었고, 중앙아시아에 적극적으로 개입할 만한 자원이 없었다. 이 때문에 중앙아시아 국가들은 러시아에 의존하지 않고, 독자적인 생존을 모색하여야 했다. 러시아의 중앙아시아 정책이 답보 상태에 이른 것은 옐친의 중앙아시아 국가들에 대한 위압적인 태도에도 기인하였다. 이러한 태도는 중앙아시아 국가들의 반발을 불러왔고, 이에 러시아의 영향력은 더욱 약화되었다. 이런 점이 바로 서방이나 중국과 같은 국가들의 중앙아시아에로의 진출을 쉽게 만드는 계기를 제공하였다(양정훈 2005: 152).

러시아가 중앙아시아에 영향을 끼치는 것은 다자기구를 구성하는 방법만 있었던 것은 아니다. 구소련에서 독립된 국가들은 모두 러시아에 경제적으로 의존되어 있었다. 카자흐스탄만 하더라도 원료 생산지로서의 의미만 지니고 있을 뿐, 생산된 원료는 러시아로 운송되어 그곳에서 가공되었다. 석유도 카자흐스탄에는 정유공장이 없었고, 러시아로 운송되어 그곳에서 정제되었다. 또한 독립 공화국들은 수많은 러시아 민족을 국민으로 포함하고 있어 이들과 어떤 관계를 맺느냐가 상당히 중요한 요인으로 작동할 수가 있다. 또한 국경 문제도 갖고 있었다.

일단 경제적인 압력 수단으로 유효하게 작용한 것이 에너지 공급 문제이다. 카자흐스탄도 이러한 점에서 러시아의 압력에 희생되었다. 카자흐스탄의 북부는 전기를 러시아에 의존하고 있었다. 그리고 전국적으로 석유와 가스도 러시아에 의존하였다. 카자흐스탄의 가스 부존량은 많다고 하지만, 개발되지 않은 상태였다.

독립 초기의 악화된 경제 사정으로 러시아에 에너지 사용료 지불이 연체되고, 이 결과 채무 변제조건으로 러시아의 RAO-UES(Unified Energy Systems)에 카자흐의 수력발전소 지분을 양도하게 되었다. 이런 방식으로 원하지 않는 양보를 하는 경우가 종종 있었다.

러시아는 또한 파이프라인을 압력 수단으로 삼아 양보를 얻어내었다. 카자흐스탄, 투르크메니스탄, 아제르바이잔이 그 희생양이 되었다. 카자흐스탄의 경우 CPC에 의해 텐기즈 석유를 러시아의 항구 노보로시이스크(Novoro-ssiisk)로 옮기도록 압력을 받았다. 이것은 사실상 카자흐스탄이 석유나 가스의 다른 수출 통로를 갖지 못했기 때문에 가능한 것이었다. 이것은 단지 카자흐스탄에만 해당되는 것은 아니고, 투르크메니스탄과 아제르바이잔에도 공통된 것이다.

투르크메니스탄의 경우, 가스의 운송을 위해 1995년 투루크멘로스가즈(Turkmenrosgaz)를 설립하였는데, 투르크메니스탄 대통령 니야조프는 러시아의 거래 조건에 실망하여 이를 중재한 투르크메니스탄측 인물을 해고하고 만다. 상황이 이렇게 전개되자, 러시아의 가즈프롬(Gazprom)은 투르크메니스탄의 가스를 유럽이 아니라 우크라이나, 그루지아 등과 같은 국가들로 돌린다. 유럽으로 가스를 공급할 때는 이들 국가들에 비해 높은 가격을 받을 수 있다. 그뿐 아니라, 이들 CIS 국가들은 가스 대금이 잘 수납되지도 않는다. 이렇게 하고 나서 가즈프롬은 낮은 가격의 구매 조건을 투르크메니스탄에 제안하게 된다. 1997년 회담에서 투르크메니스탄은 협상 테이블을 박차고 나온다. 그러나 다른 나라에 팔 수 있는 통로가 없기 때문에 결국 가스 생산이 상당 정도 위축되고 만다.

러시아는 중앙아시아 지역에서 러시아인들의 지위를 확보하려고 노력하였다. 이런 노력의 하나로, 중앙아시아 지역에서 갑자기 소수민족으로 전락한 러시아인들에게 이중국적을 허용하도록 압력을 가하였다. 그러나 이런 노력은 그렇게 성공적이지 못하였다. 중앙아시아 국가들은 러시아 국적을 취득할 수는 있지만, 만약 그렇게 하면 사유화 과정에서 그들의 재산을 상실하게 되는 정책을 취하였다. 그러나 투르크메니스탄은 1993년 이중국적에 대해 10년간 유효하다는 협정을 맺었다.

러시아는 또한 러시아어를 중앙아시아 각국의 언어와 동등한 법적 지위를 부여하라고 압력을 가하였다. 2001년에 키르기즈스탄이 이에 응하였고, '국제적 소통을 위한 언어(language of international communication)'라는 좀 낮지만 특별한 법적 지위를 부여하였다. 카자흐스탄 같은 나라에서는 여전히 러시아어를 교육하기는 하지만 공적으로는 별로 지원하지 않고 있다. 그리고 러시아어의 지위는 점차적으로 하락하고 있는 추세이다.

러시아는 각 지역의 러시아인들이 알아서 입장을 정하라는 원칙이었다. 그래서 많은 러시아인들이 러시아로 떠나게 된다. 카자흐스탄에서는 1992년에서 2000년 사이에 150만 정도가 떠난다(Olcott 2005: 57-60).

:: 수평적 관계로의 전환

보리스 옐친이 권좌에서 물러나고 푸틴이 권력을 잡고 난 뒤 러시아의 대중앙아시아 정책은 일정한 변화를 보였다. 푸틴은 옐친처럼 수직적 관계를 추구하지 않고 보다 대등한 관계로 대하였다. 이로 인해 중앙아시아 각국과의 관계가 어느 정도 개선되고 있었다(양정훈 2005: 153).

9·11 테러 사태 이후 미국이 이 지역에 군사적으로 상당 정도 진출하게 되었다. 이로 인해 러시아의 입지도 달라졌다. 놀랍게도 미국의 진출이 오히려 러시아가 자신의 입지를 넓히는데 도움을 주게 되었다. 러시아는 균형을 추구한다는 명분으로 중앙아시아 국가들에게 양보를 요구하였고, 이것은 어느 정도 수용되었다. 그래서 키르기스스탄의 칸트(Kant)에 공군기지 사용권을 획득하였고, 우즈베키스탄에는 영공방어의 권리를 요구하였다.

러시아의 이런 행위가 미국을 곤란하게 만들지는 않았다. 왜냐하면, 미국은 대테러 전쟁에서 러시아의 지원이 필요했기 때문이었다. 러시아의 이런 행위는 자국민들에게 러시아가 건재함을 과시하는 일종의 쇼에 불과하였다. 왜냐하면 사실상 러시아는 이들 지역에서 강하게 군사력을 유지할 만한 자원이 없었기 때문이다.

중앙아시아 국가들은 러시아의 이런 행동이 옐친 시기의 위협이나 공갈에 의해서가 아니라, 매력적인 인센티브 제공에 의한 것이라면 환영하였다. 러시아는 자체의 경제 문제를 갖고 있지만, 그럼에도 불구하고 이 지역에서 가장 거대한 경제력을 보유하고 있고, 자본과 투자여력이 있는 국가이다. 물론 러시아가 관심을 갖는 분야는 에너지와 자원이다.

중앙아시아 국가들의 입장에서도 러시아와 상대하는 편이 편한 점이 있다. 러시아와는 어느 정도 비슷한 상황에 놓여 있고, 해결해야 할 과제도 공통점이 많았다. 그리고 언어적으로도 소통이 자유롭다. 게다가 미국이나 유럽인들처럼 정치 문제에 대해 이런저런 잔소리를 하지도 않는다. 이런 점에서 이들의 만남은 편한 점이 있다. 그러나 러시아가 이 지역에 새로이 개입을 한다고 하더라도, 여기에는 하나의 분명한 선이 그어져 있다. 그것은 중앙아시아 국가들이 주권을 러시아의 보호의 대가로 양보하지 않는다는 점이다(Olcott 2005: 185-187).

중앙아시아 국가들은 나토와의 군사적 협력에도 적극적이었다. 그러나 푸틴은 CIS가 적극적인 역할을 해야 한다고 주장한다. 이를 위해 집단안보조약(CST)를 강화하려는 노력을 하게 된다. 2001년 5월 러시아, 아르메니아, 벨로루시, 카자흐스탄, 키르기즈스탄, 타지키스탄의 6개국으로 구성된 집단안보조약기구(CSTO) 정상들은 아르메니아의 수도 예레반에서 만나 지역 안보와 테러에 대응할 수 있는 신속대응군을 창설하고, 키르기즈스탄에 그 본부를 두기로 결정한다.

이들은 2002년 5월 14일에 공동군 창설에 합의하고, 합동군사훈련을 실시키로 한다(양정훈 2005: 153). 이 합의에 의해서 2002년, 2003년, 2004년 여름에 군사훈련이 실시되었다(Olcott 2005: 188).

2005년에도 CSTO 회원국들 사이에서 군사훈련이 실시되었다. 2005년에는 우즈베키스탄이 GUAM에서 탈퇴하고 2006년 CSTO에 참가하게 된다(Socor 2006.06.27). 2007년에는 키르기즈스탄이 의장국을 맡았다. 그리고

2007년 10월 CSTO는 두샨베에서 SCO와 안보에 위협이 되는 범죄, 마약 거래에서 협조하기로 협약을 맺게 된다(Daily Times 2007.10.06). 2007년 10월 6일 CSTO는 UN 산하로 파병될 수 있는 평화유지군을 만들기로 합의하고, 러시아산 무기를 회원국 모두가 러시아 내에서와 동일한 가격으로 살 수 있도록 협약을 맺는다(Kommersant 2007.10. 08). 이런 일련의 진전을 볼 때 CSTO는 점차 발전되고 있는 모습을 보여주고 있고, 러시아의 영향력도 점차 증가하고 있다고 판단할 수 있을 것이다.

2007년 5월 CSTO는 재미있는 제안을 하였는데, 그것은 이란에 CSTO 가입을 권유한 것이다. CSTO 사무총장인 니콜라이 보르듀자(Nikolai Bordyuzha)는 CSTO가 개방된 조직이고, 만약 협약 조항에 동의한다면 가입할 수 있다고 언급하였다. 그는 또한 이란이 가입하다면 중앙아시아에서의 불법 마약거래와의 투쟁이 강화될 수 있을 것이라고 언급하였다(Global Research 2007.05.18).

2008년 8월 북경 올림픽이 한참 열리고 있던 시기에 그루지아와 러시아의 전쟁이 벌어졌다. 이 전쟁이 일단락되고 나서, 2008년 8월 29일 러시아는 CSTO가 그루지아의 압하지아와 남오세티아의 독립을 승인하기를 바란다고 발표하였다(Halpin 2008.08.30). 그리고 9월 5일 드미트리 메드베데프 러시아 대통령은 CSTO 회원국 6개국, 즉 벨로루시, 아르메니아, 카자흐스탄, 키르기즈스탄, 타지키스탄, 우즈베키스탄이 러시아의 그루지아에 대한 군사적 개입을 지지하였다고 밝혔다(연합뉴스 2008.09.05).

　2003년 9월 22일 푸틴 대통령과 아카예프 대통령은 모스크바에서 키르기즈스탄 내 칸트 공군기지 사용에 대한 협약을 체결하였다. 여기에 전투기 10대와 300여 명의 군인을 배치할 수 있었는데, 이에 대해 푸틴과 아카예프는 매우 큰 의미를 부여하였다(양정훈 2005: 156). 이 기지에 대해서는 2003년 12월 러시아 텔레비전에서 상세한 보도가 있었다. 방송은 러시아의 안보가 확립되었다는 메시지를 전달하였고, 푸틴이 선거에서 표를 얻는데 상당한 기여를 하였다. 그러나 이 기지는 푸틴이 아카예프에게 키르기즈스탄 정보요원에 대한 훈련과 정치분석요원 교육을 제공하겠다는 약속 때문에 이루어진 것이다(Olcott 2005: 188).

　2004년 10월 푸틴은 타지키스탄에 5천명 규모의 영구 기지를 획득하였다. 이 부대는 지휘본부를 두산베에 세웠는데, 타지키스탄은 이에 대하여 원래 강하게 반대하였었다. 타지기스탄은 본부를 수도가 아닌 다른 곳에 두기를 원하였기 때문이다. 기지 설치 외에 타지키스탄은 러시아가 운영하는 미사일 경고 시스템을 49년간 임차해 주었다. 이 대가로 2억 4천만 달러의 채무를 탕감해 주었다. 이 조약은 3년간의 협상 끝에 타결되었는데, 처음에 러시아는 타지키스탄이 기지 운영비를 보조할 것을 요구하기도 하였다.

　미국과 우즈벡의 군사협력은 러시아에게도 기회를 제공하였다. 미국의 존재가 러시아에 대한 경각심을 약화시켰기 때문이다. 2003년 8월에 푸틴이 사마르칸트를 방문하고, 카리모프는 2004년 4월 러시아를 방문한다. 이때 테러에 대한 공동 대응을 협의하였다. 그리고 러시아는 하나바드(Khanabad)의 기지 사용권을 얻으며 영공 방위 분야에서 협력하기로 협정을 맺었다.

카자흐스탄과 러시아는 좋은 관계를 유지하고 있다. 2005년 한 해에만 11차례 양국 정상이 만남을 갖기도 하였다(이홍섭 2007: 95). 카자흐스탄은 약한 러시아가 강한 러시아보다 위험하다고 판단하고 있다. 러시아가 강하면, 쇼비니즘적 이데올로기를 추구하지 않고, 카자흐스탄 내의 러시아인을 맡아줄 여력이 생길 것이라고 여긴다.

러시아와 카자흐스탄은 바이코누르 문제로 갈등이 있었다. 그러나 1994년 1억 1천 5백만 달러에 1년 임차계약을 체결하였다. 그리고 2004년에는 2050년까지 계약기간을 연장하였다. 너무 싼 가격에 빌려주었다는 불만이 있었지만, 새로운 계약에는 상업적·군사적 용도로 협력하여 사용하는 조항이 포함되어 있다(Olcott 2005: 189-192).

2005년 6월 초에는 러시아와 국경 문제를 합의하였다. 2006년에는 나자르바예프가 소치에서 푸틴 대통령과 회동하여 천연가스 판매가격 인상에 합의하였다. 이에 대해 러시아는 미국과 등거리 외교를 펼치는 카자흐스탄을 자신의 세력권으로 한 걸음 끌어당겼다는 점에서 대중앙아시아 외교의 성공이라고 평가하였다(이홍섭 2007: 95).

:: 경제적 영향력의 강화

러시아는 점차 지역경제에서 자기역할을 확대해 왔다. 이것은 단순히 상징적인 차원이 아니다. 실제로 러시아와의 교역은 중앙아시아 국가들에게 있어 아주 중요한 부분이다. 그리고 러시아의 경제성장으로 인해 중앙아시아 지역에 대한 경제적 접근이 강화되고 있다.

러시아의 자본은 키르기즈스탄과 카자흐스탄에 가장 많이 투자되고 있다. 러시아는 이들 국가와 유라시아 경제공동체(Eurasian Economic Community, EurAsEC)를 구성하여, 공동의 경제 공간을 형성하려고 시도하고 있다. 키르기즈스탄은 이미 WTO에 가입하였지만, 카자흐스탄과 러시아 모두 WTO에 가입하려고 노력중이다. 양국이 WTO에 가입하게 되면, 이들 국가간의 경제적 관계는 더욱 심화될 것이다.

러시아는 이 지역의 경제에 강한 영향력을 끼치고 있다. 특히 카스피해의 석유과 가스, 그리고 수력 발전에서도 강한 영향력을 보여주고 있다. 카스피해의 석유와 가스를 개발하기 위해서는 카스피해 연안국들의 국경에 대한 합의가 이루어져야 한다. 그러나 연안국(아제르바이잔, 이란, 카자흐스탄, 러시아, 투르크메니스탄)은 아직 국경 문제에 완전히 합의하지 못하였다. 카자흐스탄과 러시아는 합의하였으나, 이란과 투르크메니스탄이 이의를 제기하고 있다.

카자흐스탄과 러시아는 카스피해 문제에 있어 이미 국경을 확정하였고, 공동 개발 구역도 합의하였다. 이에 의해 합자투자가 진행되고 있는데, 루크오일(LUKoil), 로스네프트(Rosneft), 카자흐 국영석유(Kazakh State Oil), 카즈무나이가즈(KazMunayGaz) 등이 활약하고 있다. 쿠르만가지 유전(Kumangazy Field)에는 7에서 10억 톤의 원유가 매장되어 있을 것으로 추정되고 있다. 러시아는 이 유전의 지분을 별다른 경쟁없이 획득하였다. 그러나 2004년 1월 카자흐스탄에서 통과된 법에 의해 다른 외국기업들과 동일한 세금을 내야 한다. 이 법은 세율을 많이 높였다. 카자흐스탄은 석유 운송에 관해서 러시아와 협조하고 있다.

카자흐스탄은 가스 부분에서는 경쟁력이 떨어진다. 카자흐스탄은 카라차가나크(Karachaganak)에서 러시아의 오렌부르크(Orenburg)의 정제소로 가스를 운송하는데, 여기서 다시 유럽이나 구소련 국가들로 수출된다. 카자흐스탄이 현재 가진 운송로는 이 통로밖에 없다. 이러한 운송로의 한계를 이용하여 러시아는 카자흐스탄에 불리한 가격조건을 제시하였다. 즉 러시아와 카자흐스탄 사이에는 가스 가격 조건에 대한 문제가 존재한다.

2002년 50 대 50의 지분으로 합자회사 카즈로스가즈(KazRosGaz)를 설립하였다. 이 회사는 가스 운송에 관한 사업을 운영하는데, 이의 설립으로 카자흐스탄은 조금 유리한 입장에 설 수 있게 되었다. 러시아가 투르크메니스탄에게 상당히 싼 가격을 제시하였다는 것은 앞에서 서술하였다. 그러나 카자흐스탄에게는, 구소련 국가들에 공급하는 부분은 낮은 가격을 제시하였지만, 일부 가스는 높은 가격을 받을 수 있는 유럽에 보내는데 합의한다.

러시아의 가즈프롬(Gazprom)은 키르기즈스탄과 상호 협력 협정을 체결하였고, 우즈베키스탄의 우즈벡네프테가즈(Uzbekneftegaz)와 전략적 협정을 맺었다. 이 협정의 체결을 키르기즈스탄이 크게 환영했는데, 우즈벡에서 인도받은 가스가 임의적으로 높은 가격에 공급되거나, 가스대금 지불이 연체되었을 때 공급이 끊기는 문제에서 벗어날 수 있을 것으로 보았기 때문이다.

우즈베키스탄은, 가즈프롬을 가스 생산자이면서 우즈벡을 통한 가스 운송 시스템의 운영자로 보았다. 이런 경제적 계산 하에 우즈벡은 가즈프롬, 루크오일과 합자회사를 설립한다. 이 회사는 석유와 가스 부분에서 사업을 수행하게 된다. 사업계획에 따르면 20억 달러의 자본이 우즈벡에 투자될 예정이다. 러시아의 카자흐스탄, 우즈벡 등과의 관계는 투르크메니스탄을 고립시키는 결과를 낳고 있고, 이로 인해 투르크메니스탄은 상당히 곤란한 상황에 처하게 되었다.

그러나 문제는 러시아가 이들 국가와 맺은 계약에 따르면 파이프라인을 대폭 증대시켜야 한다는 것이다. 2010년까지 러시아는 900억㎥의 가스를 운송해야 하는데, 이를 위해 80억 달러 정도의 자금이 요청된다. 그러나 가즈프롬이 이런 규모의 자금을 자본시장에서 조달하는 것은 불가능하다.

RAO-UES(Unified Energy Systems)는 러시아의 전력

독점 기업인데, 이 회사는 중앙아시아에 상당히 공격적인 진출을 하고 있다. 이 회사는 90년대 초반부터 북부 카자흐스탄에서 활동하고 있었는데, 미국기업인 액세스 인더스트리즈(Access Industies)와 석탄 분야에서 공조하였다. 이것은 RAO-UES가 중앙시베리아에서의 전력 수요과 공급의 합리화에 도움을 주었다.

RAO-UES는 키르기즈스탄이나 타지키스탄에서 수자원을 개발하는 것이 시베리아에서 수력 발전을 하는 것보다 경제적일 것이라고 계산하였다. 그리고 이것은 구소련의 통합된 전기망을 통해서 관리할 수 있을 것이라고 판단하였다.

RAO-UES는 2004년 8월 키르기즈스탄 정부와 캄바라트(Kambarat) 수력발전소 1기와 2기를 짓기로 합의하였다. 여기에는 19억 달러가 투자될 예정이다. 타지키스탄의 공사가 중단된 상투다(Sangtuda) 수력발전소에 2억 5천만 달러를 투자하여 완공하기로 하였다. 이란도 여기에 2억 5천만 달러를 투자한다. 러시아 알루미늄 회사인 RusAl도 타지키스탄의 루군(Rugun) 수력발전소에 장기적인 투자를 하기로 결정하였다. RusAl의 투자는 알루미늄 생산에 필요한 전력을 확보하기 위한 것이다.

이들 수력발전소 건설 계획이 하류지역의 물부족 현상을 야기할 것이라는 논란이 있다. 댐이 건설되면 카자흐스탄 남부와 우즈베키스탄의 저수량이 줄기 때문이다. 면화 생산은 주로 키르기즈스탄의 물에 의존한다. 그리고 물의

90%가 여름과 가을에 필요하다. 그러나 키르기즈스탄은 겨울의 자국민의 난방을 위해서는 어쩔 수 없다는 입장을 취하고 있다.

대부분의 전문가들은 이들 지역에 심각한 물 부족 사태가 발생할 것이라고 예측하고 있다. 이 때문에 심각한 분쟁이 발생할 수도 있다고 생각하고 있다. 그러나 국가적 이기주의에 의해서 물 관리의 국제적 공조가 이루어지지 않고 있다(Olcott 2005: 193-195).

러시아는 중앙아시아 지역의 파이프라인을 제어함으로써 이 지역에 대한 정치·경제적 통제권을 획득하려고 한다. 최근에도 이러한 움직임은 지속되고 있다. 그러나 러시아에 반드시 유리하지만은 않게 진행되고 있다. 중앙아시아 국가들이 러시아의 불리한 가격조건을 계속 받아들이지 않고 있기 때문이다.

2007년 5월 12일 러시아의 푸틴과 카자흐스탄의 나자르바예프 대통령, 투르크메니스탄의 구르방굴리 베르디무하메도프(Gurbanguly Berdimukhamedov) 대통령은 카스피해 연안을 지나는 프리카스피이스키 파이프라인(Prikaspiisky pipeline)의 건설에 합의하였다. 그러나 카자흐스탄과 투르크메니스탄 대통령은 지난 몇 년 동안 트랜스 카스피해 파이프라인(Trans-Caspian Pipeline, TCP) 프로젝트에 합류할 의향을 밝히고 있었다.

TCP는 미국이 지원하고 있는 프로젝트로, 만약 여기에 양국이 참여하게 된다면 러시아는 석유와 가스에 대한 통제권을 잃게 되고, 중앙아시아에 대한 영향력도 상당히 쇠퇴하게 될 것이다. 그러므로 러시아의 입장에서는 이들 국가가 프리카스피이스키 파이프라인에 참여하게 만드는 것이 중요하다. 그러나 카자흐스탄과 투르크메니스탄이 TCP를 진지하게 고려하고 있는 상황은 러시아의 입지를 약화시킨다.

이로 인해 러시아는 상당 정도의 양보를 하게 되었는데, 그것은 투르크메니스탄과 카자흐스탄의 가스에 대해 상당히 높은 가격의 구매조건을 제시한 것이다. 투르크메니스탄에 대해서는 거의 50% 인상된 가격으로 구입하기로 하였다. 그리고 카자흐스탄은 36% 인상된 가격을 러시아에 제안했는데, 이것도 받아들여진 것으로 보인다. 우즈베키스탄도 가스 가격 인상을 희망하고 있다.

러시아는 이외에 오렌부르크의 가스 정제소의 정제 능력을 증대시키는 사업을 카자흐스탄과 합자 형식으로 진행하기로 하였다. 그러나 2007년 말 현재 이 사업은 진행되지 않고 있는데, 그것은 카자흐스탄 쪽이 러시아의 조건에 만족하지 못하고 있기 때문이다.

투르크메니스탄은 러시아를 통한 수출뿐만 아니라, 중국에도 가스를 수출하고 싶어 한다. 그러므로 TCP를 통한 유럽으로의 수출과 중국으로의 파이프라인 건설이라는 계획안을 놓고 고민하였다. 그러나 2007년 말 투르크메니스탄, 우즈베키스탄, 카자흐스탄은 중국으로 연결되는 파이프라인 건설에 합의하였고, 현재 공사가 진행중이다

(Berdyeva 2007.12.04; BLAGOV 2007.12.11; Eurasianet. 2007.05.14).

이런 상황은 러시아를 움직이는 지렛대로 작동하였다. 러시아는 중앙아시아 국가들을 붙잡아 두기 위해 높은 가스 가격을 제안하게 되었다. 그리고 2007년 12월 20일 투르크메니스탄, 카자흐스탄, 러시아 3국 대통령은 프리카스피이스키 파이프라인 건설 협정을 맺게 된다(IHT 2007.12.20). 이 협정은 서구로서는 상당한 타격이다. 투르크메니스탄이나 카자흐스탄이 트랜스 카피스해 파이프라인에 동조할 가능성이 줄어들게 된 것이다.

최근에 일어난 그루지아 사태도 러시아의 석유와 가스에 대한 통제 욕구와 깊은 관련이 있다. 이 사태는 BTC 라인이 안전하지 않다는 것을 보여주는 계기가 되었다. 그 때문에 터키도 미국과의 협조보다는 러시아와의 협조가 더 절실하다는 것을 각성하는 계기가 되었다(Gazeta 2008.08.18). 사실 이런 점은 중앙아시아 국가들도 느꼈을 것이다. 그리고 아마 그것이 러시아의 숨은 의도였을 것이다.

최근 미국과 러시아 관리들의 중앙아시아 방문이 줄을 잇고 있다. 러시아 대통령인 드미트리 메드베데프(Dmitri Medvedev)가 9월에 카자흐스탄을 방문하였다. 그는 8월, 러시아가 기존의 소련 구성 공화국들에 대한 특권적 관심(privileged interests)를 갖고 있다고 발언한 적도 있다.

9월 초 미국 부통령 딕 체니(Dick Cheney)가 그루지아, 아제르바이잔, 우크라이나를 방문하였다. 같은 달에 러시아의 블라드미르 푸틴이 우즈베키스탄을 방문하였고, 우즈벡의 천연가스를 시장 가격으로 러시아가 사는 협정에 서명하였다. 그리고 카자흐와 우즈벡은 새로운 가스 파이프라인을 건설하고, 이것이 러시아를 통과하는 것에 동의하였다. 이것은 러시아를 우회하는 파이프라인을 건설하고 싶어하는 유럽과 미국에게는 큰 타격이다.

카자흐스탄은 그루지아에 석유 터미널을 짓는 계획을 중지하였다. 이것은 코카서스 국가들에게 현금을 가져다 줄 수 있는 프로젝트였다. 이에 더해 모스크바는 아제르바이잔의 천연가스를 사겠다는 제안을 한다. 이것이 성취되면, 유럽과 미국의 파이프라인은 완전 무용지물이 되고 만다.

이런 상황에서 콘돌리자 라이스 미 국무장관이 10월 5일 카자흐스탄을 방문하게 된다. 그는 러시아와 미국이 제로섬 게임을 하는 것이 아니라고 언급하고, 어떤 국가가 특별한 영향력을 갖는다는 주장을 거부하였다. 이것은 앞서 언급한 메드베데프의 주장을 염두에 둔 것이다. 그러면서 카자흐스탄은 독립된 국가이고, 원하는 어떤 나라와도 관계를 맺을 수 있다고 주장하였다(Stern 2008.10.05).

이러한 일련의 사건은 그루지아 전쟁 이후 변화하는 상황을 보여준다. 러시아와 그루지아의 전쟁은, 러시아의 이익에 반하면 어떤 사태가 올지에 대해 중앙아시아 국가들에게 경고하는 의미가 있다. 또한 유럽과 미국이 그루지아 전쟁을 무기력하게 지켜만 보고 있었다는 것에서 서방의 한계를 느끼게 된 것이다. 이러한 상황에서 라이스의 발언은 러시아에 의존할 필요가 없다는 메시지를 전달하려는 것이다. 그러나 그의 발언이 얼마나 효력을 지닐 수 있을지는 의문이다.

03 ── 중국의 정책

:: 안보문제와 SCO

중국은 중앙아시아의 3개국과 국경을 접하고 있다. 카자흐스탄, 키르기즈스탄, 타지키스탄이 국경을 접한 나라들이다. 이들과 접하고 있는 국경의 거리는 3,200Km에 달한다. 카자흐스탄과 1,700Km, 키르기즈스탄과 1,100Km, 타지키스탄과 400Km이다. 이렇게 국경을 접하고 있는 이웃 국가로서 중국은 이 지역에 심각한 관심을 가질 수밖에 없다. 그것은 이 지역이 중국의 안보와 경제에 직접적인 관계가 있기 때문이다.

중국은 소련이 해체되고 독립국가들로 재편되자 신속하게 이들 국가들과 외교적 관계를 수립한다. 러시아와는 1991년 12월 7일, 1992년 1월 3일에는 카자흐스탄, 1월 4일에는 키르기즈스탄, 1월 5일에는 타지키스탄과 수교하였다(지재운 2005: 272).

중국이 이처럼 이들 지역의 독립에 신속하게 대처하는

양상을 보여주기는 했지만, 이 지역에 대해 적극적인 개입을 한 것은 아니었다. 사실은 별로 준비가 되어 있지 않았고, 주의깊게 관찰하고 있는 정도였다. 그러나 이 지역에서 장기적인 이익을 취하고, 힘의 공백으로 인한 단기적 위험을 회피하려고 하였다. 다른 한편으로는 미국과 서구 국가들이 이 지역에 경제적으로 영향력을 확장하는 것을 살펴보고 있었다.

그러나 곧 중앙아시아 국가들을 포섭하기 시작하였다. 이것은 중국 관리들이 중앙아시아 국가들과의 관계 증진을 역설하였기 때문이다. 중국은 중앙아시아 국가들의 원수와 관리들을 중국으로 초청하기 시작하였다. 카자흐스탄 대통령 나자르바예프는 1993년 10월, 1995년 9월, 1997년 2월, 1999년 11월에 중국을 방문하였다. 키르기즈스탄 대통령 아카예프는 1998년, 2002년, 2004년에 방문하였고, 타지키스탄 대통령 라흐모노프는 1998년 8월에, 외무부장관 탈바크 나자로프는 2001년 6월에 방문하였다. 우즈베키스탄 대통령 카리모프는 1992년, 1994년, 1999년에 방문하였다.

중앙아시아 지도자들의 중국 초청과 더불어 리펑 총리가 1994년 중앙아시아 5개국을 12일간 순방하면서 여러 쌍무협정을 맺게 되면서 보다 협력적인 관계를 형성하는 기반을 다지게 되었다. 1996년에는 장쩌민 국가주석도 카자흐스탄, 키르기즈스탄, 우즈베키스탄을 방문하였다.

중앙아시아 국가들의 독립은 위구르와 다른 소수 투르크 계통 중국 소수민족의 독립 요구를 증대시켰다. 이러한 기류는 1980년대 소련의 민족정책에 영향을 받아 성장하였다. 그리고 위구르 분리주의자들은 카자흐와 키르기즈 민족주의자들의 지지를 받았다. 1990년대 초기 이들 운동이 활발해지고 활동이 급증하였으나 중국의 압력으로 키르기즈스탄과 카자흐스탄에서 이들의 활동은 상당히 위축되게 된다. 중국은 조직화된 위구르 집단은 모두 현실적이거나 잠재적으로 테러리스트라고 보았다. 그리고 1997년 신장 내부와 외부에서의 폭탄 사건은 중앙아시아 국가들로 하여금 중국에 우호적으로 만들었다. 카자흐스탄에 기반을 둔 위구르 조직은 1997년 2월 우르무치에서의 폭발 사건에 책임이 있다고 비난받게 된다. 중앙아시아 국가 지도자들은 아무도 무장 그룹이 자기들 영토 내에 있는 것을 반기지 않았다.

이후 카자흐스탄, 키르기즈스탄의 중국과의 국경은 보다 엄격히 통제되기 시작하였다. 아프가니스탄에서 타지키스탄을 거친 후, 이들 나라들을 지나 중국으로 들어갈 수 있기 때문이다. 1997년 겨울과 봄 사이에 탈레반이 성공적인 전쟁을 수행한 이후, 중국은 아프가니스탄과의 국경을 특별 관리하기 시작하였다. 중국은 위구르 테러리스트들이 오사마 빈 라덴 캠프에서 훈련을 받고 있다고 주장하였는데, 중앙아시아 국가들도 이를 진지하게 받아들이게 되었다. 나중에 미국이 아프가니스탄을 폭격하고 나서 그곳에서 위구르 문건을 발견하게 되는데, 이로써 중국의 주장을 확인시켜 주었다. 그러나 위구르인들이 언제부터 훈련 받기 시작했는지는 알 수 없다(Olcott 2005: 62-63).

중국이 무엇보다도 두려워 하는 것의 하나는 중국 내 소수 민족이 독립하는 것이다. 이 때문에 티벳이나 신장, 대만의 독립 문제에 대해서 중국은 매우 신경을 쓰고 있다. 그런데, 신장 위구르인들의 독립운동이 지속되고 있고, 그것이 외국의 원조를 받는다면 상당한 문제가 된다. 중국내 위구르인들은 이슬람이라는 공통의 기반을 지니고, 이슬람 테러 조직의 지원을 받고 있다.

그런데 이것은 단순히 중국만의 문제는 아니고, 중앙아시아 각국도 동일한 문제에 직면해 있다. 우즈벡이나 키르기즈에서도 이슬람 단체의 테러가 있었고, 타지키스탄은 이슬람 세력과의 내전을 겪었다. 그리고 중앙아시아 5개국 바로 아래 이란과 아프가니스탄이 있다는 것은 상당히 부담이 된다. 이들 국가의 테러 조직에 대한 지원은 바로 중앙아시아 각국의 안보를 위협하게 되고, 더 나아가 중국의 안보도 위태로워지는 것이다. 이 때문에 중국은 중앙아시아 각국이 안정되기를 바라고, 군사적인 면에서도 많은 공조를 하고 있다. 이런 점에서 중국과 중앙아시아 각국의 이해가 일치하고 있다. 이 일치가 상하이 협력기구(Shanghai Cooperation Organization, SCO)의 설치로 이어지게 된다.

SCO는 원래 중국, 러시아, 카자흐스탄, 키르기즈스탄, 타지키스탄의 국경을 확정짓기 위해서 탄생했다. 중국은 1963년의 중·소 국경협정이 문제가 있다고 생각하였다. 1980년에 진전이 있었고, 1991년 5월 '중·소 동부국경협정'을 체결하였으나, 중앙아시아 국가들이 독립할 때까지도 완전히 국경 문제가 해결되지 못하였다. 독립 후에는 5개국 간의 국경 문제에 대한 회담이 지속되었다. 이것이 1996년 4월 26일 상하이 5국(Shangai 5)으로 성립된다. 그리고 이것이 다시 상하이 협력기구(SCO)로 발전하게 된다(Olcott 2005: 63; 박병인 2005b: 521).

1998년 카자흐스탄, 키르기즈스탄과 중국의 국경 문제가 상당히 진전되었다. 1998년 4월 키르기즈스탄의 아카예프 대통령의 중국 방문 기간 중에 장쩌민과 아카예프 사이에 국경문제가 협의되었다. 그리고 98년 7월 카자흐스탄과 중국 사이의 일부 국경문제가 확정되었다. 문제가 된 944 ㎢의 60%는 카자흐스탄에, 나머지는 중국에 귀속시켰다. 그러나 국경 문제는 복잡해서 카자흐스탄 - 중국간의 국경은 1999년에 대부분 확정되게 된다. 키르기즈스탄 - 중국간의 국경 확정은 2002년 5월까지 끌었는데, 이때 체결한 조약이 아카예프의 정치 생명에 위기를 가져 온다. 조약이 키르기즈스탄에 상당히 불리하게 되어 있다고 하여, 조약에 서명하는 것은 반역행위라는 비판이 강하게 제기되었다. 카자흐스탄의 1999년 회담에 대해서도 중국측에 유리하게 이루어졌다는 비판이 있었다. 키르기즈스탄은 결국 125,000 헥타르의 땅을 중국에 넘겼고, 2003년에는 타지키스탄도 중국에 영토를 양도하게 된다(Olcott 2005: 63-64).

SCO는 앞서 언급했듯이 중국과 중앙아시아 국가들, 그리고 러시아의 국경 문제 해결을 위해 시작되었지만, 점차 중국의 이 지역에 대한 영향력 확대의 중요한 축으로 발전해 가고 있다. 1996년 4월 26일에 체결된 협정은 불동맹, 불대항, 상호이익, 상호내정 불간섭의 원칙에 서명하였고, 군사부문에서의 협력을 약속하였다. 그리고 1997년 4월 24일에는 국경 지역에서 철군 또는 감군하는 것을 내용으로 한 협정을 체결하였다. 1998년 7월 3일의 알마티 회담에서는 분리주의, 이슬람 원리주의, 테러활동 및 무기 운반, 밀수 및 마약 밀매와 같은 문제에 공동 대응하기로 합의하였다. 또한 이와 더불어 5개국의 지역경제 협력 문제를 제기하였다. 1999년 8월 25일의 회담에서는 국제 테러리즘, 민족분리주의와 이슬람 원리주의를 3대 악으로 규정, 이를 척결하는데 협력하기로 하고, 마약과 무기류의 밀매, 불법 이민 같은 범죄행위 분쇄에 공동 대응하기로 하였다. 2000년 7월 5일의 회담에는 우즈베키스탄이 옵저버로 참여하였다. 그리고 인접국간 신뢰, 호혜평등, 협조단결, 공동발전이라는 공동의 목표를 위해 노력하기로 하였다.

2001년 6월 15일 중국, 러시아, 우즈베키스탄, 카자흐스탄, 키르기즈스탄, 타지키스탄 6개국은 상하이협력기구(SCO)를 설립한다. SCO는 테러리즘, 분리주의, 이슬람 원리주의를 척결하기 위한 반테러기구를 조직한다. 2003년 9월 회의에서는 다자경제무역 협력 요강에 서명한다. 이로써 SCO는 지역안보와 경제 무역 협력의 양자를 아우르는 기구로 한 단계 진전한다(박병인 2005b: 522-529).

중국의 전문가들은 SCO를 북미의 NAFTA와 같은 자유무역지대로 발전시켜 나가야 한다고 주장하고 있다(지재운 2005: 273). 만약 이렇게 발전된다면, 러시아와 중앙아시아, 중국이라는 거대한 경제공동체가 탄생하는 것이다. 이것은 중국에게 중앙아시아 지역에 강한 영향력을 행사할 수 있는 기회가 될 것이다.

그러나 자유무역지대로의 발전이 그렇게 순조롭지만은 않을 것 같다. 중앙아시아 국가들의 경우, 경쟁력있는 부분은 주로 석유와 가스와 같은 에너지 자원에 한정되어 있다. 이러한 상황에서 중국과의 자유무역은 중앙아시아 국가들의 자생적 산업 발전을 저해하고, 중국 경제에 종속될 가능성이 농후하다. 중국의 경제적 위상을 생각할 때, 러시아도 마음 편하게 받아들일 형편은 아닌 것 같다. 이렇게 볼 때 중국이 의도하는 자유무역지대 성립은 짧은 기간 내에는 어려울 것 같다. 키르기즈스탄은 이미 WTO 회원국이고, 카자흐스탄과 러시아도 WTO에 가입하려고 노력중이므로, 일단 이러한 세계적 무역기구를 통한 여건의 성숙이 우선 필요할 것이다.

2001년 9·11 테러 이후 미군이 중앙아시아에 등장하면서 중국은 내심 편하지 않았다. 중국은 미군의 중앙아시아 주둔이 중국에 대한 포위전략이라고 판단하였다. 이것이 당장 위험한 상황은 아닐지라도, 미래에 상당한 위협이 될 가능성이 있다고 생각하였다. 그러나 미국의 대아프가니스탄 전쟁은 중국에게도 이익이 되었다. 그리고 이것은 중앙아시아 국가들에게도 긍정적인 효과를 가져다 주는 것이었다. 왜냐하면, 이슬람 극단주의와 무장세력을 양성하고, 테러를 조장하던 근원지인 아프가니스탄에 대한 공격은 이 지역의 안정을 증진시킬 수 있기 때문이다.

이런 점에서 중국도 이득을 보았다고 할 수 있다. 중국은 동투르키스탄 해방기구(Eastern Turkestan Liberation Organi-zation)를 국제테러조직 명단에 편입시키는데 성공하였다. 이로써 중국은 자국내 소수민족독립운동을 편하게 탄압할 수 있는 근거를 마련하였다(박상남 2005: 13).

그럼에도 불구하고 중앙아시아에서의 미국의 등장은 중국에게 불편한 것이었고, 이는 곧 SCO 강화로 이어진다. 중국은 세력균형을 호소하였고, 이는 중앙아시아 국가들의 균형 외교 정책에 맞물려 중국의 위상 강화로 이어진다. 2003년 여름에 SCO의 첫 번째 군사훈련이 실시되었다.

이러한 활동은 미국의 영향력을 줄이는데 중요하다고 판단되었다. 그러므로 러시아와도 상당한 협조가 이루어진다. 그리고 중국은 2005년 카리모프 우즈벡 대통령의 안디잔 폭력 진압을 지지하였다. 그러나 미국은 카리모프를 비난하였는데, 이 결과 미국은 우즈벡의 공군기지를 잃게 된다. 이런 면에서 미국의 정책은 중국과는 확실히 대비되는 점이 있다.

중국은 중앙아시아 국가들과의 군사적 협력이 중요하다고 판단하였고, 개별 국가들과 쌍무적인 관계를 선호하였다. 키르기즈스탄은 120만 달러어치의 군사지원을 중국으로부터 받았고, 카자흐스탄은 3백만 달러의 특수부대용

장비를 중국에서 구입하였다(Olcott 2005: 197-198).

카자흐스탄과 중국은 2003년 6월 '2003～08년까지의 협력 프로그램'에 합의하였고, 2005년 7월 4일에는 '전략적 파트너쉽으로의 발전'에 관한 의정서를 교환하였다. 그리고 같은 해에 SCO 합동군사훈련도 실시되었다(이홍섭 2007: 98). 이 군사훈련은 '평화의 사명 2005'라는 이름으로 진행되었고, SCO 회원국과 옵저버국인 인도, 파키스탄, 몽골 외의 다른 국가들의 참관은 불허되었다(박병인 2005b: 530). 2007년에도 '평화의 사명 2007'이라는 이름으로 합동군사훈련이 실시되었다(이홍섭 2007: 101).

:: 에너지 외교

중국의 중앙아시아에 대한 관심은 정치·군사적인 부문에만 한정되어 있는 것이 아니다. 중국의 중앙아시아에 대한 주요 관심사의 하나는 에너지 부문이다. 그밖의 경제적 교류는 중앙아시아 시장이 아직 너무 작아 중국 입장에서는 그렇게 중요하지 않다고 할 수 있다. 2001년 기준으로 중국과 러시아의 무역량은, 중국의 경우 대외 무역액의 2%를 점하고 있고, 러시아의 경우에는 7.6%을 점하고 있다. 중국과 카자흐스탄의 경우, 중국의 입장에서는 소수점 이하의 액수를 점하고 있다. 그러나 카자흐스탄의 입장에서는 8.6%를 점하고 있다. 이는 카자흐스탄의 러시아에 대한 무역 비중이 31.7%에 이르는 것과 대비된다. 그러나 2002년에는 대중 무역액이 상당한 정도로 증가하였다. 러시아는 11.8% 증가하였고, 카자흐스탄은 51.7% 증가하였다. 이러한 증가 추세는 계속될 것으로 보인다(박병인 2005a: 335).

이러한 무역액의 증가에도 불구하고, 중국의 중앙아시아 국가에 대한 관심은 역시 에너지 부문에 있다. 중국은 1993년을 기점으로 원유 수입국으로 전락하였다. 그리고 중국 경제가 발전함에 따라 중국의 원유에 대한 의존도는 갈수록 심화되고 있다. 2003년에는 이미 일본을 앞질러 세계 제2의 원유 수입국이 되었다. 그리고 2020년에 가서는 가장 석유를 많이 소비하는 국가가 될 전망이다. 이 때문에 중국 지도부는 석유 확보에 총력을 기울이고 있는 중이다. 안정적인 석유의 공급 없이는 경제 발전이 불가능하다고 판단하고 있기 때문이다(지재운 2005: 285).

이러한 상황에서 제2의 중동으로 떠오르고 있는 중앙아시아에 대한 중국의 관심은 당연한 것이다. 사실 이것은 중국에 한정한 것만이 아니고, 세계 열강이 모두 중앙아시아의 에너지 자원을 확보하려고 경쟁하고 있다.

1997년 중국의 CNPC(Chinese National Pertroleum Company)는 악퇴베에 있는 좌나졸(Zhanazhol) 유전과 켄키야크(Kenkiyak) 유전 지분의 60%를 취득하였다. 그리고 96억 달러를 투자하여 중국과 카자흐스탄을 잇는 파이프라인을 건설하는 계약을 체결하였다. 이 파이프라인이 완공되면 전체 길이가 3,000km에 달하게 된다.

2005년 8월 22일 CNPC는 페트로카자흐스탄

(PetroKazakhstan)의 지분을 100% 인수하게 된다. CNPC는 41.8억 달러를 제시하여 입찰에서 성공하였다. 페트로카자스스탄은 캐나다 소재의 국제적인 기업이다. 이 회사는 카자흐스탄에 유전과 가스전, 정유소를 보유하고 있었다. 유전과 가스전은 크즐오르다의 쿰콜에 위치해 있고, 쉼켄트에 정유소가 있다. 이 정유소는 카자흐스탄의 3대 정유소의 하나이다. CNPC의 페트로카자흐스탄 인수는 카자흐스탄의 석유와 가스를 직접적으로 확보하려는 노력이다 (People's Daily 2005.10.20).

이와 병행하여 이를 운송할 파이프라인 건설도 본격적으로 시행되고 있다. 2005년 11월 카자흐스탄의 아타수(Atasu)에서 중국 신장의 알라타와(Alataw, Alashankou라고도 불림)까지 이르는 전장 962.2km의 파이프라인이 완공되었다. 이 파이프라인의 건설을 위해서 7억 달러가 소요되었다. 그리고 중국은 이에 더해 알라타와에서 정유소가 있는 두샨쯔(Dushanzi)에 이르는 252km의 파이프라인을 추가로 건설하였다. 이로써 중국은 카자흐스탄에서 중국으로의 직접 원유수입 루트를 확보하게 되었다(Xinhua 2006.07.12).

이에 앞서 2002년 12월 아틔라우(Atyrau)에서 켄키야크(Kenkiyak)로 연결되는 450km의 파이프라인이 건설되었다. 이 공사에 2억 달러가 소요되었다. 이제 남은 구간은 761km의 켄키야크에서 쿰콜(Kumkol) 까지이다. 이 구간은 2009년에 완공될 예정이다. 이와 더불어 카자흐스탄과 중국은 천연가스를 운반할 파이프라인 건설에도 합의하였다(Upstreamonline 2008.04.09).

2008년 3월 러시아는 카자흐스탄-중국 파이프라인을 통해 러시아의 원유를 수출하기로 하였다(Reuters 2008.03.12). 러시아의 석유와 천연가스까지 직접 수입된다면, 중국의 중동지역에 대한 석유 의존도를 줄이면서, 미래의 석유 수요를 상당 정도 충당할 수 있게 될 것이다. 이것은 중국의 입장에서 당연히 바람직한 현상이다.

이것은 카자흐스탄과 러시아에게도 원유 수출을 다변화할 수 있는 좋은 기회이다. 또한 안정적인 원유와 가스의 수출 통로를 확보하는 의미도 크다.

:: 신실크로드의 건설

중국은 에너지 자원 외에 교통망의 건설에도 관심이 많다. 중앙아시아를 거쳐 유럽까지 연결될 수 있는 철도와 고속도로를 건설하는 프로젝트를 추진 중이다. 카자흐스탄의 두르쥬바(Druzhba)에서 중국의 우르무치로 연결되는 철도가 1992년에 개통되었다. 그러나 2001년에 2천만 톤의 물량이 지나기로 되어 있었으나 하물 적재능력의 부족으로 6백만 톤밖에 통관되지 못하였다.

중국과 중앙아시아를 연결하는 고속도로를 건설하는 계획은 90년대부터 시도되었다. 1995년 중국, 카자흐스탄, 키르기즈스탄, 파키스탄이 고속도로를 따라 통일된 세관정책을 시행하기로 합의하였다. 1996년 10월에는 4개국의 트럭이 개통 기념으로 도로를 달리기 시작하였다. 이 도로는 사계절 내내 이용 가능한 고속도로를 위한 시도이었는데, 이전에는 4월에서 10월까지만 이용이 가능하였다.

카라카로움(Karakaroum) 고속도로는 중국의 고속도로이다. 이것은 우르무치에서 시작해서 파키스탄에 이른다. 그런데, 이 고속도로와 키르기즈스탄의 비쉬케크가 토루가르트(Torugart)를 통해 연결되어 있다. EU 주도의 TraCECA (Transport Corridor Europe-Caucasus-Asia) 프로그램이 있는데, 이것이 중국의 도로와 만날 수 있다. 키르기즈스탄의 오쉬(Osh)에서 사리-토쉬(Sary-Tosh)를 지나 이르케쉬탐(Irkeshtam)으로 연결될 수 있다.

1997년 7월 우즈베키스탄, 키르기즈스탄의 총리와 중국의 고위 관리가 새로운 세관 지점의 개설을 기념하는 자리를 가졌다. 이를 위해 남부 키르기즈스탄과 남부 카자흐스탄, 우즈베키스탄의 오래된 교역로를 확장, 트럭이 다닐 수 있도록 포장을 새로 하였다. 그리고 이들 도로는 비쉬케크-나룬(Naryn)-토르가르트(Torugart) - 카쉬(Kashi) 고속도로에 연결된다. 이것이 현재 알마티에서 중국에 연결되는 최단거리이다. 그러나 이 경로는 하물적재 능력이 부족하다. 그러므로 당분간은 대규모 물류 이동이 어렵다.

1998년 중국, 키르기즈스탄, 우즈베키스탄은 자동차 운송 협정을 맺었다. 이 협정에는 1998년 10월까지 고속도로의 개보수를 완료한다는 내용이 포함되어 있다. 카자흐스탄에서 중국에의 접근 지점은 2개이다. 하나는 세메이

(세미팔라친스크)에서 출발하는 파흐투(Pakhtu)이고, 다른 하나는 알마티에서 출발하는 호르고스(Khorgos)이다. 중국이 이들 국경에 화물적재소를 건설하고, 카자흐-중국 합자기업을 위한 자유무역지대를 만든다는 계획을 발표하였다. 1998년 11월 카자흐스탄, 키르기즈스탄, 파키스탄, 중국은 알마티와 파키스탄의 카라치를 연결하는 육상로를 확장하기로 협정을 맺었다(Olcott 2005: 65-66).

이러한 노력들이 계속되고 있지만, 이 지역의 지리적 환경은 도로 이용에 상당한 난점을 드러낸다. 해발 3천m가 넘는 고산이 첩첩이 가로놓여 있는 환경은 도로를 건설하기도 어렵지만, 겨울에는 눈이 쌓여 통행을 방해하는 것이다. 그럼에도 불구하고, 이 지역의 도로가 개설된다면 유럽과 아시아를 연결하는 새로운 실크로드의 완성이라는 문명사적 의미를 지닐 수 있을 것이다.

04 ── 터키와 이란의 정책

중앙아시아 국가들이 독립한 이후 터키와 이란은 이들을 승인한 최초의 국가였다. 터키와 이란은 중앙아시아 국가들과의 역사적·문화적·민족적 연고를 주장하면서, 이 지역에서의 주도권을 잡기 위한 노력을 기울였다. 그러나 그러한 노력을 별로 성과를 내지 못하였다. 여러 이유가 있지만, 일단 중앙아시아 국가들이 터키나 이란과 같은 나라에 자기들의 정책을 맡기고 싶어 하지 않았기 때문이다. 그리고 이슬람 국가라는 종교적 성격도 중앙아시아 나라들에게는 어울리지 않았다.

보다 중요한 것은 이들이 중앙아시아에서 주도할 만한 역량을 지니지 못하였다는 점이다. 터키와 이란의 정치적·군사적·경제적 능력은 중앙아시아 국가들의 필요를 충족시킬 정도가 되지 못하였다. 그러므로 중앙아시아 국가들은 미국과 러시아, 중국과의 관계를 보다 중요하게 생각하였다. 따라서 이들 초강국대국들이 중앙아시아에 진입하기 시작하면서 터키와 이란의 영향력은 상당히 쇠퇴하게 된다.

:: 투르크 민족의 맏형: 터키

터키는 중앙아시아 국가들이 독립한 이후 즉시 승인하였다. 터키는 이들의 독립을 매우 환영하였는데, 중앙아시아 4국, 즉 카자흐스탄, 키르기즈스탄, 투르크메니스탄, 우즈베키스탄과 아제르바이잔이 같은 투르크계 민족으로서 혈연적 공통성을 지니고 있기 때문이었다. 터키는 이들의 독립으로 범투르크주의 내지는 투르크 민족들의 연합체 건설이라는 목표를 바라보게 되었다.

그러나 터키의 기대는 오래지 않아 실망으로 끝나게 된다. 1992년 앙카라에서 첫 번째 투르크계 국가들의 정상회의를 터키가 주도하였다. 여기서 중앙아시아 국가들은 터키 주도의 정치·경제 협력 방안에 동의하기를 거부하고, 일반적인 내용만을 담고 있는 '앙카라 선언'과 개별 국가들간의 쌍무적 협력에 대해서만 동의하였다. 특히 나자르바예프 카자흐스탄 대통령은 인종과 종교를 기반으로 하는 국가간의 관계를 발전시키지 않을 것이고, 상호존중과 독립을 기반으로 하는 동등한 관계 설정을 강조하였다(박상남 2004: 31).

이러한 상황에도 불구하고, 터키의 중앙아시아 진출은 활발히 진행된다. 중앙아시아 국가들과 터키간의 정상회담은 거의 연례적으로 열리고 있다. 그리고 중앙아시아 국가 원수들도 자주 터키를 방문하고 있다(Olcott 2005: 73).

터키는 중앙아시아 지역에 경제적으로도 활발히 진출하고 있다. 1992년 1월 터키 정부는 중앙아시아 국가들과 코카서스 신생독립국들을 돕고 협력을 증진하기 위해 터키 국제협력 위원회(TIKA)를 발족시킨다. 그리고 수출입은행을 통해 신용보증을 약속한다. 이 플랜에 따라 중앙아시아 국가들이 이용한 차관은 대략 9억 달러에 이르게 되었다. 이 기금의 상당액은 중앙아시아 국가들이 부족한 생필품을 터키에서 구매하는데 사용되었고, 일부는 인프라 건설과 재건 프로그램에 투자되었다. 민간기업도 30억불 이상의 자금을 직접 투자하였다. 이러한 터키의 노력의 결과 1998년 중앙아시아 국가들에 대한 터키의 수출액은 1992년에 비해 9배가 성장한 9억 6천만 달러에 달하였다(박상남 2004: 32).

터키는 1990년대 중반까지 중앙아시아에 공격적인 진

출을 하였다. 이를 위해 정치·군사·경제·문화 면에서 상당한 물량을 투입하였다. 이러한 지원은 터키에게 상당한 재정적 압박을 가하였으나 이룬 성과는 기대에 미흡하였다. 이 결과 터키는 문화적인 부문에 집중하기로 한다. 이를 통해 문화적 통합을 이루고, 그 열매로 경제적 이득을 보겠다는 계산인 것이다. 그래서 90년대 중반부터는 교육과 문화라는 주제를 가지고 중앙아시아에 접근하기 시작하여, 중앙아시아에 수많은 학교를 세우고, 터키로의 유학생을 받아들인다.

터키의 교육 부문에의 투자는 터키 문화와 언어를 이해하고, 이를 통해 중앙아시아 각국과 교량 역할을 할 수 있는 인재를 양성하는 것이 목표이다. 그리고 더 나아가 하나의 투르크 세계를 만드는 역할을 해 주기를 기대하고 있다. 1995년 터키는 1만명 정도의 중앙아시아 학생들을 교육시켰다.

터키가 중앙아시아 지역에 학교를 설립하고, 터키로의 유학생을 받는 과정은 민간과 정부 주도로 이루어진다. 그런데 특히 민간 부문에서 페튤라 귤렌(Fetullah Gülen)이 이끄는 누르주(Nurcu) 공동체가 눈길을 끈다. 이 단체는 비정부 기구로서, 터키 정부보다 더 많은 교육 교류 사업을 수행하고 있다. 이 단체는 중앙아시아 지역에 100개의 초·중등학교를 운영하고 있고, 이를 위해 별도의 바쉬켄트(Başkent)와 세밧(Sebat) 교육회사를 설립하여 체계적인 교육투자사업을 전개하고 있다(오종진 2007: 139-141).

이러한 투자 결과, 1991년에서 2001년까지 중앙아시아 출신 학생들이 성공적으로 고등교육을 이수하고 귀국한 숫자가 20,500명에 이른다. 이 숫자는 정부 초청 장학생만을 헤아린 것으로서, 민간단체에서 초청한 숫자까지 감안한다면 더 많아진다(오종진 2007: 144).

이외에 터키 교육부가 중앙아시아에 설립한 학교도 상당수에 이른다. 2003년 카자흐스탄에 세운 학교는 12개이고, 터키어 교육원의 숫자는 600개에 이른다. 민간단체에 의해 세워진 학교는 2002년에 카자흐스탄에 85개이고, 대학도 2개나 있다(오종진 2007: 146-147).

이러한 교육적인 측면 외에도 터키는 키릴 문자를 라틴 문자로 바꾸는데 상당한 기술적·재정적 지원을 하고 있다. 미국도 이러한 시도에 대해 지원을 하고 있다. 이런 것들이 러시아의 영향을 감소시킬 것으로 기대하고 있다(Olcott 2005: 74).

90년대가 지나가면서 터키는 자기 역량의 한계를 인정했지만, 중앙아시아 국가들도 터키의 한계를 깨닫게 되었다. 그리하여 터키를 중요한 파트너로 인정하지만, 매개자가 되는 것은 원치 않게 되었다. 사실 터키가 중앙아시아 지역에서 활발히 활동할 수 있었던 배경에는 미국이 있었다. 미국은 터키를 자기들의 대리자 정도로 여겨 지원하였던 것이다.

그러나 9·11 테러 사건 이후 미군이 이 지역에 진출하면서부터는 그러한 필요가 사라졌다. 그러므로 터키의 영향력은 여러 모로 쇠퇴하게 된다. 그리고 터키 자체로도 유럽연합(EU)에 가입하는 것이 중앙아시아에서 세력을 확장하는 것보다 우선적인 과제였다. 그러므로 중앙아시아에 역량을 집중할 이유가 없다.

그럼에도 여전히 터키는 이 지역 경제에 있어 면화, 경공업, 건설 등의 분야에서 강점을 보이고 있다. 그리고 BTC 파이프라인을 자국 영토로 지나게 만듦으로써, 이 지역의 에너지 정치경제에 중요한 역할을 하고 있다.

:: 이슬람 기반 헤게모니 전략: 이란

이란은 중앙아시아 국가들의 독립 후 이 지역에 대한 문화적 · 역사적 공통성을 가지고 주도권을 잡으려고 노력하였다. 그러나 이란의 노력은 성공적이지 못하였다. 그것은 이란 정권이 지니고 있는 종교 이데올로기적 성격과 테러를 지원한다는 의심 때문이었다. 중앙아시아의 지도자들은 이란의 이런 특성이 자국의 안보에 위협이 된다고 생각하였다.

이런 점 때문에 중앙아시아 국가들은 이란과의 관계를 유지하지만, 교류와 협력이 발전하는 데에는 한계가 존재하였다. 다른 한편으로는 9 · 11 테러 사태 이후로 급변한 정치 환경이 이란과의 거리를 더욱 멀게 만들었다. 미국은 이란의 고립을 원하였고, 이것이 이란으로서는 상당한 장애가 되었다.

이란은 중앙아시아 국가 지도자들이 두려워하는 것을

알고 있었기 때문에 중앙아시아와의 관계가 순수히 경제적 관계라는 점을 강조하였다. 그래서 그들은 중앙아시아 국가에 대사를 보낼 때에도 세속적 배경을 갖고 있고, 외교 문제에 있어 경제적 측면을 강조하는 인물을 고려하였다. 종교적 문제에 있어서도 이란은 시아파이고, 다른 국가들은 순니파로서 서로 종파가 다르다(Olcott 2005: 74-75). 이런 점 때문에 종교적 측면에서도 접근이 용이한 것은 아니다.

이란은 카자흐스탄과 경제협력을 증진하려고 여러 모로 노력하였다. 1992년 2월 테헤란에서 개최된 경제협력기구(Economic Cooperation Organization)에 카자흐스탄 부수상이 옵저버로 참석하여 이란의 라프산자니 대통령과 석유 부문의 협력을 논의하게 된다. 그리고 양국의 교통부 장관은 이란령 카스피해 연안 안잘리(Anzali) 및 노우샤흐르(Now Shahr)와 카자흐스탄의 악타우(Aktau) 항구 사이의 지속적인 상품의 선적과 운송을 허용하는 양해각서에 서명한다.

이후 다른 중앙아시아 국가들과 마찬가지로 카자흐스탄은 ECO의 정회원으로 가입하게 된다. 그리고 테헤란-알마티 항공노선 및 카스피해 운항 노선 개설에 대한 합의와 육상 교통 협력에 대한 논의도 검토되었다. 카자흐 정부는 알마티-타쉬켄트-테헤란 철도를 베이징과 이스탄불까지 연결하는 철도 네트워크 건설 타당성의 합동조사에 착수하였다.

1992년 9~10월 사이에 나자르바예프가 이란을 방문하고, 1993년 10월에 라프산자니가 카자흐스탄을 방문하였다. 이때 나자르바예프와 라푸산자니 사이에서 13조항의 협정서가 체결되었다. 이 협정서에는 항공, 철도, 해운 분야에서의 협력과 우주과학기술 분야에서의 협력에 대한 내용이 담겨 있다. 1997년 이란-중앙아시아를 연결하는 교통망을 협의하는 자리에서 이란, 우즈베키스탄, 카자흐스탄 각국의 각료들은 철도의 중요성에 대해서 논의하였고, 이것이 언제가 중앙아시아의 남쪽 루트로 발전할 것이라는 희망을 피력하였다(장병옥 2001: 48-52).

이러한 이란의 노력에도 불구하고, 중앙아시아 나라들이 모두 세속 국가이고, 이슬람 극단주의를 경계하고 있기 때문에 이란으로서는 관계 발전에 어려움을 겪고 있다. 2002년 4월 이란 대통령 모하마드 카타미(Mohammad Khatami)가 카자흐스탄, 키르기즈스탄, 우즈베키스탄을 연달아 방문하였지만, 가시적인 성과를 거두지는 못하였다(Olcott 2005: 201).

이러한 이란과의 거리감은 중앙아시아 자체 내에도 원인이 있지만, 9·11 테러 사태 이후 급격히 변한 정치 환경에도 많은 원인이 있다. 앞서도 언급했지만, 미국이 이란을 고립시키는 정책을 펴고 있는 것이다.

앞에서 카자흐스탄을 비롯한 중앙아시아 국가들이 ECO 회원국이라고 했는데, 처음에는 이란, 터키, 파키스탄으로 시작하였다. 그러다가 1992년에 아프가니스탄, 아제르바이잔, 카자흐스탄, 키르기즈스탄, 타지키스탄, 우즈베키스탄, 투르크메니스탄의 7개국이 새로 가입하면서 그 외연을 넓히게 되었다.

회원국들은 모두 이슬람이라는 공통의 기반을 갖고 있지만, 이란은 미국을 위시한 국제사회의 압박을 지속적으로 받고 있는 중이고, 아프가니스탄은 아직도 전쟁 중이고, 파키스탄은 내정이 불안한 상태로, 최근에는 탈레반 세력까지 진출하고 있다. 반면 중앙아시아 국가들은 세속국가의 건립을 목표로 하고 있다. 이런 상황이라서 ECO가 순조롭게 진행되어 갈 것이라고 기대하기는 어렵다.

그리고 중앙아시아 국가들은 모두 OIC(Organization of the Islamic Conference)의 회원국들이다. 중앙아시아 각국은 이 기구의 주요 회의에 계속 참석하고 있고, 이슬람 개발은행(Islamic Develpment Bank)에서 차관을 얻거나 보조금을 얻기도 한다. 그러나 전반적으로 이슬람 세계와 거리가 좀 소원해진 것은 사실이다.

III

카자흐스탄의 정치 개관

카자흐스탄은 1991년 12월 16일 독립을 선언함으로써, 구소련의 해체와 더불어 탄생한 15개 신생공화국의 하나가 되었다. 그러나 독립과 더불어 해결해야 할 과제도 많았다.

우선, 국가의 독립을 수호하고, 안전을 보장받는 것이 시급한 과제이었다. 이것은 구소련의 해체와 더불어 발생한 신생공화국들의 불안한 정치적 상황을 고려하면 당연한 것이다. 몰다비아의 트랜스드니스터(Transdniester), 그루지아의 압하지아(Abkhazia), 아제르바이잔의 카라바흐(Karabakh)에서 일어난 민족 분규는 카자흐스탄에게 경고가 되었을 것이다. 트랜스드니스터나 압하지아의 민족 분규는 이 지역에 사는 러시아인이 문제이었고, 직간접적으로 러시아가 지원하였다. 그리고 아제르바이잔의 카라바흐 분규는 아제르바이잔과 아르메니아 사이의 문제이긴 했지만, 다른 민족이 섞여 살면서 생기는 갈등이라는 면에서는 참조할 만한 점이 적지 않다.

카자흐스탄에는 독립 당시 카자흐인 인구에 거의 육박하는 러시아인들이 있었다. 이들은 러시아와 연한 카자흐스탄 북부의 공업화 지역에 밀집하여 있었고, 러시아로의 귀속에 대한 주장도 있었다. 이런 상황에서 이 문제를 잘못 처리하게 되면 그루지아나 트랜스드니스터와 같은 상황이 올 수도 있었다.

따라서 다민족국가로서 민족간의 불화를 조장하지 않는 것이 중요하였다. 그러면서도 카자흐인의 국가로서, 기존의 소비에트적, 또는 러시아적 정체성을 강요받아온 상황을 반전시켜 카자흐 민족의 정체성을 회복하는 것도 중요한 과제이다. 그러나 이러한 작업이 민족간의 불화, 특히 러시아인과 러시아의 정서를 상하지 않게 진행하는 것이 필요하였다.

이런 면에서 카자흐스탄은 친러시아 정책을 펴면서, 카자흐 민족의 주도권 장악을 서서히 부드럽게 진행해 왔다고 할 수 있다. 그리고 중국, 유럽연합, 미국 등과 등거리 또는 전방위적 외교를 펼치며 카자흐스탄의 안보에 대한 위협을 제거해 나갔다. 이런 점에서 카자흐스탄은 매우 성공적으로 이 문제를 다루어 왔다고 할 수 있다. 그러나 안보에 위협이 되는 요소는 이에 그치지 않는다. 극단적 이슬람 운동에 의한 테러와 마약 문제, 다른 중앙아시아 국가와의 갈등의 소지도 있다. 지금까지 이러한 문제에 적절히 대처해 왔다고 할 수 있으나 문제가 완전히 해결된 것은 아니다.

두 번째로, 구소련 시대에 이미 한계에 부딪힌 경제 문제가 있다. 구소련 말기에 경제 문제는 심각하였고, 이것이 구소련의 여러 개혁과 개방정책을 이끌었다. 그러나 결국 개혁은 실패하고 소련은 해체되고 만다. 소련 시대의 경제 문제는 보통 계획경제의 실패라고 말하지만, 그것이 실제적 현상으로 나타나는 것은 아무도 제대로 일하지 않는다는 것이었다. 이로 인해 비효율과 비능률이 절정에 달하였다.

또한 관료주의와 부패가 극도로 만연하고 있었다. 이러한 문제는 소련이 해체되고 새로 독립하였다 하더라도 여전히 잔존해 있었다. 그러므로 이러한 문제를 해결하는 것이 경제 발전을 위해 시급히 요구되었다. 이를 위해 시장경제로의 개혁이 처방되었고, 다른 국가들과 마찬가지로 카자흐스탄은 시장경제로 전환하게 된다. 그러나 이것은 쉬운 과정이 아니었다. 상당히 혁명적인 것이었다. 그런데 이런 혁명이 그렇게 조용히 진행될 수 있다는 것에 일종의 경이감조차 느껴진다.

다른 국가들에서도 카자흐스탄처럼 개혁이 순조롭게 진행되어 온 것은 아니다. 키르기즈스탄은 상당한 정도의 개혁을 실행에 옮겼고, 이 지역에서 최초로 세계무역기구(WTO)에 가입하였다. 그러나 경제적으로 성공하였다고 할 수는 없다. 부패와 관료주의적 경향은 여전히 뿌리 깊게 남아 있다.

투르크메니스탄은 중앙아시아의 북한이라고 할 만한

국가로 남아 있었다. 최근 니야조프 대통령의 사망으로 권력자가 바뀌었지만, 니야조프는 북한에서와 같은 개인숭배에 열중했고, 전혀 개방과 개혁을 실행하지 않았다. 타지키스탄은 오랫동안 내전에 시달렸기 때문에 예외로 하더라도, 우즈베키스탄도 개혁과 개방은 소규모로 이루어져 왔다. 이 때문에 이 지역에서 경제적으로 뒤처지게 되었다.

카자흐스탄이 경제 분야에서 성공적이라고 평가받고 있지만, 이에 따른 문제점도 간과할 수 없다. 경제 성장에 따라 빈부 격차와 양극화의 문제가 불거지고 있고, 이것은 장기적으로 체제의 안정성을 해칠 염려가 있다. 또한 아직도 부패가 만연해 있고, 이 문제는 조만간 해결될 것으로 보이지도 않는다. 이러한 문제를 어떻게 처리해 나가느냐에 따라 카자흐스탄의 미래는 달라질 것이다.

세 번째로, 민주화를 이룩한다는 과제가 있다. 소련은 인민민주주의, 프롤레타리아 독재니 하는 등의 수사로 민주적 체제로 포장하긴 했지만, 결코 민주체제는 아니었다. 모든 것을 하나의 당이 독점하고 있었고, 부와 명예를 얻기 위해서는 공산당에 가입하는 것이 필수였다. 일단 공산당의 줄에 서서 순조롭게 다음 단계를 밟아갈 수 있다면 부와 명예에 접근할 수 있었다. 공산당원이 되는 것은 관료 또는 정치가의 길을 밟아가는 것이라고 할 수 있는데, 이것은 인민에 봉사하기 위한 것이 아니라, 인민을 착취하고 억압하기 위한 것이라고 평가하는 것이 공정할 것이다. 소련 해체의 이유의 하나는 부패하고 무능하며 억압적인 관료제의 폐해일 것이다.

　다른 국가들도 마찬가지이지만, 카자흐스탄은 독립 후 이러한 비민주적 정치체제와 부패한 관료제를 유산으로 물려받게 된다. 그 결과 외국 비즈니스맨들은 유력인사를 보호자로 삼아 정기적으로 상납해야 하고, 이곳저곳에 뇌물을 주지 않으면 사업을 할 수 없는 상황에 처해 있었다. 현지인의 경우는 더 말할 나위도 없다. 관공서에서 서류 한 장을 떼려고 해도 인맥을 통해야 하고, 돈을 쥐어 주어야 한다.

　이런 상황에서는 법을 지킨다는 것은 의미가 없고, 오직 편법만이 통할 뿐이다. 이것은 힘없고 약한 사람들에게는 잔인한 사회이다. 그들에게는 기회가 없다. 이것은 공정한 경쟁이 만들어내는 창의성을 갈아먹고 만다. 그리고 그 결과는 사회를 정체상태에 있게 하는 것이다. 사회는 양극화되고, 극단적인 갈등을 야기하게 될 것이다. 왜냐하면, 공정한 경쟁이 만들어내는 정당한 과실을 향유할 수 없게 된다면, 결국 남이 가진 것을 빼앗는 식으로밖에 부를 증진할 수 없기 때문이다. 이렇게 된다면, 사회는 부단한 약육강식의 장으로 변하게 될 것이다.

　이러한 유산을 청산하는 것이 카자흐스탄 국민들에게는 무엇보다도 중요한 일이다. 이것은 오직 민주화를 통해서 실현될 수 있을 것이다. 이런 점에서 카자흐스탄이 다른 중앙아시아 국가들에 비해 상황이 낫다고 하지만, 여전히 갈 길이 멀다.

이 장에서는 카자흐스탄의 중요 정치적 사건들에 대해 연대기적 관점에서 살펴보도록 하겠다. 이렇게 하는 것이 카자흐스탄의 현대 정치적 상황을 일별하는데 효율적일 것이다. 그러나 특정 사건에 대해서는 반드시 연대기적 서술을 따르지 않았다. 그것은 특정 사건 자체에 대해 일관된 흐름을 읽을 수 있도록 하기 위한 것이다.

　　카자흐스탄의 정치를 연대별로 살펴보면, 두 시기로 나눌 수 있다. 첫 시기는 소련이 무너지면서 구소련의 체제와 엘리트들이 정치와 경제를 장악해 가는 시기이다. 다른 중앙아시아 지역도 마찬가지이지만, 카자흐스탄에서도 구소련의 엘리트들이 그대로 독립국가의 지배 엘리트로 전이해 간다. 이들 엘리트 계층은 상당히 동질적인 성격을 지니고 있었다.

　　두 번째 시기는 이들 엘리트 계층이 분열하고 갈등하는 시기이다. 이때 비로소 대립되는 이익집단이 발생하고, 이에 기반하여 진정으로 야당이라고 부를 만한 조직이 나타난다. 그러나 이런 현상이 엘리트 계층 내의 분열과 갈등이라는 점에서 한계가 존재한다. 그럼에도 불구하고 이것이 민주주의를 향해 한 걸음 더 나아가는 가능성을 열어준다는 점에서 높이 평가할 수 있다.

　　카자흐스탄의 현대 정치는 나자르바예프 대통령의 권력 의지, 족벌과 측근에 의한 카자흐스탄 정치·경제의 장악과 부패, 야당과 언론의 무력함이다. 그럼에도 불구하고 카자흐스탄은 발전하고 있고, 결국 모든 것이 좋아질 것으로 기대되고 있다.

01 — 동질적 엘리트 지배의 시기: 1991-2000

:: 독립직전의 상황: 나자르바예프의 부상

1986년 미하일 고르바초프 대통령은 카자흐스탄의 공산당 서기장으로, 카자흐인인 딘무하메드 쿠나예프(Dinmukhamed Kunayev)를 대신해 게나지 콜빈(Gennady Kolbin)을 임명하였다. 콜빈은 러시아인이었고, 이것이 카자흐인들의 반발을 샀다. 그 결과 젤톡산(Jeltoqsan, 12월이라는 의미) 운동이 일어났다. 12월 16일 알마티에서 처음 운동이 발발되었고, 17일에는 학생들의 거리 시위가 시작되었다. 학생 시위는 폭력적으로 진압되었다. 그러나 운동은 쉼켄트, 탈드코르간, 카라간다 등 다른 도시로 확산되었다.

이때 이미 나자르바예프는 카자흐스탄의 중요 인물로 부상해 있었다. 고르바초프가 콜빈을 카자흐스탄공산당 서기장에 임명한 것은 나자르바예프와 쿠나예프의 갈등이 원인이었다. 나자르바예프는 당시 내각의 수장으로 재임하고 있었는데, 이는 쿠나예프 다음의 위치였다. 그러나 나자르바예프는 좀 더 개혁적인 노선에 서 있었고, 이로 인해 1986년 1월 쿠나예프의 형제인 아스카르(Askar)를 공산당 대회에서 비판하게 되었다. 쿠나예프는 고르바초프에게 나자르바예프를 해임할 것을 요청하였다. 그러나 나자르바예프 편에 선 사람들도 고르바초프에게 로비를 하고 있었기 때문에, 고르바초프는 대안으로 콜빈을 임명한 것이었다(Cummings 2002: 59-60). 고르바초프의 선택이 결국 젤톡산 운동으로 비화된 것이다.

1989년 6월 22일에 나자르바예프는 카자흐스탄 공산당 서기장으로 임명된다. 그리고 9월에는 최고회의(Supreme Soviet) 의장이 된다(Cummings 2002: 60). 1990년 3월에 12회 최고회의 선거가 있었다. 이 선거의 특징의 하나는 카자흐인들의 비중이 높아졌다는 것이다. 11회 최고회의의 경우는 카자흐인이 46.7%, 러시아인이 41.8%를 차지하였는데, 12회에는 카자흐인이 54.2%였고, 러시아인은 28.8%를 차지하는데 그친다(Kurtov 2007: 84). 이 선거는 공산당이 압도적인 다수를 차지하였다(장병옥 2001: 80).

이때 이미 카자흐어의 지위를 향상시키는 법률을 만들게 된다. 카자흐어는 공식적 국가언어로 지정되고, 러시아어는 민족간 소통언어로 지정된다. 러시아인들은 이때부터 카자흐스탄을 떠나기 시작하였다. 그리고 독립 후 10년 동안에 150만 명이 이주한다(Olcott 2005: 30).

1990년 4월 24일 최고회의는 카자흐스탄 공화국의 대통령으로 나자르바예프를 선출한다. 그리고 10월 25일에는 카자흐스탄의 주권을 선언하게 되는데, 이것은 카자흐스탄의 천연자원과 경제에 대한 카자흐스탄의 독자적 통제권을 선포하고, 공화국 내의 모든 민족의 평등함을 역설하는 내용이었다(장병옥 2001: 80).

1991년 10월 16일 새로운 대통령 선거법이 제정되었고, 이에 의거 1991년 12월 1일 나자르바예프는 국민투표로 대통령에 당선된다. 비교적 짧은 시간 내에 대통령 선거가 치러졌는데, 이것은 소련의 해체가 임박했기 때문이었다. 나자르바예프는 신속하게 권력을 장악하고 정당화할 필요가 있었다.

선거에는 나자르바예프 외에 오직 한 사람만이 후보로 등록하려고 하였다. 그는 자르켄트 코자흐메도프(Dzharkent Kozhakhmedov)로서 젤톡산 당의 대표였다. 그러나 그는 출마에 필요한 추천인 수를 채울 수가 없었다. 경찰이 그의 선거본부를 급습한 뒤 서명받은 추천인 명단이 사라졌기 때문이었다. 이렇게 해서 나자르바예프는 단독 출마했고, 98.78%라는 경이적인 지지를 얻어 당선되었다(Kurtov 2007: 85-86).

:: 세 번의 헌법개정

1993년 1월 28일 카자흐스탄은 새로운 헌법을 제정한다. 새 헌법 조항에는 대통령 후보자는 공식적 국가 언어를 완벽히 구사해야 한다고 명시되었다. 이것은 다른 민족이 대통령 후보로 출마하는 것을 차단하는 것이다.

그리고 헌법은 대통령에게 상당한 권한을 부여하였다. 최고재판소 판사의 임명, 각료와 검사, 중앙은행 행장

을 임명할 권한을 주었고, 법률 제정의 권한을 대통령에게
부여하였다. 대통령은 일반법과 헌법 각각의 힘을 갖는 법
령을 공포할 수 있다. 이 헌법은 권위주의적인 성격을 갖
고 있었다.

　나자르바예프는 새 헌법에 위배된다는 이유로 최고회
의를 해산한다. 이것은 러시아에서 보리스 옐친이 최고회
의를 해산한 뒤 나온 조치이었다.

　새 헌법에서 정한 선거법으로 의회는 360석에서 177석
으로 축소되었다. 그리고 국가 리스트라는 것이 생겼는데,
그것은 사실상 나자르바예프 자신의 리스트이었다. 이 리
스트에 42석이 배정되었다. 전체 의석의 24%에 달하는 숫
자이다.

　헌법에 의해 1994년 3월 7일 선거가 실시되었는데,
135석을 위해 총 910명이 출마하였다. 평균 6.7 대 1의 경
쟁률이다. 그런데, 중앙선과위는 218명의 출마 자격을 박
탈하였다. 대규모선거 부정이 행해졌다. OSCE(The
Organization for Security and Cooperation in Europe)가
선거의 공정성에 비난을 가하였다. 선출된 의원에는 106명
의 카자흐인과 49명의 러시아인이 있었다. 이로써 러시아
인의 비중은 상당히 약화되었다(Kurtov 2007: 86-87).

　1995년 3월 6일 헌법재판소는 1994년 선거로 구성된
의회가 선거법을 위반하였다는 이유로 무효화시킨다. 이로
써 나자르바예프는 두번째로 의회를 해산하게 된다. 사실
상 의회가 해체된 배경은 의회가 경제개혁에 부정적이라는

비판이 제기되었기 때문이었다. 이러한 비판을 제기한 것은 나자르바예프와 카줴곌딘(Kazhegeldin)이었다.

의회 해산 후 1995년 3월 24일 260명으로 구성된 자문기구인 민족의회를 소집, 대통령의 강력한 통치력의 필요성과 2000년 말까지의 임기 연장을 요청한다. 그리고 민족의회의 결의에 따라 국민투표가 실시되었고, 나자르바예프는 임기를 연장하게 된다. 이 결과 나자르바예프는 1996년에 예정되어 있던 대통령 선거를 치루지 않게 된다. 1995년 4월 29일 실시된 국민투표에서 투표율 91.2%에 95.46% 찬성, 3.76% 반대가 나왔다. 나자르바예프는 95년 3월에서 12월 사이 정치·경제에 관한 중요한 법률을 공포하게 되는데, 이는 무려 134개에 이른다. (Kurtov 2007: 87; 장병옥 2001: 83-84; Olcott 2005: 36).

1995년 8월 30일 헌법 개정에 대한 국민투표가 실시되었고, 9월 6일에 정식으로 통과된다. 그런데 투표 과정에 상당한 문제가 있었다. 일단 새 헌법의 내용을 국민들에게 제대로 알리지 않았다. 헌법재판소, 야당, 노동조합, 여러 사회단체들은 이 헌법초안이 비민주적이라고 비판하였다. 그러나 대통령은 헌법재판소를 헌법위원회로 개편하면서까지 헌법 개정을 밀어붙였다. 투표 결과 90.5% 투표율에 89.1%의 압도적 지지를 보였지만, 그 수치에 대해 의심하는 사람이 많다.

새 헌법의 특징은 최고 사법기관을 대법원으로, 헌법재판소를 헌법위원회로 변경하여 의회와 삼권분립의 형태를 갖추었다. 그러나 사실상 의회 권력은 상당히 약화되었고, 대통령의 권한은 강화되었다. 의회는 상하 양원제로 바뀌었다. 상원(Senate)은 47명으로 구성되는데, 그중 7명을 대통령이 임명한다. 하원(Mazhilis)은 77명으로 구성된다. 이중 67명은 지역에서 선출되고, 나머지 10명은 비례대표로 당의 명부에 의해 선출된다(parlam). 대통령은 의회가 심의할 법안의 우선순위를 정할 수 있고, 긴급법안을 1개월 내에 심의, 종결하지 않으면 법적 효력을 가진 대통령령을 발할 수 있다(장병옥 2001: 84-85).

하원에 출마하려는 사람은 반환되지 않는 기탁금을 걸어야 하는데, 이것은 카자흐스탄 수준으로 상당한 액수에 달하였다. 결국 재산이 있는 사람만 출마할 수 있다는 것을 의미하게 된다(Kurtov 2007: 87). 또한 65세가 넘으면 선거에 의한 공직을 얻지 못하게 하였다. 그리고, 대통령이 추천하는 총리에 대해 의회가 승인하지 않으면, 의회를 해산할 수 있도록 하였다(HRW 1999a).

1995년 12월의 선거에서 나자르바예프의 인민동맹당(Party of People's Unity)은 24석을, 명목적 반대당인 민주당(Democratic Party)은 12석을 점유했고, 21개 의석은 노조나 청년조직 등 대통령에 충성적인 조직이 차지하였다. 나머지 의석을 공산당(2석)과 무소속 출마인들이 나누어 가졌다(Bowyer 2008: 45).

1997년 10월 총리 아케잔 카쥀겔딘(Akezhan Kazhegeldin)이 해임되었다. 그는 94년에서 97년까지 총리로 재임하였다. 그는 1999년 대통령 선거에서 나자르바예프에 대항하는 후보로 출마한 결과 심한 탄압을 받게 된다. 후임으로 누를란 발김바예프(Nurlan Balgimbayev)가 임명된다.

1997년 12월 10일 알마티에서 아스타나로 수도가 이전되었다. 이전 당시까지는 아크몰라라는 이름이었으나, 1998년 아스타나로 명칭이 바뀐다. 수도를 이전한 이유에 대해서는 정설이 없고, 나자르바예프만이 정확히 알 것이다. 그러나 북부 러시아인들을 통제하기 위해서라든가, 옛 수도인 알마티가 중국에 너무 가까이 있어서라는 등의 설이 있다.

1998년 말에 다시 헌법이 개정되었는데, 하원의 7개 의석은 당의 리스트에 의해서 채워진다. 그리고 7% 장벽이 설치되었다. 이에 의해 7% 이상의 득표율을 얻지 못한 당은 의회 진출이 금지되었다. 또한 피선거권에 제한이 가해져서, 특정 기준에 맞지 못하면 당선될 수 없도록 만들었다. 대통령의 임기도 5년에서 7년으로 연장되었다(Kurtov 2007: 87). 그리고 범죄 사실이 있는 경우 선거에 참여하지 못하게 했고, 65세의 나이 제한을 철폐하였다. 또한 정신건강에 문제가 없다는 증명서를 중앙선관위에 제출해야 했다(HRW 1999b). 그리고 나자르바예프는 자신에 대한 소환을 면제하는 규정을 만들었다(Olcott 2005: 34).

:: 1999년 대통령 선거

1998년에 이런 준비를 갖춘 후, 1999년 1월 10일 나자르바예프는 대통령 선거를 실시하였다. 원래 대통령 선거는 1996년에 실시되었어야 했는데, 1995년의 국민투표로 2000년까지 대통령의 임기가 연장되었다. 그리고 이 연장 조치에 따르면, 2000년 12월에 대통령 선거가 실시되었어야 한다. 그러나 의회가 대통령에게 요청하는 형식을 취하여, 조기 대선을 치루게 된 것이다.

공산당 대표인 세릭볼신 압딜딘(Serikbolsyn Abdildin)과 총리였던 카줴겔딘이 출마를 선언하였다. 그러나 결국 대선에 출마한 사람은 나자르바예프와 압딜딘, 그리고 2명의 무명 후보였다. 나자르바예프는 86.28%의 유효표 가운데 79%를 얻어 재선된다(HRW 1999b).

카줴겔딘은 대선이 공표되자 카자흐스탄 공화국가인민당(Republican National People's Party of Kazakhstan, RNPK)을 결성하고 선거에 출마할 것을 선언한다. 그러나 바로 뒤 정부는 허가받지 않고 사람들을 모았다는 혐의로 피선거권의 무효를 통고하였다. 그리고 바로 세금 포탈, 자금세탁, 권력 남용과 같은 다양한 혐의를 들씌었다. 그는 1998년 외국으로 망명하였지만, 그에 대한 궐석재판이 진행되었다(Junisbai & Junisbai 2005: 378).

카줴겔딘은 나자르바예프 대통령이 권위주의적이며 족벌주의적이고 인권에 대해 관심이 없다고 비판하였다. 그리고 경제의 추락과 실업의 증가, 빈곤의 확대를 방지하고, 경제 성장을 위해서는 연립정부가 필요하다고 주장하였다(Fuller 1999.09.18). 강력한 경쟁자의 이러한 비판이 나자르바예프의 미움을 사게 되었을 것이다.

이후 그는 주기적으로 고국으로의 강제소환 위협에 직면한다. 2000년 7월에는 이탈리아에서 체포되었다가 석방되기도 하였다. 1999년 카자흐 정부는 공식적으로 스위스 정부에 카쮀곌딘의 계좌를 찾아달라고 요청하였다. 이 계좌에는 물론 그가 부정하게 횡령한 돈이 들어 있었을 것이다. 그러나 이러한 요청 결과 나자르바예프는 물론 총리 누를란 발김바예프의 계좌까지 발각되었다. 이런 사실이 미국 법무부에 통보되었는데, 이 결과 그 유명한 제임스 기펜(James Giffen) 사건이 터지게 된다(Olcott 2005: 35).

기펜 사건은 카자흐게이트라고 알려져 있는데, 그 중심에는 상업은행인 머카토(Mercator)사의 사장 제임스 기펜이 있었다. 그는 1995년에서 1999년까지 나자르바예프 대통령의 고문으로 일하였다. 그는 카자흐스탄의 '고위 관료'들에게 7천 8백만 달러의 뇌물을 준 혐으로 기소당하였다. 이것은 미국 석유회사들이 카스피해 지역의 유전 사업권을 따내기 위한 것이었다. 그런데, 카자흐스탄의 고위 관료는 사실 나자르바예프 대통령과 발김바예프 총리로 알려져 있다. 기펜은 1995~2000년 사이에 스위스 은행 계좌로 막대한 금액을 송금하였다.

기펜 사건이 터지자 2002년 9월 카자흐스탄은 미국에 이 사건은 나자르바예프와 관련이 없고, 카자흐스탄의 전략적 중요성, 그리고 양국 관계를 생각하라는 등의 내용을 담은 편지를 보내 재판을 중지시키려고 하였다. 그러나 2003년 3월 30일 기펜은 뉴욕의 케네디 공항에서 체포된다. 그는 카자흐스탄행 비행기를 타려고 했었다. 체포 당시 그는 카자흐스탄의 외교관 여권을 지니고 있었는데, 카자흐스탄은 이중국적이 허용되지 않는다.

야당이 2004년 10월에 예정되어 있는 의회 선거에서 카자흐게이트를 이용하기 시작하면서, 이 문제는 카자흐스탄 내에서 논란이 일어났다. 이 때문에 나자르바예프는 TV 프로에 전화로 참여하여, 카자흐게이트는 사실이 아니고, 석유 협상을 유리하게 이끌어가려고 하는 다국적 기업의 음모가 숨어 있다고 주장하였다. 그리고 이러한 정치적 압력은 카자흐스탄에는 무용지물이라고 선언하였다.

2005년 봄 기펜은 법정에서 기존의 입장을 바꾸어 뇌물 제공 사실을 부인하지 않고, 대신 그가 CIA를 위해 일했다고 주장하기 시작하였다. 그러면서 무죄를 입증하기 위해 국무부가 기밀로 분류하고 있는 서류를 공개할 것을 요구하였다.

기펜은 전 CIA 요원 로버트 배어(Robert Baer)의 『악을 보지 않는다 See No Evil』라는 책의 등장인물로 나오고, 여기서 기펜은 카자흐스탄과의 관계는 그를 통해야 한다는 의미에서 '미스터 카자흐스탄'으로 기술된다. 그리고 이 책은 나중에 〈시리아나(Syriana)〉라는 제목으로 영화화되었다(Alibekov 2004.05. 20; Eurasianet 2003.04.08; Kesher

2007.01.31).

카자흐스탄에서 부패문제가 심각하다는 것은 잘 알려져 있는 사실이다. 그러나 기펜 사건으로 인해 부패가 정권의 최상층부터 시작되고 있다는 것이 드러난 것이다.

1999년 3월 법령에 의해 대통령과 그의 가족, 그들의 경제적 이익에 대한 정보는 국가 기밀로 규정되고, 이를 위반할 경우 처벌할 수 있게 된다. 그리고 대통령의 명예와 권위를 모욕하는 경우로 처벌할 수 있게 만들었다(Global Integrity 2007).

1999년 9월 17일에 상원의원 선거가, 10월 10일에 하원의원 선거가 시행되었다. 99년 선거에서는 95년 선거 이래로 보다 구체적으로 조직화된 당들이 경합한다. 1996년에 결성된 아자마트(Azamat, 시민)당은 건설적인 반대를 한다고 주장하였다. 이 당은 카자흐스탄 공화국가인민당(RNPK)과 합친다. RNPK는 현재의 대통령을 바꾸려 하는 노선을 지향한다. 이 두 당이 정권에 상당히 비판적이었다.

그리고 카자흐스탄 인민의회(People's Congress of Kazakhstan, 1991년 결성), 공화노동당(Republican Party of Labor)과 알라쉬(Alash)당은 대통령에 소극적 비판자였다. 나머지 당들은 모두 친대통령적인 입장에 있었다. 오탄(OTAN, 모국)당, 시민당(Civic Party), 공산당, 농업당, 카자흐스탄 부흥당(Kazakhstan Renaissance Party)이 친대통령적인 당들이다. 오탄은 인민동맹당(Party of People's Unity)에서 나온 것이다.

하원에서 7%의 장벽을 넘은 당은 오직 4개뿐이다. 오탄(30.89%, 4석), 공산당(17.75%, 2석), 농업당(12.63%, 2석), 시민당(11.23%, 2석)이 7%의 벽을 넘었다. 그리고 67석의 지역구 의석 가운데 오탄이 20석, 시민당이 9석, 공산당과 농업당, RNPK는 1석씩을 차지한다. 선거 결과 실질적인 반대당인 아자마트와 RNPK는 거의 의석을 획득하지 못하게 된다(Bowyer 2008: 45-47).

1999년 11월 나자르바예프는 그의 사위 라하트 알리예프(Rakhat Aliyev)를 세무경찰의 고위직에 임명하고, 후에 다시 비밀정보기관인 KNB의 고위직에 임명하게 된다. 또 다른 사위인 티무르 쿨리바예프(Timur Kulibayev)는 카자흐 국영 에너지 기업인 카즈무나이가즈(KazMunaiGaz)의 부사장으로 임명된다. 쿨리바예프는 나중에 사장이 된다(Global Integrity 2007).

2000년 7월 의회는 나자르바예프에게 종신적인 특권을 부여한다. 이 특권은 나자르바예프가 대통령직을 떠나고도 주요 정부 관료에게 정책 문제에 대해 충고를 할 수 있다는 것, 그리고 국가안보회의의 종신직을 갖는다는 것이다(Global Integrity 2007).

2000년 러시아 분리주의자들이 체포되었다. 7월 8일 동북부의 우스티-카메노고르스크에서 재판이 진행되었는데, 13명이 지방정부를 전복시키려는 음모와 불법적 무기 소지로 장기 징역형을 선고 받았다. 그들의 지도자인 블라디미르 카지미르추크(Vladimir Kazimirchuk)는 18년형을 받았다. 선고를 받은 사람 중에는 러시아인이 10명, 카자흐인이 2명 포함되어 있었다.

11월에 다시 12명의 러시아인이 포함된 22명이 우스티-카메노고르스크에서 정부 전복 음모로 체포되었다. 이들은 카자흐스탄의 비밀정보기관인 KNB에 의해 체포되었는데, KNB는 카지미르추크가 러시아인 밀집지역에서 테러 공격을 계획했다고 주장하였다. 증거로 KNB는 탄창과 화염병을 제시하였다.

이 사건에 대해, 나자르바예프는 범죄 사건 정도로 취급하였다. 그리고 러시아의 푸틴 대통령도 이 사건을 무시하였다. 그러나 이 사건은 카자흐스탄 인구의 1/3을 차지하고 있는 러시아인 문제가 제기되는 계기가 되었다. 나자르바예프가 민족주의 정책을 추구하지 않고 있기 때문에 민족간의 갈등은 표면화되지 않고 있다.

그러나 러시아 민족주의자들 중에는 상당히 국수적인 입장을 표명하는 사람들도 있다. 이들은 나자르바예프가 슬라브인들에 대해 차별 정책을 펴고 있고, 러시아로 이민하도록 압력을 가한다고 비판하였다. 그리고 카자흐스탄은 역사적으로 현재와 같은 국경을 가진 적이 없었기 때문에, 카자흐스탄 북부 지역은 러시아 영토라는 주장을 펴고 있다(Blagov 2000.07.16).

이 사건은 카자흐스탄에서 민족 문제를 다루는 것이 매우 조심스럽다는 것을 말해 준다. 카자흐인들 입장에서는 러시아 지배 시기에 탄압받던 민족문화와 정체성을 회복해

야 하고, 카자흐스탄에서의 자신들의 지배적인 위치를 공고
히 할 필요가 있지만, 그렇다고 러시아에 대해 노골적으로
적대적이거나 불리한 정책을 펴기는 어렵다. 그러므로 이
문제는 카자흐스탄에서 러시아인들이 획기적으로 감소하거
나 카자흐인이 획기적으로 늘어나지 않는 한, 계속 짊어져
야 하는 짐이 될 것이다.

02 —— 엘리트 계층의 분열과 갈등의 시기: 2001-현재

: : 라하트 알리예프와 카자흐스탄 민주적 선택당의 탄생

카자흐스탄 독립 후 2000년까지의 시기는 엘리트 계
층이 비교적 균질적이고 동질적인 성격을 띠고 있었다.
RNPK를 비롯한 여러 당들이 있었지만, 카줴겔딘의
RNPK를 제외한 다른 당들은 사실상 친정부적 성격을 띠
고 있었다. RNPK만이 유일하게 반정부적인 입장을 띠고
있었다.

그럼에도 불구하고 이들 정당들은 가용할 자원과 인력
이 부족하였다. RNPK만 하더라도 카줴겔딘 개인에 의해
유지되는 당에 불과하였다. 그러나 이러한 상황은 2001년
에 들어와 상당히 변화된다. 엘리트 계층이 자신들의 이익
을 지키기 위해 당을 결성하고, 조직적으로 나자르바예프
대통령과 그 일가, 측근들에 대해 대항하기 시작한다. 그것
의 직접적 계기가 된 것은 나자르바예프의 사위인 라하트

알리예프 사건을 통해서이다.

2001년 11월 라하트 알리예프(Rakhat Aliyev)가 오스
트리아 대사로 파견된다. 그는 대통령의 사위로서, 나자르
바예프의 첫째 딸 다리가 나자르바예바(Dariga
Nazarbayeva)의 남편이었다. 나자르바예프의 족벌주의는
유명한데, 그의 가족들은 카자흐스탄의 주요 산업을 장악
하고 있다.

알리예프는 텔레비전 채널 KTK와 「카라반 신문」, 「카
자흐스탄 투데이(Kazakhstan Today)」를 소유하고 있고, 다
리가는 「하바르(Khabar)」를 소유하고 있다. 그리고 알리예
프는 이에 더해서 술과 설탕의 수출입을 장악하고 있다. 나
자르바예프의 둘째 딸인 디나라(Dinara)의 남편 티무르 쿨
리바예프(Timur Kulibayev)는 카즈무나이가즈의 사장으로
서, 에너지 · 금융 분야를 장악하고 있다.

알리예프는 오스트리아 대사로 나가기 전에 비밀정보
기관(KNB)에 근무하고 있었다. 그런데 그가 불법적으로
야당을 감시한다는 비판이 제기되고 나서 정보부에서 퇴진
한다. 더불어 그는 뒤에 카자흐스탄 민주적 선택당
(Democratic Choice of Kazakhstan, DCK)을 구성하는 인
물들과 갈등을 빚고 있었다. 무흐타르 아블야조프(Mukhtar
Ablyazov)가 소유한 탄 텔레비전(Tan TV)에서, 알리예프
가 지위를 이용해 재산을 불리고 있다고 비판하였다. 이것
이 나자르바예프를 당황하게 만들었다. 나자르바예프는 일

련의 반부패 정책을 밝히고 있었기 때문이었다. DCK 결성에는 알리예프의 행위가 무시할 수 없는 요인으로 작용하였다.

2001년 알리예프는 이러한 곤란한 상황에 처해 있었다. 게다가 정확히는 알 수 없지만, 나자르바예프의 둘째 사위 쿨리바예프가 알리예프의 쿠테타 계획에 대해 대통령에게 제보하였다는 설이 있다. 결국 알리예프는 이런 저런 일로 오스트리아 대사로 가게 된다. 쿨리바예프도 4년 뒤 나자르바예프의 신임을 잃고 카즈무나이가즈의 사장 자리에서 물러나게 된다. 반면 알리예프는 갑자기 불려들어와 외무부 장관으로 임명된다(Barnes 2007; Roberts 2007.02.16; Markus 2007.06.12; Eurasianet 2001.11.27; Olcott 2005: 142).

2006년 2월 나자르바예프의 정적인 알튼벡 사르센바예프(Altynbek Sarsenbayev)가 그의 운전사, 보디가드와 함께 총으로 살해되었다. 이 사건에 알리예프가 관련되어 있다는 소문이 퍼졌다. 이에 대해 다리가는 정부 고위직이나 어쩌면 자기 가족 중의 누군가가 관련되어 있을 수도 있다는 주장을 「카라반 신문」에 게재하였다. 그것은 자기 남편을 해치려는 음모라는 것이다. 그러나 이러한 주장에 해당되는 사람이 많지 않았고, 결국 KTK 채널의 허가를 취소하겠다는 위협적인 반응을 듣게 된다. 그래서 다리가는 자기 아버지를 해치려는 음모라고 바꾸어 말하기 시작하였다. 이 사건은 결국 전 상원위원장이었던 예르잔 우템바예프(Erzhan

Utembayev)가 살인을 교사하였다고 결론이 내려졌지만, 그가 했는지는 의심스럽다(Markus 2007.06.12).

2007년 알리예프는 카자흐스탄의 10대 은행의 하나인 누르방크(Nurbank)의 전 사장 아빌마쥔 길리모프(Abilmazhen Gilimov)와 부사장 졸다스 팀라리예프(Zholdas Timraliev)에 대한 납치 혐의로 기소되었다. 이 사건에 대해 대통령이 직접 검찰과 내무부에 조사를 지시하였다.

2007년 5월 22일 길리모프가 알마티의 메데우 지방법원에 제출한 편지가 공개되었다. 이 편지에는 알리예프에 의해 1월 18일에 납치된 것으로 나온다. 편지는 알리예프의 섬뜩한 행동에 대해서도 기술하고 있다. 알리예프는 욕조에 길리모프를 수갑을 채워 묶어 놓고, 총으로 위협을 하였다. 그리고 누루방크에 지분이 있는 모든 사람들이 그와 사업을 나누어야 한다고 요구하였다. 알리예프는 자신은 카자흐스탄에서 무엇이든 할 수 있다고 하면서, 길리모프와 자신이 키예프로 갔다는 소문을 퍼뜨렸고, 여권에도 국경을 넘었다는 도장을 찍어 놓았다고 하였다. 그러므로 길리모프를 알마티에서 살해하여 묻어도 상관없고, 길리모프의 가족들은 그를 우크라이나에서 찾을 것이라고 협박하였다. 그러면서 길리모프와 친구들이 그와 사업을 나누어야 하고, 자신의 명령에 복종해야 한다고 요구하였다.

길리모프는 사퇴서에 서명하였고, 누르방크의 8% 지분을 알리예프 가족들에게 넘기기로 하였다. 길리모프는 잠깐 혼자 있을 때, 그의 부인에게 전화를 해서 1시간 내에 돌아오지 않으면 경찰에 연락하라고 한다. 알리예프는 그가 전화 거는 것을 발견하고는 다른 방에서 심문받고 있던 팀라리예프를 만날 수 있도록 허락한다.

세 사람은 조건에 대해 다시 협의하였고, 알리예프가 지분에 대해 3천 4백만 달러를 지불하기로 동의한다. 알리예프는 그들이 조용히 있으면, 건들이지 않겠다고 약속하였다. 그 뒤, 팀라리예프가 1월 31일 다시 납치되었다. 이 일로 사건의 전모가 드러나게 되었다.

팀라리예프의 부인 아르만굴 카파쉐바(Armangul Kapasheva) 가 나자르바예프 대통령에게 보내는 공개 편지를 작성하였고, 여기서 알리예프의 납치 사실을 폭로하였다. 알리예프는 팀라리예프 소유인 알마티의 비즈니스 센터를 넘기도록 요구하였다고 한다. 그리고 그의 사라진 남편을 찾아 달라고 경찰에 신고하였다. 그러나 경찰은 적극적이지 않았다. 팀라리예프는 현재도 여전히 행방불명 상태이다.

알리예프는 그와 아내가 소유하고 있는 「카라반(Karavan) 신문」에 정적들이 자신을 비방하고 모함하고 있다고 썼다. 그리고 주지사 타스마감베토프와 내무부 장관 무하메드좌노프를 지목하였다. 그들이 사기와 협잡으로 은행 돈을 훔치고 있기 때문에, 그들에게 있어 자기는 위험한 사람이고, 따라서 자기를 제거하려 한다고 주장하였다.

납치 사건이 공개되고 나서, 금융경찰은 누루방크를

조사하기 시작하였다. 그리고 팀라리예프와 길리모프가 불법 행위를 저질렀다는 식으로 몰아가기 시작하였다. 그런데 이 사건이 대외적으로 알려지게 되면서, 런던 시장에 상장된 카자흐스탄 은행들의 신용에 문제가 생기기 시작하였다. 2007년은 부동산 거품이 꺼지면서 카자흐스탄에 금융위기가 발생했던 시점으로, 금융계 입장에서는 미묘한 시기였다. 카자흐스탄 은행들은 자기들의 경영은 문제가 없다고 선전하였다(Lillis 2007.02.09; Leila 2007.02.08; Leila 2007.05.23; Analyst 2007.02.06).

2007년 2월 9일에 나자르바예프 대통령은 알리예프를 외무부 장관에서 해임하고 오스트리아 대사로 다시 임명한다. 그리고 6월에 나자르바예프는 알리예프를 공공의 적 1호로 지명한다. 알리예프에 대한 국제적 체포권이 발포되고, 내무부 대변인은 알리예프가 마피아 타입의 네트워크를 국내외에 운영하고 있는 범죄조직의 우두머리라고 주장하였다.

알리예프에 대한 체포가 결정되자, 카자흐 정부는 KTK 텔레비전 채널과 「카라반 신문」을 폐쇄하였다. 알리예프는 이러한 조치가 언론 자유에 대한 공격이라고 서구 언론에 폭로하였다. 그러나 이제까지의 알리예프의 행적을 볼 때, 이러한 주장은 적반하장이라고 해야겠다. 그는 자기 장인이 전제주의적 소비에트 체제로 후퇴해 가고 있다고 비판하면서, 자신을 저항세력의 지도자로 내세우고 있다.

알리예프는 2012년 대선에 출마하겠다고 나자르바예

프에게 밝혔는데, 그 뒤 누르방크나 납치 등 자신에 대한 모략이 시작되었다고 주장한다. 그리고 나자르바예프가 많은 불법적인 일을 저질러 왔다고 폭로하였다.

다리가는 6월 중순 알리예프와 팩스를 통해 이혼하였다고 선언한다. 그러나 알리예프는 자신의 서명이 가짜라고 주장하였다(Barnes 2007).

알리예프는 오스트리아에서 2007년 6월에 체포된 적이 있는데, 보석금을 내고 풀려 나왔다. 오스트리아 정부는 그가 카자흐스탄에서 공정한 재판을 받을 수 없다는 이유로 송환을 거부하고 있다. 최근에 그는 언론과의 인터뷰에서 카자흐 정부가 그의 목에 1천만 달러의 현상금을 걸었다고 주장하였다. 다시 말해서 카자흐 정부가 그를 물리적으로 제거하려고 한다는 주장을 한 것이다. 그리고 아직도 나자르바예프가 비디오 테이프를 통해 자기에게 용서를 구하라는 말을 한다고 폭로하였다(IHT 2008.10.04).

알리예프는 독특한 인물이다. 그의 경력은 외과의사로서 시작되지만, 나자르바예프의 사위가 됨으로써 정치적으로, 경제적으로 상당한 지위에 올라 서게 된다. 그러나 과도한 행위로 인해 결국 외국에서 쫓기는 신세가 되고 말았다. 알리예프와 관련된 사건은 현 카자흐 정권의 성격을 잘 대변해 주고 있다. 족벌주의적이고, 부를 축적하기 위해 정도의 차이는 있겠지만 다양한 수단을 사용한다는 점이다. 그리고 매우 부패해 있다. 사실 나자르바예프 일가는 재벌을 구성하고 있다. 이런 점이 나자르바예프가 자리에 있을 때는 괜찮지만, 자리를 떠나고 나면 결국 문제가 될 수 있다. 그러므로 이런 사태를 제거하기 위해서 다양한 반민주적 방식이 도입될 가능성이 많다. 그럼으로써, 카자흐스탄의 정치는 점점 더 왜곡되게 될 것이다.

2001년 11월 18일 카자흐스탄 민주적 선택당(Democratic Choice of Kazakhstan, DCK)이 창당된다. 이 당의 창당은 카자흐스탄 정당사에 있어서 중요한 의미를 가진다. 왜냐하면, 상당히 균질적이던 카자흐스탄 지배계층 내에 균열이 발생한 것을 보여주는 사건이기 때문이다. 다시 말해서 카자흐스탄 엘리트 계층 사이의 권력과 경제적 이권을 둘러싼 투쟁이 시작되었음을 보여준다.

이 당의 발기인들은 카자흐스탄의 경제계 거물들과 정관계 고위직 인사들이었다. 그 중에는 양쪽의 경력을 모두 지닌 사람들도 다수 포함되어 있다. 이 당의 발기인 중 주요 인물로는 다음과 같은 사람들이 있다.

경제계 인물로 무흐타르 아블야조프(Mukhtar Ablyazov)는 에너지 장관이었고, 아스타나-홀딩 투자 그룹의 회장이었다. 제이눌라 하킴좌노프(Zeinulla Khakimzhanov)는 국가재정부 장관이었고, 카즈코메르츠방크(Kazkommertsbank) 금융 그룹과 관계가 있었다. 누를란 캅파로프(Nurlan Kapparov)는 국영석유독점기업의 사장이었고, 액셉트 금융 그룹(Accept Financial Group)의 사장이었다. 누르잔 숩한베르딘(Nurzhan Subkhanberdin)은 카즈코메르츠방크의 행장이고, 예르좐 타티쉐프(Erzhan Tatishev)는 투란 알렘 뱅크(Turan Alem Bank)의 행장이었다. 이 두 은행은 국제 은행 순위에서 CIS권 내에서는 높은 위치를 차지하고 있다.

　정관계 인물로는 부총리 오라즈 좐도소프(Oraz Zhandosov), 국방부차관 좐나트 예르틀레소바(Zhannat Ertlesova), 파블로다르 주지사 갈림좐 좌키야노프(Galymzhan Zhakiyanov), 의회 부위원장 톨렌 토흐타시노프(Tolen Tokhtasinov), 노동부장관 알리한 바이메노프(Alikhan Baymenov), 재정부차관 카이라트 켈림베토프(Kairat Kelimbetov) 등이 포함되어 있다(Junisbai & Junisbai 2005: 380; Kusainov 2003.01.03; Eurasianet 2001.11.27).

　DCK의 당원중 상당한 영향력을 가진 사람들은 대부분 1990년대 초반의 사유화 과정에서 혜택을 입은 부류들이다. 그리고 몇몇은 전략적으로 중요한 사업을 장악하고 있었다. 이런 사업은 성격상 정부와 밀접한 끈이 있어야 가능했다. 그리고 몇몇은 정부의 요직을 차지하기도 하였다.

　카자흐스탄의 지배 계층은 나자르바예프 자신부터 옛 공산당의 지도적 인물들이었고, 그것은 독립 이후에도 그대로 이어져 내려 오고 있다. 다시 말해, 구지배계급이 변화되지 않은 상태이다. 그러므로 대부분의 경제계 거물들도 이런 공산당의 노멘틀라투라의 구조 속에서 성장한 것이다.

　그런데, 이들 계층과 나자르바예프의 친족들 사이에서

반목이 생겨나게 된다. 앞서 알리예프 사건을 이야기하면서도 언급하였지만, 나자르바예프 일가는 권력을 이용하여 거대한 재벌로 성장하려 시도하고 있었다. 이러한 계획에 대한 소문이 돌고 있었고, 만약 이렇게 된다면 다른 사람들에게는 사업의 기회가 허용되지 않을 것이라는 불안감이 팽배해 있었다. 알리예프 사건에서도 알 수 있듯이, 나자르바예프 일가는 거친 방법까지 동원하면서 자신들의 경제적 이권을 장악해 가고 있었다.

DCK 창당 동기는 바로 나자르바예프 일가와 새로운 경제계 거물들, 그리고 개혁적인 정관계 인사들과의 대립이 원인이었다. 여기에는 알리예프가 그 중심에 서 있었고, 대립의 상징적 인물이었다.

그러나 DCK 창당에는 2001년 가을부터의 일련의 사건이 직접적인 계기가 되었다. 아블야조프는 비공식적인 회고에서, 알리예프가 KNB 부위원장이라는 지위을 이용하여 그의 사업체 몇 개를 인수받으려고 했다고 말하였다. 그 사업체는 투란 알렘 뱅크와 언론 매체이었다. 10월 말 카자흐스탄 경제계 거물들이 법집행 기관의 불법 행위를 중지시키도록 대통령에게 공개 편지를 보냈다. 여기서 법집행 기관의 불법 행위는 물론 알리예프를 의미한다. 나자르바예프와 같이 일했거나 밑에서 일한 사람들이 알리예프 때문에 나자르바예프와 갈등을 빚게 된 것이다.

알리예프는 대담하고 무자비하였다. 이 때문에 카자흐스탄 엘리트 사이에서는 알리예프가 다음 대통령이 되려는 것에 대한 두려움이 널리 퍼져 있었다. 이것이 일단의 엘리트 계층들의 공동의 적에 대한 연대를 만들어 내게 된 것이다(Junisbai & Junisbai 2005: 380-381).

이런 사건이 있고 나서, 알리예프는 11월 14일 KNB에서 사임한다. 그리고 아내 다리가와의 사이에서도 문제가 있었다고 전해진다. 알리예프가 물러나자 DCK 발기인 중 몇 명은 자신들의 매체를 통해 알리예프가 대중매체를 독점하려는 시도에 대해 공개적으로 투쟁하기 시작한다(Eurasianet 2001.11.27).

11월 17일 카자흐스탄의 가장 큰 은행인 할르크 저축은행(Halyk Savings)에 대한 입찰이 진행되었다. 이 은행은 2001년 초부터 관심의 대상이 되었고, 카즈코메르츠방크와 아블야조프의 투자 그룹도 강한 관심을 가지고 있었다. 이런 경쟁 상태에서 나중에 나타난 금융 그룹 만기스타우무나이가스(Mangistaumunaigas)가 경매에서 승리하였다. 이것은 상당한 의심을 불러 일으켰는데, 결국 그 뒤에 알리예프가 있다는 것이 밝혀졌다. 이런 상태라면, 나자르바예프 친족이 카자흐스탄의 주요 은행을 모두 장악하고 있다는 의미가 된다(Kusainov 2003.01.03).

경매가 진행되던 같은 날, 나자르바예프는 알리예프와 화해한 것으로 보였다. 그는 알리예프와 나란히 국영방송에 출연하였다. 그는 알리예프를 강하게 옹호하면서, 그의 가족들도 다른 사람들과 마찬가지로 사업이나 공직 분야에서 일할 동등한 권리를 가지고 있다고 강조하였다. 그리고 자신은 항상 사업가들을 지원해 왔지만, 이것이 사업가들이 신문에 글을 쓰거나 세금을 포탈해도 좋다는 의미는 아니라고 말하였다. 그리고 알리예프는 자신의 무죄가 입증되었다고 주장하였다. 그러나 어떤 혐의에 대한 무죄인지에 대해서는 말하지 않았다(Kusainov 2003. 01.03; Junisbai & Junisbai 2005: 381).

이런 일련의 사건들은 DCK 발기인들로 하여금 나자르바예프 일가의 횡포에서 자신들의 정치경제적 이익을 지킬 수 없을 뿐만 아니라, 그 일가의 자의적인 결정으로 자신들의 운명이 정해질 수 있다는 비관적 생각을 하게 만들었다.

이들 그룹은 이전부터도 나자르바예프 일가의 자의적 행위에 불만을 갖고 있었다. 또 석유와 가스, 야금과 같은 매력적인 사업 분야에서 자신들이 소외되어 있다고 느꼈다. 이 분야는 오직 나자르바예프 일가와 외국인만이 참여하고 있었던 것이다.

DCK 발기인의 하나이며 성공한 기업가인 불라트 아빌로프(Bulat Abilov)는 자신이 야당에 참여한 것은 카라간다의 거대 야금 공장인 카르메트(Karmet)의 민영 과정에 참여하려 했지만 실패한 경험 때문이라고 말하였다. 그는 나자르바예프에게 편지를 써서, 가족·친족 중심의 경제는 카자흐스탄을 발전시키지 못하고, 오직 나자르바예프의 내부 그룹 몇몇 사람만 부유하게 만든다고 하였다(Junisbai & Junisbai 2005: 382).

이런 배경 하에서 2001년 가을의 일련의 사건이 모태가 되어 DCK가 창당된다. DCK는 나자르바예프의 TV 출연과 할르크 저축은행 경매가 있었던 다음 날인 11월 18일에 창당 선언을 한다. 그들은 창당 선언에서, 정치 권력의 분산, 지역 행정수장의 직접선거, 강한 입법부와 독립적인 사법권을 주장하였다. 이것은 대통령에게 집중된 권력과의 균형을 위해 필요하였다. 또한 부패에 대한 투쟁과 민주화를 역설하였다(Junisbai & Junisbai 2005: 381; Kusainov 2003.01.03).

　DCK 창당 선언이 있은 후, 11월 20일 정부는 상당히 격하게 반응하였다. 카심조마르트 토카에프(Kasymzhomart Tokayev) 총리는 좐도소프와 예르틀레소바 등을 강하게 비난하였다. 그리고 토카에프는 최근에 적어도 2건의 대통령 암살 음모가 발각되었다고 말하였다. 그러나 이 음모에 대해서는 구체적인 언급이 없었다(Eurasianet 2001.11.27). 또한 이들은 미숙하고 비전문적인 사람들로서 민주주의에 관심이 있는 척 가장하고 있고, 결국 국가에 혼란과 불법이 판치게 만들 것이라고 주장하였다(Junisbai & Junisbai 2005: 380).

　아케잔 카졔겔딘의 RNPK를 이어 받아 조직된 민주적 힘의 포럼(the Forum of Democratic Forces, FDF)의 공동대표인 누르볼라트 마사노프(Nurbolat Masanov)는 토카에프의 음모론이 대중적인 쇼라고 주장하였다. 이 쇼는 DCK 당원들을 탄압하기 위한 사전포석이라는 것이다. 파블로다르 주의 주지사 갈림좐 좌키야노프는 토카에프의 중상모략에 대해 소송을 준비 중이라고 하고, 다른 지도자들은 최악의 상황, 즉 범죄혐의를 적용할 것에 대해서 준비한다고 주장하였다. 마사노프는 또 11월의 사건들이 카자흐스탄에서의 정치적 균형이 더 이상 제대로 작동하지 않는 것을 보여준다고 하였다(Eurasianet 2001.11.27).

11월 21일 나자르바예프는 몇 명의 정부 각료를 해임하였다. 여기에는 부총리 쟌도소프, 국방부 차관 예르틀레소바, 파블로다르 주지사 좌키야노프, 노동부 장관 알리한 바이메노프가 포함되었다. 다른 각료들도 DCK와 연관이 있다고 의심되면 제거되거나 전보되었다(Kusainov 2003.01.03).

DCK 대표가 11월 22일 나자르바예프와 만나, DCK는 현재의 정부에 반대하지 않는다고 선언하였다. 발기인의 한 명인 카즈코메르츠방크의 행장 숩한베르딘은 대통령에게 DCK의 창당은 카자흐스탄의 정치체제 발전에 정상적인 단계이고, 대통령의 현대화 계획과 완전히 일치한다고 주장하였다. 나자르바예프는 이때 창당을 축하하는 발언을 하였다고 알려졌다(Eurasianet 2001.11.27). 그러나 이후에 보여지는 것은 가혹한 탄압이다.

나자르바예프는 처음에 연립정부나 양당제에 입각한 선거를 포용할 것처럼 보였고, 2001년 12월의 워싱턴 방문은 그러한 희망을 부풀렸다. 조지 부시와 나자르바예프는 카자흐스탄 정부가 국제적인 기준을 지킬 것이라는 문서에 함께 서명하였다. 이 문서에는 나자르바예프가 법치와 종교의 자유, 인권을 증진하고, 민주적 제도와 과정을 강화한 다는 내용이 담겨 있다. 또 독립적인 언론과 지방정부, 다양성, 다원주의, 자유롭고 공정한 선거에 대한 내용도 포함되어 있었다(Eurasianet 2002.01.30).

이런 일도 있고 해서, 처음 DCK 발기인들은 희망적인 생각을 가지고 있었다. 따라서 나자르바예프가 한 발 뒤로 물러서고, 해임된 사람들도 곧 제자리로 돌아갈 것으로 기대하였다. 그러나 이것이 불가능해 보이기 시작하였다. 이와 더불어 아블야조프의 신문은 나자르바예프의 지배에 대해서 강하게 비판해 나갔다.

2001년 12월 RNPK의 아미르쟌 코사노프(Amirzhan Kosanov), 아자마트의 표트르 스보이크(Petr Svoik), 인민의회(People's Congress of Kazakhstan, PCK)의 굴쟌 예르갈리예바(Gulzhan Yergaliyeva)가 통합민주당(United Democratic Party, UDP)을 결성한다. 여기에 카줴겔딘이 지도부에 포함되었다. 이들의 슬로건은 '나자르바예프 없는 카자흐스탄(Kazakhstan without Nazarbaev)'이다(Kusainov 2003.01.03). 그리고 양원제를 단원제로 바꾸고, 지역구를 축소하는 정책을 내놓았다(Eurasianet. 2002.01.30).

UDP 당원들은 DCK의 반부패, 민주화 주장은 찬성하였지만, 이들이 나자르바예프에 대해 온건한 입장을 보이는 것을 의심의 눈초리로 보았다. UDP는 나자르바예프의 추방을 목표로 하였지만, DCK는 정치개혁을 추진하려는 시도에서 나자르바예프와 같이 기꺼이 일할 것임을 천명하였다.

반대 수준에 차이가 있었지만, 아무튼 이들은 초기에는 협조적이었다. 2002년 1월 19일 UDP가 집회를 열기로 한 극장이 갑자기 문을 닫았다. 이때 아블야조프는 자신이 소유한 장소를 제공하였고, 좌키야노프와 같이 그 집회에 참석하였다. 바로 다음날 DCK는 같은 장소에서 5천명이 모이는 집회를 열었고, 여기에 UDP 지도자들이 참여한다.

이 사건으로 반대파들의 노선이 갈라진다. UDP는 계속해서 DCK와 협조하고, 많은 구반대파들이 DCK에 합류하였다. 그러나 DCK는 노선 차이로 분열되고 만다. 온건한 DCK 지도자들이 악졸(Ak Zhol)당을 1월 29일에 창당한다 (Kusainov 2003.01.03). 분열의 계기가 된 것은 정부의 탄압이었다. 누군가가 운동에 동조적인 텔레비전 방송국의 송출소에 총을 발사하고, 운동의 창시자가 소유한 신문사에 화염병을 던지는 등의 행위를 하였던 것이다(Junisbai & Junisbai 2005: 380).

대규모 인파가 모인 집회는 나자르바예프에게 충격으로 받아들여졌다. 그는 1월 25일 운동을 비판하는 성명을 발표하고, 사법기관이 이런 광대짓을 멈추게 해야 한다고 요구하였다(Kusainov 2003.01.03). 그리고 그는 1월 28일 토카예프 총리를 해임하고, 이만갈리 타스마감베토프(Imangali Tasmagambetov)를 임명한다(Eurasianet. 2002.01.30).

2002년 3월 아블야조프가, 4월에 좌키야노프가 체포되었다. 이들은 모두 정부에 재직할 때의 권력남용과 탈세혐의로 기소된다. 그런데 좌키야노프의 구금은 국제적인 관심을 끌었다. 그는 유럽 몇 나라의 대사관이 있는 빌딩에 도피해 있었다. 4월 4일 카자흐 정부는 좌키야노프가 알마티에 연금되어 있어야 하며, 국내외 언론이 완전히 접근 가능하게 한다는 조건을 승인함으로써 일단 마무리한다. 그러나 알마티에 며칠 연금된 뒤, 그는 파블로다르로 이송되었고, 가택 연금 상태에 들어간다. 그의 건강 악화와 외교 협정 위반으로 국제적 비판이 광범위하게 제기되었지만, 가택 연금은 계속되었다. 8월에 그는 7년형을 받게 된다. 7월 18일에 아블야조프는 6년 형을 받았다(Kusainov 2003.01.03). 아블야조프는 정치활동을 금지한다는 조건으로 2003년 5월에 사면을 받았다(Olcott 2005: 142). 좌키야노프도 정치활동 금지를 조건으로 2004년 8월 감옥에서 가택 연금으로 바뀌어 출소하였다. 그는 파블로다르 지방의 가옥에서 정치활동에 대한 엄격한 감시를 받게 된다(Alibekov 2004.08.12). 그리고 2005년 대통령 선거가 끝나자 2006년 1월 14일에 사면되어 알마티로 돌아간다(Mayakova 2006.03.15).

2002년 이후 DCK를 비롯한 반대파에 대한 정치적 탄압이 지속된다. 이 결과 DCK를 비롯한 많은 반대파 정당들의 활동이 상당히 위축되게 된다. 2002년 6월 의회는 새로운 정당법을 통과시킨다. 이 법에 따르면, 정당 창립 모임에 적어도 1천명이 참석해야 하고, 각 지역에 적어도 700명의 당원이 존재해야 하고, 5만명의 검증된 서명을 받은 당원명부를 중앙선관위에 등록해야 한다. 정당은 설립 후 2달 내에 등록하지 못하거나, 2번의 연속된 선거에 참여하지 않거나, 투표수의 3% 이하를 획득할 때 취소될 수 있다. 이것은 창당을 상당히 어렵게 만드는 법이다(Global Integrity 2007).

이 법에 따라 기존에 등록된 정당들도 새로 등록해야 했다. RNPK와 DCK는 정당 등록에 실패하였고, 악졸당만 등록에 성공한다.

2003년 1월 9일 악졸의 대표인 오라즈 좐도소프가 대통령의 특별 고문으로 임명된다. 이것은 나자르바예프의 정치적 승리로 기록될 수 있다. 그는 악졸을 중립화하는데 성공한 것이다. 원래 악졸은 상당히 온건한 노선이었다(Alibekov 2003.01.31). 또 아자마트(Azamat) 운동의 대표인 무라트 아우에조프(Muart Auezov)가 국립도서관 관장직을 받아 들였다. 아자마트 운동은 표트르 스보이크(Petr Svoik)와 중국대사였던 무라트 아우에조프에 의해 시작되었다. 아자마트는 1999년 공식적인 당으로 등록하였으나, 2004년 의회 선거에 필수적인 2003년의 등록에는 실패하였다(Junisbai & Junisbai 2005: 380).

나자르바예프는 회유 불가능한 정당들을 말소시키기 시작하였다. 1월 7일 금융경찰이 아미르좐 코사노프(Amirzhan Kossanov)를 세금포탈 혐의로 조사한다고 발표한다. 그는 RNPK의 실행위원회 의장이었다. 정부는 이 조직이 16,000달러의 세금을 포탈하였다고 발표하였다. 코사노프는 세금을 포탈한 적이 없으며, 매년 세무조사를 받았으며, 당시에는 그런 문제가 제기되지 않았다고 하면서, 야당 지도자로서 자신의 신뢰도를 해치려고 그런 일을 벌였다고 주장하였다.

DCK는 1월 18일 당 모임에서 '나자르바예프 없는 카자흐스탄'이라는 슬로건을 포기하는 것에 대해 투표하였는데, 탄압 국면에서 상당히 갈등하는 모습을 보여주었다. 나자르바예프는 공산당 대표인 세릭볼슨 압딜딘(Serikbolsyn Abdildin)과 만났다. 압딜딘은 DCK와 연합하였으나, DCK 지도자의 투옥에 대해서 계속 침묵을 지키고 있다(Alibekov 2003.01.31).

2004년 12월 28일 검찰은 DCK의 해산을 공식적으로 요청한다. 공식적인 혐의는 DCK 지도자들이 두번째 정당 대회에서 비헌법적인 정치적 발언을 하였다는 것이다. 즉, 정치적 극단주의, 적대감의 촉발, 다양한 사회집단간의 불화를 조장하였다는 혐의였다. DCK는 현정부와 2004년 9월에 선출된 의회를 불법이라고 규정하였다.

탄압은 다양한 방면에서 진행되었는데, 예를 들어 2004년 12월에는 국제적으로 유명한 금융 그룹의 카자흐스탄 지사인 소로스 카자흐스탄(Soros Kazkakhstan)에 대해 탈세혐의로 조사를 진행하였다. 이것은 소로스가 외국에서 독립적인 언론들을 지원하고 있었기 때문이라고 믿어지고 있다.

2005년 1월 6일 법원에 의해 DCK의 해산이 결정된다.

이러한 배경에는 우크라이나의 오렌지 혁명이 카자흐스탄에도 발생할 가능성에 대한 두려움이 깔려 있었다(Yermukanov 2005.01.11).

2005년 3월에는 '전진, 카자흐스탄의 민주적 선택(Alga, Democratic Choice of Kazakhstan!' Forward, Democratic Choice of Kazakhstan!) 당이 창당되었다. 이것은 1월 6일 해산된 DCK의 후계이다. 새 당은 모든 카자흐스탄 시민의 권리를 수호한다는 선언을 담고 있으나, 기존의 DCK와 무엇이 다른지 명확히 하고 있지 않다.

새 당을 창당한 사람은 DCK 의장이었던 아슬벡 코좌흐메토프(Asylbek Kozhakhmetov), 극장 감독 볼라트 아타바예프(Bolat Atabayev), DCK의 신문 「아자트(Azat)」의 편집자 바트르한 다림베트(Batyrkhan Darimbet)이다. 그러나 다른 창당 멤버들은 대중들에게 거의 알려지지 않은 사람들이다. 이 때문에 이들이 대중의 지지를 이끌어낼 수 있을지 의구심을 갖는 사람이 많았다. 이들은 부패와 불법의 척결, 사회정의를 추구한다고 주장한다. 그리고 자원을 몇 명의 부유한 사람이 아니라, 전국민에게 배분해야 한다고 주장한다(Yermukanov 2005.04.20).

지금까지 DCK가 어떻게 성립되었고, 어떻게 변모하고, 사라졌는지에 대해서 살펴보았다. DCK는 카자흐스탄의 균질적인 엘리트 계층이, 나자르바예프와 그 일가, 측근들에 대항하기 위하여 정관계와 경제계 인물들이 연합해서 만든 정당이다. 이것이 의미하는 것은 더 이상 카자흐스탄의 정치, 경제 엘리트들이 균질적이지 않게 되었다는 점이다. 그리고 이것은 아마도 카자흐스탄 사회의 전반적인 균열, 다시 말해 사회 계층의 분열의 시작으로 볼 수도 있을 것이다. 그러므로 이들 다양한 사회 집단의 이익을 대변할 수 있는 민주주의의 필요성이 점점 더 강하게 요청될 것이다.

다른 한편, DCK의 변천을 볼 때 나자르바예프 및 그 일가와의 투쟁은 매우 어렵다는 것을 알게 된다. 나자르바예프는 반대파를 용납하지 않으며, 무자비하게 탄압한다. 그러므로 대통령에게 반대하는 것은 점점 더 위험한 일이 되어 가고 있다. 카자흐스탄은 점점 더 권위주의적인 국가로 변해 가고 있다.

:: 강화된 언론 탄압

카자흐스탄에서 대통령에게 반대하는 것이 위험해진 것은 언론의 경우에서도 마찬가지이다. 이리나 페트루쇼바(Irina Petrushova)는 2000년에 창간된 「레스푸블리카(Respublika)」라는 주간지의 창립자이자 편집장으로서 일하고 있었다.

「레스푸블리카」는 나자르바예프의 족벌주의와 부패 문제같은 것을 다루고 있었다. 예를 들어 석유와 관계된 금융 쪽의 스캔들이나 나자르바예프의 딸인 다리가가 제트기의 승객을 내리게 하고 혼자 타고 갔다는 등의 기사들이다.

그러다가 2002년 4월 나자르바예프가 스위스 은행에 석유에서 횡령한 10억 달러의 비자금을 숨겨 놓고 있다는 기사를 썼다. 이 기사가 국가적인 스캔들로 번지자, 그녀는 갑자기 강도 높은 협박을 받게 된다. 조화가 배달되기도 하고, 목이 잘린 개의 몸통이 「레스푸블리카」 사무실의 창문에 걸려 있기도 하였다. 개의 몸통에는 '다음이란 없다'라는 메시지가 씌어 있었다. 그리고 페트루쇼바의 집 근처에 개의 목이 놓여 있었다. 그녀의 집 계단에 인간의 해골이 놓여 있기도 했는데, 그녀는 그것을 보고 카자흐스탄을 떠나기로 결심한다. 목 잘린 개 사건이 있고 나서 3일 뒤 「레스푸블리카」의 사무실은 방화로 소실된다(CPJ 2002).

페트루쇼바는 2002년 가을 카자흐스탄을 떠나 러시아로 간다. 그러나 그것으로 그녀가 나자르바예프에 대한 비판을 포기한 것은 아니다. 그녀는 러시아에서 계속해서 나자르바예프에 대해 비판적인 저널을 발간한다. 그러다가 2005년 4월 카자흐 정부의 요청으로 러시아에서 2일간 구금되었다가 풀려나게 된다. 카자흐스탄은 계속해서 그녀의 송환을 요구하지만, 러시아에서 거부하고 있다(CPJ 2005).

페트루쇼바를 포함한 「레스푸블리카」 편집진은 신문이 폐간당할 때마다 새로운 이름의 저널을 발간하였다. 「나샤 레스푸블리카(Nasha Respublika)」, 「레스푸블리카 브 오그네(Respublika v Ogne)」, 「에코노믹 피난시 륀키(Ekonomic Financy Rynki)」, 「아싼디 타임즈(Assandi Times), 「세트 KZ(Set KZ), 「레스푸블리카 델로보예 오보즈레니예

(Respublika Delovoye Obozreniye)」,「레스푸블리카 아날리티체스키예 예제네젤닉(Respublika Analiticheskiy Yezhenedelnik)」이「레스푸블리카」의 변장한 이름들이다. 그러나 점차 다른 이름으로 저널을 등록하여 발행하는 것도 힘들어지고 있다(Soz 2005.09.20).

언론 탄압은 이것만 존재하는 것이 아니다. 2002년 8월 28일 세르게이 두바노프(Sergei Duvanov)가 알마티의 집으로 돌아가던 길에 세 명의 괴한에게 맞아 정신을 잃은 사건이 발생하였다. 두바노프는 인권과 법의 지배를 위한 카자흐스탄 국제 사무소(Kazakhstan International Bureau for Human Rights and Rule of Law)라는 비정부기구 온라인 저널의 편집장이었다. 괴한들은 열쇠, 지갑, 휴대폰은 건들이지 않고, 그에게 "너는 이것이 무엇을 의미하는지 알 것이다. 다음 번엔 너를 병신으로 만들 것이다"라고 말하였다.

두바노프는「양들의 침묵(Silence of Lambs)」이라는 글을 kub.kz에 5월 6일 올렸고, 이것이 나자르바예프의 명예와 위엄을 손상하였다는 이유로 탄압받고 있었다. 휴먼 라이츠 워치(Human Rights Watch) 등의 여러 국제기구가 두바노프 사건을 조사한 결과 정치적인 동기가 크고, 그가 칼로 베였고, 심한 타격을 받았다고 폭로하고 있다.

8월 16일 잘 알려진 KTK TV 진행자인 아르투르 플라토노프(Artur Platonov)가 차로 집으로 돌아가던 중에 3명의 전직 경찰관들에게 폭행을 당하였다. 그는 〈포트레트

네젤리(Portret Nedely, 한 주일의 초상화)〉라는 프로그램을 진행하고 있었는데, 이 프로그램은 경찰과 정치에 비판적이었다. KTK 방송국 사람들은 이것을 협박용 공격이라고 말하였고, 국제기구들도 여기에 동의하였다. 정부는 그가 교통사고로 코가 부러졌다고 발표하였다.

2002년 6월 21일 레일라 바이세이토바(Leila Bayseitova)의 25세 딸이 경찰 구금 중에 사망하였다. 경찰은 마약에 의한 것이라고 주장하였지만, 정치적인 이유일 것이라고 추정되고 있다(Internews 2002.09.05).

바이세이토바는 이후 카자흐스탄을 떠나 유럽에서 살게 되었고, 「프라토노프」는 논조를 바꾸었다. 그러나 두바노프는 보다 가혹한 상황에 처하게 된다. 그는 2002년 10월 14살 소녀를 강간하였다는 혐의로 기소되었다. 그의 기소는 정치적인 것으로서, 그가 정부의 부패와 석유기금의 남용에 대한 비판적 기사를 썼기 때문이다.

두바노프는 혐의를 부인하였다. 그는 이웃 사람이 별장에 있는 사우나를 사용하기를 원해서 빌려주었는데, 그때 그의 딸과 같은 또래의 여자 아이가 같이 왔다. 그들이 떠나고 난 뒤, 자신도 사우나를 사용하고 차를 한 잔 마셨다. 그리고 나서 정신을 잃었는데, 깨어나 보니 경찰에 구금되어 있었다고 한다.

두바노프의 변호사는 그에게 발생할 일을 누군가가 먼저 알고 있었던 것 같다고 하였다. 왜냐하면, 10월 28일 알마티에서 내무부에 의해 배포된 문건의 상단부에 매우 명

백한 팩스 ID 정보가 인쇄되어 있었는데, 그곳에는 '대통령 언론 서비스로부터(From: Press Service of the President)'라고 적혀 있었다. 이것은 내무부의 언론 배포 문건이 대통령 측에서 나왔음을 보여주는 것이다. 게다가 날짜와 시간이 10월 28일 6시 48분으로 찍혀 있었는데, 이것은 두바노프가 구금되기 2시간 전이다. 이런 사실에 대해 대통령 언론 서비스는 해명을 거부하였다.

두바노프는 미국 방문을 목전에 두고 체포되었다. 그는 대통령에 대해 강한 반대 목소리를 내고 있었는데, 미국 정부가 조사하고 있는 카자흐게이트에 대한 기사를 썼다. 그리고 그는 미국 방문 때 카자흐스탄 정부의 부패와 석유 기금의 부당한 사용에 대해서 비판할 계획이었다. 그의 체포는 이런 예민한 문제를 미국에서 제기하지 못하도록 할 의도에서 이루어졌다고 추측된다(Eurasianet 2002.10.29).

두바노프는 2003년 1월 28일 3년 6개월의 형을 선고받는다. 두바노프 재판은 2002년 12월 24일에 시작되었는데, 외국 외교관들의 참관은 허용되었지만, 카자흐스탄 국민이나 기자들의 방청은 금지되었다.

변호인단은 두바노프의 무죄를 주장하고, 이 사건이 카자흐스탄의 상층부에서 조작되었다고 주장하였다. 그러나 재판부는 그런 의견에 귀를 기울이지 않았다. 판결은 두바노프를 침묵시키기 위한 것이었을 뿐이다. 두바노프에게는 보통의 이런 사건에 비해 더 긴 형량이 가해진다. 검사는 7년을 구형하였지만, 실제 선고는 이것의 반에 불과하였다.

이 재판은 카자흐스탄의 사법적 판단이 얼마나 자의적인가를 보여 주었다(Eurasianet 2003.01.28).

두바노프 사건의 판결에 대해 국제적인 비판이 거세게 일어났다. 그러나 카자흐 정부는 두바노프 건이 단순한 범죄 사건이고, 사법부가 독립적으로 수집한 증거에 기초해 이루어졌다고 주장하였다. 두바노프는 카자흐 정부가 자기를 회유하려고 시도하였다고 주장하였다. 곧 나자르바예프가 관련된, 카자흐게이트에 대한 비판을 철회하고 카죄겔딘을 배신하면 기소를 취소하겠다며 협조를 요구하였다고 주장했다. 그러나 그는 이러한 요구에 응하면 패배이고 실패를 인정하는 것이기 때문에 거부하였다고 한다 (Eurasianet 2003.01.31).

앞에 언급한 몇 가지 사건은 2002년부터 강화된 언론 탄압의 상징적인 사건들이다. 그리고 이 결과 정부에 대한 비판은 상당히 위축되고 만다. 정부가 이것은 쓰고 저것은 쓰지 말라고 명령하지는 않지만, 정부가 싫어하는 것을 썼을 때 어떤 결과가 올지 자명해졌다. 그러므로 언론인들은 이제 스스로 자기 검열을 하게 되었다. 심지어 카자흐스탄판 러시아 신문들도 카자흐스탄 독자들이 읽기에 적당하지 않다고 생각되는 내용들을 걸러내기 시작하였다(Abisheva 2003.05.27).

나자르바예프의 딸 다리가 나자르바예프는 「하바르」 등의 미디어를 장악하고 있다. 그녀는 2003년 4월 24~26

일 제 2회 유라시아 미디어 포럼(Eurasian Media Forum)을 개최하였다. 보통은 지역의 가장 중요한 문제, 예를 들어 카스피해 석유, 이슬람 극단주의 등을 주제로 다룬다. 그러나 이 포럼에서 비정부 언론 매체의 위기에 대한 언급은 거의 없었다. 최근 몇 년간 비판적인 방송과 신문들이 모두 폐쇄되었다. 또한 두바노프나 바이세이토바에 대한 언급도 전혀 이루어지지 않았다. 그리고 아예 포럼에 비판적인 언론인들은 참여가 금지되었다.

이런 면에서 포럼은 다리가의 언론 자유를 보여주려는 쇼에 불과하다. 또 「카자흐스탄스카야 프라브다(Kazakhstanskaya Pravda)」는 나자르바예프 대통령의 긴 연설문을 실었는데, 여기에서 그는 카자흐스탄에서 자유로운 언론이 발전하고 있고, 다당제 정치 시스템이 만들어졌고, 많은 비정부조직이 성장하고 있고, 독립적인 미디어의 조건이 개선되고 있고, 대중매체에 관한 법률이 자유화되고 있다고 하였다. 그러나 이것은 분명히 현실을 왜곡하는 것이다(Abisheva 2003.05.30).

카자흐스탄의 언론 탄압 사례는 앞에서 언급한 것 외에도 무수히 존재한다. 2003년 4월 16일 주간 「라바트(Rabat)」의 편집자 막심 예로쉰(Maksim Yeroshin)은 집 밖에서 공격을 받아 병원에 입원하였다. 「라바트」는 고위층의 부패와 논쟁적인 주제에 대해 다루었다. 11월에는 「솔다트(SolDat)」의 편집자 예르무라트 바피(Ermurat Bapi)가 세금 포탈, 회계조작, 불법 사업 혐의로 기소된다. 그는 1년

간 집행유예와 벌금형, 5년간의 언론직 금지의 형을 받았다
(Freedom House 2004). 이러한 언론 탄압은 2008년 현재
까지도 지속되고 있다.

언론 탄압은 2001년 말 DCK의 창당과 2003년의 제임
스 기펜이 관련된 카자흐게이트의 여파가 크다. 2003년 카
자흐게이트가 터지면서, 야당과 많은 언론이 이 문제를 다
루게 되자, 나자르바예프 정부가 이를 심하게 탄압한 성격
이 짙다.

:: 2004년 의회선거와 야당의 분열

이런 억압적인 분위기에서 카자흐스탄은 2004년 9월
19일 하원(Majilis) 선거를 치르게 된다. 그런데, 선거가 있
기 두 달 전 나자르바예프는 악졸의 지도자 알튼벡 사르센
바예프(Altynbek Sarsenbayev)를 정보부(minister of
Information) 장관으로 임명하였다.

사르센바예프는 러시아 대사로 있었는데, 대사직을 사
임하고 카자흐스탄으로 돌아온 뒤 악졸에 가담하였고, 당
대표가 되었다. 나자르바예프가 사르센바예프를 장관에 임
명한 것은 카자흐게이트로 실추된 이미지를 갱신하려는 의
도였다.

사르센바예프는 자기가 나자르바예프의 제안을 받아
들인 것은 모든 정당과 후보들에게 공평한 미디어 기회를
보장하기 위해서이고, 그리고 나자르바예프에게서 공정하
고 자유로운 선거를 보장받았다고 설명하였다. 만약 자유

롭고 공정한 선거가 훼손된다면, 자기를 비롯한 관련 공무원들이 사임해야 한다고 주장하였다. 또한 그는 좌키야노프가 석방되어야 한다고 주장하였다(Dubnov 2004.07.16).

2004년의 카자흐스탄 하원 선거는 두 번에 걸쳐 치러졌다. 첫 번째는 9월 19일이고, 두 번째는 10월 3일에 치러졌다. 두 번째선거는 첫 선거에서 어느 후보도 50%의 지지율을 얻지 못하면 재선거를 한다는 규정에 의한 것이다. 모두 12개 정당이 후보를 내었는데, 이중에서 현정권에 반대하는 정당은 DCK와 공산당(Communinst Party of Kazakhstan, CPK)이 연합한 DCK-CPK와 악졸(Ak Zhol)뿐이다.

선거에는 모두 623명의 후보가 나왔는데, 이중 552명이 67석의 지역구에 출마하였다. 나머지는 비례대표이다. 지역구 경쟁률은 대략 7대 1이었다. 선거 결과 오탄(Otan)이 42석, AIST(Agrarian and Industrial Union of Workers)가 11석, 아사르(Asar)가 4석, 악졸(Ak Zhol)이 1석, 카자흐스탄 민주당(Democratic Party of Kazakhstan)이 1석, 무소속이 18석을 차지하였다. DCK-CPK 연합은 한 석도 얻지 못하였다. 이 결과 DCK는 다음 선거에서 후보를 낼 수 있는 자격을 상실하게 된다. 악졸의 경우도 비례대표로 한 석을 확보했을 뿐, 지역구에서는 한 석도 확보하지 못하였다.

첫 번째 선거에서 50%를 넘지 못해 생긴 경합 지역이 22개였다. 이 지역에 대한 재선거에서 오탄이 9석, AIST가 1석, 아사르가 1석, 카자흐스탄 민주당이 1석, 무소속이 10

석을 차지한다(Dave 2005: 8).

정당별 투표율에서 7%의 장벽을 넘은 당은 4개당으로, 오탄이 60.61%, 악졸이 12.04%, 아사르가 11.38%, AIST가 7.07%를 얻었다(Bowyer 2008: 47).

AIST는 시민당(Civic Party of Kazakhstan)과 농민당(the Agraian Party)의 연합이다. 그러나 실상은 유라시아 그룹(Eurasia Group)을 이끌고 있는 알렉산드르 마쉬케비치(Aleksandr Mashkevich)의 정치적 도구이다. 유라시아 그룹은 야금업 재벌 기업이다(Dave 2005: 6).

아사르는 카자흐어로 '모두 다 함께(All Together)'라는 의미로, 나자르바예프 대통령의 첫째 딸인 다리가 나자르바예바가 2003년 가을에 만든 정당이다(Pannier 2003.09.24). 다리가 나자르바예바는 이 당을 만들면서 완전히 나자르바예프의 노선을 따른다고 했기 때문에 아버지의 당과 다른 당을 따로 만들어야 할 이유가 부연 설명될 필요가 있다. 그것은 아마도 다리가의 정치적 야심과 권력 승계 구도가 있었다고 생각되어진다(Kusainov 2003.09.16). 그러나 2006년 7월 오탄과 합쳐진다. 나자르바예프가 아사르와 오탄이 다른 것이 없는데 따로 존재할 이유가 없다고 말하자 둘은 합당한다(Analyst 2006.07.04; Baituova 2006.07.10; RFE/RL 2006.09.26).

하원 선거가 끝난 직후 사르센바예프는 정보부 장관에서 사임하였다. 그는 정부가 선거에 적극적으로 간여하고, 결과를 조작하였다고 주장하였다. OSCE도 선거에 대해 비판하였다. 결코 선거가 공정하게 행해지지 않았다. 재미있는 것은 출구조사 결과와 공식적인 발표가 너무 다르다는 것이었다. 예를 들어, 오탄의 득표율은 43%, 아사르는 18%로 1위와 2위를 차지하고 있지만, 출구조사로는 악졸이 30%를 차지했다. 그러나 실제 발표는 17%에 불과한 것으로 되어 있다(Dubnov 2004.09.21).

선거가 끝나고 나자 사르센바예프는 나자르바예프의 적이 되었다. 그는 다리가 나자르바예바가 자신의 미디어를 이용하여 전자언론 매체를 장악하고, 언론 자유를 억압하며, 국가기금을 횡령했다고 비난하였다. 다리가가 소유한 「하바르」는 사르센바예프를 상대로 소송을 제기하였고, 법정은 그에게 7천 달러의 벌금을 선고하였다. 법정은 사르센바예프의 증언을 듣지 않았고, 보리스 길레르(Boris Giller)의 서면 증언도 거부하였다. 길레르는 2003년 5월 23일, 자기는 민영 TV를 소유하고 있었는데, 구금상태에서 대통령 친족에게 방송국을 넘겨야 했다고 진술하고 있다(Sidorenko & Ivanov 2006.02.14).

2004년 의회 선거가 끝나고 가장 충격적으로 받아들여졌던 것은 오탄 당의 대표이자 의회 대변인이었던 좌르마한 투약바이(Zharmakhan Tuyakbai)가 사임한 것이다. 그는 지역 선거 공무원이 선거 결과를 조작하였다고 비난하면서, 사기로 승리한 당의 대표를 맡을 수 없다고 선언하였다(Junisbai & Junisbai 2005).

그는 또한 "민주주의가 우리나라에서 발전하고 있지

않다. 우리의 법이 실행되지 않는다. 그리고 그렇게 된 중요한 이유는 법치가 결여되어 있기 때문이다. 만약 우리의 법이 존중된다면, 만약 우리의 헌법이 존중된다면 상황은 달랐을 것이다. 우리의 지도자들, 오늘날의 공무원들은 누구보다도 우리의 법을 존중하지 않는 사람들이다"라고 주장하였다.

나자르바예프는 이런 일도 있고 해서, 11월 3일 첫 의회 개원 때 의원들에게 자신의 말과 행동에 책임을 져야 한다고 압박하였다. 그리고 복종을 요구하였다. 그리고 기업가들에게도 정치에 간여하지 말라고 경고하였다(Pannier 2004.11.06).

2004년 하원 선거가 끝나자 실제로 나자르바예프에 반대하는 당은 의회에 한 석도 있지 못하였다. 악졸이 비례대표로 한 석을 얻기는 했지만, 그것도 부정 선거에 항의하는 의미로 등원을 거부하였다. 이런 상황에서 야당은 다가올 대통령 선거에서 승리를 다짐하게 된다.

2004년이 저물어가고 있을 때, 카자흐스탄 공산당과 DCK, 악졸은 우크라이나의 키예프를 방문한다. 그곳에서 그들은 빅토로 유쉬첸코(Viktor Yushchenko)의 대선 승리를 축하한다. 카자흐스탄 야당과 우크라이나 오렌지 혁명의 연대는 다음 카자흐스탄에서의 승리를 위한 상징적인 의미를 담고 있었다(Yermukanov 2005.01.11).

그러나 야당들의 이러한 호기와는 다르게, 현실은 선

거 후 상당히 약화된 모습을 보여주었다. 이러한 현상은 정부의 억압에 의해 가중된다. 그 결과 2005년 야당이 분열하면서 새롭게 재정립되는 양상을 보여주게 된다.

앞에서 언급하였듯이, 2005년에 접어들면서 DCK가 법원의 명령으로 해산된다. 그리고 2005년 3월에는 '전진, 카자흐스탄의 민주적 선택(Alga, Democratic Choice of Kazakhstan!, ADCK)'당이 창립된다.

2005년 초 대선 승리를 위해 DCK와 RNPK, 악졸의 급진파들은 '공정한 카자흐스탄을 위해서(For A Just Kazakhstan, FJK)'당을 만든다. 투약바이는 FJK에 합류한다. 그리고 2005년 3월 FJK의 대통령 후보로 선출된다. 사실 FJK는 대통령 후보 단일화를 위한 연합체로 결성된 것이다. 기존의 RNPK, 악졸, DCK를 구성하는 인물들과 투약바이는 모두 카자흐스탄의 엘리트 계층이고, 따라서 FJK도 엘리트 계급 사이의 이익을 반영한다고 주장하는 사람도 있다(Junisbai & Junisbai 2005: 387).

DCK가 ADCK와 FJK로 분열되듯이, 악졸도 분열된다. 악졸의 분열은 2005년 2월 13일 악졸 당의 공동대표의 한 명인 알리한 바이메노프(Alikhan Baimenov)에 의해 소집된 특별회의가 계기가 된다. 이 회의에서 투표로 알튼벡 사르센바예프에 대한 신임이 거부되었다. 이렇게 된 것은 사르센바예프가 다른 당이나 운동과 협력하면 안된다는 당규를 어겼다는 이유 때문이었다. 사르센바예프는 '민주적 힘의 조정회의(Coordinating Council of Democratic Forces)'

를 주도하였고, 여기에는 공산당과 DCK가 참여하였다.

사르센바예프는 기자회견을 열어, 2월 13일의 결정은 불법이라고 주장하였다. 바이메노프가 소집한 회의에 참석한 사람들은 그러한 결정을 할 권한이 없기 때문이었다. 다른 악졸의 오라즈 좐도소프(Oraz Zhandosov), 불라트 아빌로프(Bulat Abilov), 톨레겐 쥬케예프(Tolegen Zhukeyev) 등의 인물도 사르센바예프를 지지하였다. 이들은 2월 14일에 공동 기자회견을 열어, 자신들의 행위가 나자르바예프에 대한 광범위한 공동전선을 구축하기 위한 것이라고 옹호하였다(Alibekov 2005.02.16).

사실 허약한 상태의 야당으로서는 공동전선을 구축하는 것이 당연하고도 필수적인 것으로 여겨진다. 그런데 이에 대해 바이메노프가 적극적으로 반대하는 모습을 보인 것은 상당히 의구심을 들게 하는 대목이다. 아무튼 이로 인해 악졸의 분열은 불가피해졌고, 이는 아마도 나자르바예프가 노린 것이 아닐까 하는 생각이 든다.

이 사건보다 약간 전, 2개의 저항 신문 「아싼디 타임즈(the Assandi Times)」와 「소즈(Soz)」에 정부가 제기한 명예훼손 소송으로 벌금이 부여된다. 「소즈」는 2004년 9월 KNB가 악졸 지도자들을 감시한다는 주장을 실은 것이 명예를 훼손하였다고 소송당한다. 1월 31일 법정은 4만 달러를 배상하고, 사과문을 게시하라고 판결하였다(Alibekov 2005.02.16).

2005년 3월 키르기즈스탄에서 튤립 혁명이 발생한다.

이 사건은 카자흐스탄의 야당 지도자들에게 희망을 불어넣어 주게 된다. 그리고 나자르바예프 정권에게는 경각심을 안겨 준다. 전문가들은 키르기즈스탄과 카자흐스탄의 상황이 많이 다르고, 때문에 카자흐스탄에서 키르기즈스탄과 같은 사태가 발생할 가능성을 상당히 낮게 보았다. 그러나 이 사건을 계기로 카자흐스탄 의회는 2005년 4월에 새로운 법을 제정하게 되는데, 그것은 선거 전후에 시위를 금지하는 내용이었다(Junisbai & Junisbai 2005: 386).

2005년 4월 20일 악졸의 인사들이 기자회견을 열어 창당을 선언한다. 새 당은 '나구즈 악졸(Naghyz Ak Zhol, 진정 밝은 길)'이라는 명칭을 갖게 되었다. 알튼벡 사르센바예프(Altynbek Sarsenbayev), 불라트 아빌로프(Bulat Abilov), 오라즈 좐도소프(Oraz Zhandosov)가 공동대표를 맡았다(RFE/RL 2005.04.21).

2005년 불라트 아빌로프가 350만 달러의 세금포탈 혐의로 기소되었다. 아빌로프는 부짜(Butja)의 사장인데, 부짜와 관련하여 법을 위반하였다고 기소한 것이다. 부짜는 전국적인 체인망을 가진 유통회사로, 다양한 물품을 팔고 있다. 아빌로프는 이외에도 람스토아(Ramstore) 슈퍼마켓과 잔가르 교역 하우스(Zangar Trading House), 부짜 오토 센터, 토요타 서비스 센터, 아스타나 모터즈를 소유하고 있었다. 아빌로프는 DCK에 참여하기 전에 오탄 소속 의원으로 일하였다.

또 아셈의 사장인 탈가트 코좌흐메토프(Talgat

Kozhakh- metov)에게 금융 범죄 혐의가 부가되었다. 그는 DCK의 지도자중의 한 명인 아슬벡 코좌흐메토프(Asylbek Kozhakhmetov)의 동생이다(Ferghana 2005.08.08).

이렇게 정치인에 대해서 범죄 혐의를 씌우는 것은, 앞에서도 여러 사례가 이야기되었지만, 나자르바예프 정부에서 자주 애용되는 수단이다. 이렇게 하는 것은 정부 입장에서 다각도로 유리한 점이 있다. 일단 그 정치인의 명예를 훼손할 수 있다는 것이다. 두 번째로, 직접적인 범죄 사실로 기소함으로써 정치적인 탄압이 아니라는 변명이 가능하다. 세 번째로 기소 당한 정치인을 정치의 장에서 떼어 놓음으로써 경쟁을 배제할 수 있다. 이것은 1998년에 입법된, 범죄 기록이 있을 경우 선거에 출마할 수 없다는 조항으로 가능하다. 이렇게 함으로써, 카좌겔딘이 대선 후보로 나설 수 없었다. 마찬가지로 다른 후보들도 그렇게 할 수 있다. 사라센바예프도 그에 해당된다.

위의 사건들 뿐 아니라, 2005년 내내 정부의 야당에 대한 탄압이 지속된다. 5월 FJK의 모임에 일단의 사람들이 난입하여 투약바이를 죽이겠다고 협박하였다. 투약바이는 무사히 탈출하였지만, 몇 사람이 상처를 입었다. 이 과정에서 경찰은 폭력을 멈추도록 개입하지 않았다고 한다. 또 사르센바예프의 두 명의 조카가 비번인 경찰들에게 심한 폭력 피해를 당한 일도 있다(Bowye 2008: 34).

가장 극단적인 사건은 대선 3주 전인 11월 12일 FJK 소속 자만벡 누르카딜로프(Zamanbek Nurkadilov)가 암살

당한 것이다. 그는 알마티의 시장이었고, 국가구급기관 (the State Emergency Agency)의 의장이었다. 그는 2004년 3월에 나자르바예프를 혹독하게 비판하였는데, 국가구급기관의 의장으로 재임할 때였다. 그러다가 반대파에 가담하였다.

투약바이는, 그가 최근 나자르바예프 정부의 부패를 국민들에게 알리겠다고 말했다고 한다. 그리고 부패를 증명할 문건을 갖고 있다고 말했다고 한다. 누르카딜로프는 가슴에 두 발, 머리에 한 발의 총알을 맞은 채 발견되었다 (Kramer 2005.11.14; Yermukanov 2005.11.30).

이 사건에 대해 경찰은 공식적으로 자살이라고 결론내렸다. 경찰은 누르카딜로프가 가슴에 두 발을 쏘고, 나중에 머리에 한 발을 쏘았다고 주장하였다. 그리고 자살의 원인은 가족간의 갈등 때문이라고 발표하였다(RFE/RL 2005.11.29).

경찰은 정치적 원인이 아니라는 결론이지만, 그대로 믿기는 어렵다. 자기 몸에 총 구멍을 세 개씩이나 내면서 자살할 사람이 있을까 의심스럽다. 야당은 정치 사건이라고 강하게 주장하였다. 그러나 이 사건도 시간이 지나자 조용히 사람들의 뇌리에서 사라져 갔다.

:: 2005년 대통령 선거

2005년 12월 4일 대통령 선거가 실시되었다. 많은 사람들이 그루지아, 우크라이나, 키르기즈스탄의 뒤를 잇는

색깔 혁명(Color Revolution)을 기대하였다. 그러나 혁명을 기대한 사람들에게는 실망스럽게도 91%의 지지율로 나자르바예프가 재선된다. 여기서 놀라운 것은 나자르바예프의 높은 지지율이 아니라, 야당의 지지율이 너무 낮다는 것이다.

9월 7일에 후보 등록이 마감되었다. 18명이 후보로 나섰는데, 5명은 카자흐어 미숙으로 자격이 박탈되었고, 6명은 필요한 수만큼의 서명을 받지 못했거나 후보 등록비를 납입하지 못해서 자격을 박탈당한다. 그리고 2명은 자진 사퇴하였다. 결국 최종 후보로 남은 사람은 5명이었다.

나자르바예프 대통령은 '안정과 진보'라는 슬로건을 내걸었다. 그는 다른 후보들이 안정을 해치고, 혼란과 무질서만 가져 올 것이라고 주장하였다. 그리고 경제적·정치적으로 발전을 이루어나갈 것임을 주장하였다. 이것은 카자흐스탄의 경제가 2000년 이래 연 10% 이상 성장을 해 온 것으로 설득력이 있었다.

나자르바예프 대통령의 가장 강한 라이벌은 좌르마한 투약바이이다. 그는 FJK의 후보로서 '정의와 질서'라는 슬로건을 내걸었다. 그리고 새로운 헌법의 채택과 빈곤의 추방을 주장하였다. 새로운 헌법은 대통령의 권한을 축소하는 것이 주된 골자였다.

세 번째 후보는 악졸의 알리한 바이메노프이었다. 바이메노프는 왜 투약바이를 지지하지 않는지 이유를 물었을 때, 그가 너무 재벌들과 가까워서라고 대답하였다. 그는 악졸은 재벌들의 노리개가 되지 않겠다고 주장하였다. 그러나 그가 야당의 단일후보로 나선 투약바이를 지지하지 않은 것은 분명히 야당을 저해하는 일이라고 하지 않을 수 없다.

예라실 아블카시모프(Erasil Abylkasimov)는 공산인민당의 후보였는데, 그는 표를 분산시키기 위해 나왔을 것으로 의심되었다. 멜스 옐레우시조프(Mels Eleusizov)는 자연환경당의 후보이다. 그러나 출마한 데에는 특별한 이유가 없는 것 같다.

선거 결과 득표율은 나자르바예프(91.15%), 투약바이(6.61%), 바이메노프(1.61%), 아블카시모프(0.34%), 옐레우시조프(0.28%) 순서였다. 야당이 예상외로 취약했던 원인은 3가지 정도로 짚어볼 수 있다.

첫째, 나자르바예프와 그 일가, 측근들이 카자흐스탄의 정치와 경제를 모두 장악하고 있다는 것을 들 수 있다. 옛 소비에트 체제에서는 당에 줄 서는 것으로서 권력과 명예, 부를 가질 수 있었다. 그런데, 현재의 카자흐스탄은 나자르바예프와 그 친족, 측근에 줄을 서는 것으로 부와 명예와 권력에 접근할 수 있다. 그러나 반대로 다른 줄에 서면, 부와 명예와 권력을 상실하게 된다. 이러한 구조로 되어 있기 때문에 공무원이나 대학 교수들, 기업에서조차 나자르바예프를 찍기를 상층부에서 강요하다시피하였다.

둘째, 경제가 상당히 발전한 점을 들 수 있다. 이것은 특히 중앙아시아의 다른 이웃 국가들과 비교하면 확연히 드러난다. 나자르바예프는 이런 점을 적절히 공략하였고, 경제 발전과 많은 혜택을 약속하였다.

셋째, 야당 후보들은 미디어에 별로 노출되지 못하였다. 카자흐스탄의 주요 미디어는 나자르바예프 친족이 모두 잡고 있다. 그러므로 노출 빈도가 적었을 뿐 아니라, 노출되는 경우에도 부정적 이미지로 묘사되는 경우가 많았다. 그리고 반대파 신문은 거의 모두 탄압으로 사라졌고, 대선 당시 겨우 3개의 독립신문이 있었지만, 이마저도 심한 압박을 받았다(Kennedy 2006: 47-53).

대선이 끝나고 나서도 정치적 탄압은 끝나지 않았다. 2005년 12월 10일 저명한 언론인인 세르게이 두바노프(Sergei Duvanov), 알렉산드르 스크릴(Alexander Skryl), 안드레이 스비리도프(Andrei Sviridov), 안드레이 그리쉰(Andrei Grishin)이 알마티에서 체포되었다. 이들은 대통령 선거에서의 불법행위에 대해 항의하고 있었다. 이들은 공화국 광장에서 항의시위를 하고 있었는데, 채 10분도 지나지 않아 경찰이 와서 체포하였다. 재판에서 이들은 모두 벌금형을 선고받았다. 허가되지 않은 모임을 조직하였다는 혐의였다(Ferghana 2005.12.12).

마함베트 압좐(Makhambet Abzhan)은 카자흐스탄 애국청년동맹(the Union of Patriotic Youth of Kazakhstan)의 지도자인데, 키르기즈스탄의 비쉬켓에서 2005년 12월 13일에 체포되어 카자흐스탄으로 송환되었다(Validov 2005.12.26).

:: 알튼벡 사르센바예프의 암살과 정당 재편

2006년 들어와 가장 논란이 된 사건은 알튼벡 사르센바예프의 암살 사건이다. 이에 대해서는 앞에서 대통령의 사위 알리예프에 대해 기술하면서 잠깐 언급한 적이 있다. 사르센바예프는 2006년 2월 13일 알마티 외곽 콕토베에서 운전사, 보디가드와 함께 새벽 1시에 숨진 채 발견되었다. 불라트 아빌로프와 좐도소프가 그들의 시신을 확인하였다. 아빌로프는 희생자들의 손이 뒤로 묶인 채 등과 머리에 총을 맞았다고 증언하였다. 사르센바예프의 조카들이 괴한들에게 심한 폭력을 당한 적이 있다는 것을 앞에서 기술했었다(Dubnov 2006.02.14).

이 사건의 재판은 8월 31일에 최종 판결이 내려졌다. 사건은 앞에서도 기술했지만, 전 상원 위원장 예르잔 우템바예프(Erzhan Utembayev)가 살인을 교사하였다고 결론이 내려졌다. 법정에는 10명의 피고가 출두하고 있었는데, 우템바예프와 비밀경찰 KNB 소속 인물들이었다. KNB 소속 5명은 살해 공작과 관련이 있는 정예 아리스탄 분대(Arystan Squad) 대원이었다. 우템바예프가 러스탐 이브라기모프(Rustam Ibragimov)에게 지시를 내리고, 이브라기모프가 나머지 대원을 모아 살해하였다고 한다.

그러나 우템바예프는 초기의 위와 같은 진술을 번복하고, 자신이 하지 않았다고 주장하였다. 범죄 증거로 그의 친필 편지가 있었는데, 그는 그것을 구금상태에서 강제로 썼다고 주장하였다. 이브라기모프 자신은 희생양에 불과하고, 진짜 범인은 고위층의 비호를 받고 있다고 주장하였다.

이런 상황에서 다리가 나자르바예바가 KNB 원장이었던 나르타이 두트바우예프(Nartay Dutbayev)에게 들었다고 하면서, 나자르바예프 가족 중의 한 사람이 이 사건과 관련있다고 증언하였다. 이 때문에 다리가는 그녀가 소유한 방송의 허가를 취소하겠다는 협박을 받게 되고, 진술을 번복하여 나자르바예프를 해치려는 음모라고 주장한다.

이브라기모프는 이외에 상원 대변인 누르타이 아비카예프(Nurtay Abikayev)도 관련이 있다고 주장하였다. 아비카예프는 헌법상 대통령 유고시 그 권력을 승계하게 되어 있다. 또 그는 사르센바예프의 암살은 나자르바예프 정권을 무너뜨리려는 정교한 음모의 일부분이라고 주장하였다.

이러한 피고인들의 진술이 진행되는 동안 갑자기 재판은 서둘러 종결되고 만다. 그리고 우템바예프에게 징역 20년, 이브라기모프에게 사형, 나머지 피고들에게는 3년에서 20년까지의 형을 선고한다(Lillis 2006.09.05; Markus 2006.09.14).

재판 과정과 피고들의 진술을 들어보면 확실히 뭔가 있다는 생각이 든다. 이 때문에 야당은 사건의 재심을 강하게 요구하였다. 그러나 그것으로 재판은 끝이었다. 그런데 사건에 대한 새로운 증언이 기대치 않게 나오게 된다.

2007년 알리예프가 은행가들에 대한 납치와 살해 등의 사건으로 오스트리아 대사로 파견되고, 이후 나자르바예프와의 사이가 극단적으로 틀어지게 되는 이야기는 앞에서 기술한 바 있다. 사르센바예프 암살에 대한 증언은 바로 알리예프의 입에서 나온다.

사르센바예프 암살을 나자르바예프가 지시하였다는 것이다. 나자르바예프 대통령은 암살사건이 있기 며칠 전 오스트리아로 휴가를 갔다. 그리고 이때 상원 대변인인 아비카예프도 3~4시간 정도 같이 있었다. 이때 지시가 내려졌다고 한다. 알리예프는 사르센바예프가 나자르바예프의 가장 큰 정적이었고, 이 때문에 나자르바예프가 언제나 그에 대해 끊임없이 불평했다고 이야기하였다(Penketh 2007.11.01; RFE/RL 2007.10.31).

알리예프는 2008년 5월 카자흐게이트에 대해 미국 법정에서 증거를 제시할 수 있다고 폭로하였다. 그리고 이와는 좀 다른 문제이지만, 2007년 말부터 인터넷 사이트에 나자르바예프 대통령을 포함한 카자흐 고위 관료들의 대화를 녹음한 내용을 흘리고 있다. 물론 부패에 관한 내용이 포함되어 있다(Pannier 2008.05.17). 아무튼 알리예프는 나자르바예프 대통령 입장에서 보면, 끊임없이 문제를 만들고 있다고 해야 할 것이다.

2006년 사르센바예프 암살 사건과 관련하여 정치적 긴장이 높았다. 그러자 나자르바예프는 유화정책을 쓰게 된다. 이 결과 9월 말 악졸의 대표 알리한 바이메노프가 의회 의석을 수용한다. 악졸이 2004년 1석의 비례대표를 획득하였을 때, 그것은 바이메노프에게 할당되어 있었던 것이다. 그는 의석을 받아들이면서 현재의 정치 상황을 고려하고,

현대화가 오직 정치적 합의 하에서만 가능하다는 점을 참작하여 수용하였다고 말하였다. 그러나 이 말은 별로 설득력이 없어 보인다.

앞에서 기술했지만, 2005년의 대선을 앞두고, 악졸은 분열하여 나구즈 악졸과 악졸로 나뉘어진다. 이것은 바이메토프가 원인을 제공하였다. 그리고 대선에서 투약바이와 바이메토프가 함께 출마함으로써 표가 갈려 나자르바예프 대통령이 쉽게 승리하도록 만들었다.

나구즈 악졸의 공동 대표 불라트 아빌로프는 범죄 혐의로 기소되어 7월부터 재판이 진행중이다. 재판에서는 10년 전의 사업까지 문제삼고 있다. 다른 당 알가(Alga DCK)는 공식 등록을 위해서 투쟁 중이다. 법무부는 변칙을 이유로 알가의 등록을 허가하지 않고 있다.

이러한 상황에서 나자르바예프 정권에 바이메노프가 참여하기로 한 것은 충분히 논란을 낳는다. 바이메노프가 상황을 제대로 판단하고 있는지 의심스럽다. 정부는 민주화 논의를 위해 국가민주의원회(the State Democracy Commission)에 참여하라고 권하고 있다. 그러나 나구즈 악졸은 그 기구가 친정부적 인사들로 채워져 있다고 거부하고 있다(Lillis 2006.10.06).

2006년 7월 투약바이는 사회민주당(social democratic party) 창당을 선언하였다. FJK에 30만명의 당원이 있고, 이들이 사회민주당에 참여할 것이라고 말하였다. 투약바이가 새로운 당을 만들려고 할 즈음, 다리가의 아사르는 오탄과 합당한다(RFE/ RL. 2006.07.19).

　9월 10일 사회민주당 창당 대회를 알마티에서 개최하였다. 2,500명의 지지자들이 참가하였다. 이들은 나자르바예프에 저항하는 운동을 하겠다고 선언한다(RFE/RL 2006.09.11). 2007년 1월 25일에 사회민주당은 공식적으로 등록되었다(RFE/RL 2007.01.25).

　오탄이 아사르와 7월에 합당하고 나서, 11월에 또 시민당(The Civic Party of Kazakhstan)이 오탄과 합당하였다. 그리고 농업당(the Agrarian Party)도 오탄과 합당한다. 이로써 오탄은 거의 모든 의석을 차지하게 되고, 당원만 1백만에 가깝게 된다. 그리고 당명을 누르-오탄(Nur-Otan)으로 변경한다(RFE/RL 2006.11.10; Pannier 2006.12.22). 이로써 카자흐스탄은 강력한 대통령과 그에게 충성스러운 사실상 일당독재에 가까운 체제를 구축하게 된다.

　2006년 사르센바예프 암살 외에 눈여겨 보아야 하는 사건은 알마티의 샨이락(Shanyrak)과 바카이(Bakai)에서 일어난 항쟁이다. 이 두 지역은 소련 해체 이후에 일자리를 찾아 몰려든 사람들에 의해 형성된 도시 외곽의 빈민촌이다. 알마티에는 전체적으로 이런 지역이 14개 존재하고, 카자흐스탄의 수도 아스타나에도 있다. 알마티의 경우 이들 지역 거주민은 7만에서 10만 정도로 추정되고 있다. 그리고 이들은 거의 카자흐 민족으로 알려져 있다.

　이들 빈민들은 가난하므로 도시 외곽이나 공터에 터전을 잡았다. 일부는 공무원에게 뇌물을 주고 거주증을 샀지만, 다른 더 가난한 사람들은 그러지도 못하였다. 상당 기간 이들은 아무 간섭 없이 살고 있었다. 그러나 기존의 러시아인 알마티 시장이 그들을 쫓아내려고 하였다. 이 때문에 그는 이미지에 상당한 상처를 입었다. 러시아인이 카자흐인을 핍박한다는 것이다. 그러나 새로운 시장 이만갈리 타스마감베토프(Imangali Tasmagambetov)는 카자흐인으로서 그런 문제가 없었다.

알마티는 2006년 건설 붐이 일고 있었고, 이 지역에 고급 아파트와 레저 시설을 건설하려고 계획, 이 지역을 완전히 철거하려고 시도하였다. 철거는 4월과 7월에 매우 폭력적인 형태로 시도되었다. 완전 무장한 경찰이 고무탄을 쏘고, 불도저로 밀어 버리려 하였다. 이에 주민들은 거칠게 항의하였다. 돌과 나무, 화염병을 투척하였다. 이 와중에 많은 사람들이 다치게 된다. 아이를 유산한 여인도 있었다.

7월 14일 샨이락에 대한 철거는 매우 격렬한 양상으로 전개 되었다. 이 와중에 많은 사람들이 다치게 된다. 진압 작전 중에 3명의 경찰이 인질로 잡히고, 그중 24세의 젊은 경찰관이 불에 타 죽는다.

이 사건 취재를 위해 많은 언론인들이 모여들게 되었는데, 주민들에 호의적인 언론인들은 탄압받게 된다. 「에포흐(Epoch)신문」의 다니야르 예니케예프(Daniyar Enikeyev)가 그런 언론인의 한 사람이다. 그는 경찰에 연행되어 심문을 받았다. 경찰은 그에게 "네가 항쟁을 조직했고, 무엇을 어떻게 할지를 알려 주었다. 우리는 너를 기소할 것이다"라고 협박하였다(Economist 2006.08.05; Kaleyeva 2007; Indymedia Ireland 2006.08.22; CWI 2006.04.10).

이 사태는 카자흐스탄의 경제 발전 과정에서 발생한 빈부 문제를 상징적으로 보여주는 사건이다. DCK가 엘리트 계층 내에서의 분열을 의미한다면, 이 사건은 가진 자와 못 가진 자의 대립과 분열을 보여주고 있다. 중산층이 성장하고 있다고 하지만, 빈곤층의 문제를 어떻게 해결하느냐 하는 것이 앞으로의 카자흐스탄의 민주화를 위해 상당히 중요한 변수로 작용할 수 있다. 많은 사람들이 일자리를 찾아 도시로 몰려들고, 점차 도시는 거대화하게 될 것이다. 그러면서 도시 인구의 정치적 발언권도 점차 성장하게 될 것이다. 이에 따라 다양한 계층간 분열과 대립도 가속될 가능성이 있다. 그리고 이것은 민주화에 중요한 변수로 작용할 것이다.

:: 일당지배 종신 대통령

2006년이 사르센바예프의 암살, 샨이락 항쟁으로 시끄러웠다면, 2007년은 알리예프 사건으로 시끄러운 한 해가 된다. 알리예프 사건은 연초에 발생한 은행가 납치로 시작된다. 그리고 그의 오스트리아 대사 파견, 그에 대한 다양한 혐의 등으로 이어진다. 그리고 이 과정에서 결국 알리예프는 나자르바예프의 최대 정적으로 변한다.

2007년 4월 26일 베이커 휴즈(Baker Hughes)사가 미국의 부패방지법에 의해 4천 4백만 달러의 벌금을 부과받는다. 베이커 휴즈는 휴스톤과 텍사스에 기반을 둔 기업으로서 유전 관련 사업을 하고 있다. 베이커 휴즈는 카라차가나크(Karachaganak) 유전 관련 계약을 맺기 위해 2000년에 에이전트를 고용하였고, 그의 계좌로 410만 달러를 송금하였다. 그리고 카즈트랜스오일(KazTransOil)과의 계약을 위해 다시 에이전트를 고용하였고, 그에게 스위스 계좌로 1백만 달러를 송금하였다. 이 돈은 모두 카자흐 관리들에게 들어가는 뇌물이다. 베이커 휴즈는 이외에도 나이제리아, 앙골라, 인도네시아, 러시아, 우즈베키스탄에도 뇌물을 주었다(SEC 2007; NORRIS 2007.04.27).

2007년 5월 카자흐 의회는 헌법을 개정한다. 개정된 헌법에는 나자르바예프 대통령의 연임 제한을 철폐하는 내용이 포함되어 있다. 연임 제한을 철폐한 이유에 대해, 신생독립국 카자흐스탄의 기초자로서 첫 번째 대통령의 역사적 역할을 고려하고, 정치 · 경제 개혁 완성의 필요성을 고려하여 결정하였다고 선언하였다. 그리고 블라디미르 네호로쉐프(Vladimir Nekhoroshev) 의원은, 이러한 결정은 나자르바예프를 위한 것이 아니라, 국민들을 위해 한 것이라고 하였다(BBC 2007.05.18).

나자르바예프 대통령은 2012년에 자리를 떠나야 하지만, 개정된 헌법으로 종신 대통령을 할 수 있는 길이 열렸다. 개정 헌법에는 대통령의 임기를 7년에서 5년으로 줄이고 중임할 수 있도록 하였다. 하원(Majilis)을 당에 따른 비례대표 선출로 바꾸었다. 그리고 의원의 수를 154명으로 늘렸다. 하원의원 수만 30명이 늘어나 107명이 되었다. 하원의원 중 9명은 민족회의(the Assembly of the People of Kazakhstan) 위원 중에서 임명된다. 상원의원 47명 중 대통령이 임명할 수 있는 의원 수를 15명으로 늘렸다. 총리가 의회의 동의 하에 임명하도록 하였다. 그리고 사형제를 폐지하였다(Yermukanov 2007.05.30; Arthur 2007.05. 27; Cohen 2007.05.30; Bowyer 2008: 48).

8월 18일 총선이 있었다. 예정된 선거보다 2년이나 먼저 실시된 것이다. 5월의 개헌 이후 새로운 헌법에 따른 의회를 구성하고자 조기 실시된 것이다.

누르-오탄은 88%의 득표를 했고, 다른 6개 정당들은 7%의 벽을 넘지 못하였다. 사회민주당(NSDP)은 4.62%를 얻었다. 악졸은 3.27%를 획득했고, 다른 당들은 2% 미만을 얻었다. 야당들은 투표결과가 조작되었다고 주장하였다. OSCE/ODIHR도 투표 결과에 의문을 표시하였다. 그러나 동시에 선거운동이나 투표과정은 개선되었다고 평가하였다.

나자르바예프는 8월 18일의 선거를 민주주의의 승리라고 환영하였다. 그는 국제적 기준에 기반하여, 개방되고 정당하며 공정한 선거가 실시되었다고 하였다. 그리고 그의 압도적 승리는 카자흐스탄 국민의 승리라고 선언하였다(Lillis, Joanna 2007.08.20).

8월 18일의 선거에서 야당은 단 한 석도 획득하지 못하였다. 비례대표로 바뀌면서 야당이 2004년의 선거에 비해 더 많이 의석을 획득할 것으로 예상하였다. 그러나 이렇게 된 것은 야당의 분열, 오탄의 거대화가 주요 이유의 하나일 것이다. 그리고 2004년 이래 강화되어 온 언론에 대한 통제도 중요 변수일 것이다. 물론 여전히 여당이 거의 모든 자원을 장악하고 있는 것도 큰 요인이다. 그러나 이렇게만은 설명할 수 없다. 야당은 국민들의 마음을 잡기 위해 보다 열심히 활동해야 할 것 같다.

카자흐스탄에서 총선이 실시되고 나서 2008년 현재까지 알리예프와 관련되어 터져 나오는 스캔들 외에 다른 이슈는 없다. 언론에 대한 통제는 여전히 진행 중이어서, 인터넷 사이트가 차단되거나 몇 개밖에 없는 비판적 언론들이 폐쇄당하고 있다. 2008년 10월에 상원 선거가 있었지만, 이 선거에는 친정부 인사들만 출마하였다. 그러므로 나자르바예프 대통령의 신상에 특별한 일이 생기기 전까지는 대통령에 의해 지배되는 일당에 의한 권위주의 정부가 지속될 것으로 보인다.

IV

카자흐스탄 경제 개관

카자흐스탄은 자원이 풍부한 나라이다. 석유와 가스, 우라늄, 철, 크롬 등의 광물이 풍부하다. 특히 석유 매장 량은 현재 세계 9위를 차지하고 있고, 천연가스 매장량은 세계 16위이다. 2006년 세계 석유 수출량 14위를 차지하였다.

풍부한 석유와 다른 지하자원의 도움으로 카자흐스탄은 2000년 이래 거의 10% 대에 이르는 고도성장을 구가할 수 있었다. 1994년에 600 달러에 불과하던 1인당 GDP가 2007년에는 6,900 달러에 이르렀다. 그리고 2007년 1인당 GDP를 구매력 평가지수로 계산하면 거의 10,428 달러에 이른다. 카자흐스탄의 GDP 규모는 다른 중앙아시아 국가들과 코카서스 국가들의 GDP를 합친 것보다도 크다.

이러한 카자흐스탄 경제의 성장은 일차적으로 석유와 가스의 개발에 힘입은 것이지만, 카자흐스탄이 성공적으로 진행해 온 경제 정책의 영향이 컸다. 카자흐스탄은 적극적으로 시장 경제로 이행하는 정책을 펼쳤고, 이를 위해 상당한 정치·경제 개혁을 수행하였다.

또한 외국 자본에 개방 정책을 폄으로써, 대규모 외국인 직접 투자를 이끌어낼 수 있었다. 카자흐스탄이 정치적으로 안정되어 있다는 점도 투자를 이끌어내는데 상당한 역할을 하였다. 이러한 정책의 결과 CIS권 국가들 중에서는 처음으로 유럽과 미국에 의해 시장경제로 인정받게 된다.

카자흐스탄의 경제적 성공은 카자흐스탄을 중앙아시아의 지도적 국가로 만들고 있다. 그러나 이러한 성공의 이면에는 해결해야 할 과제도 많다. 러시아, 중국, 미국, 유럽 등이 카자흐스탄의 석유와 다른 자원에 관심을 갖고 패권적인 각축을 벌이고 있다. 또 내부적으로 아직 개혁되어야 할 부분이 많이 남아 있다. 예를 들어, 부패 문제는 어떻게든 해결되어야 할 과제이다. 또한 경제가 석유와 자원 부문에 지나치게 의존하고 있다는 점도 문제이다.

이 장에서는 카자흐스탄의 경제 현황과 석유/가스 부문에 대해서 살펴보겠다. 또한 카자흐스탄이 경제 문제를 해결하기 위해 어떤 전략을 취하고 있는지 살펴보고, 마지막으로 미국의 모기지론 사태로 발생한 세계 금융위기와 관련하여 카자흐스탄의 경제 상황을 살펴보기로 하겠다.

　　카자흐스탄은 1991년 독립 이후 사회주의 경제 체제를 청산하고 시장경제로 이행해야 하는 막중한 과제를 안고 있었다. 이러한 이행 과정이 결코 쉬운 것은 아니었다. 카자흐스탄은 1993년까지 러시아의 루블화권으로 남아 있었다. 이 결과 1992년에서 1993년까지 거의 1천 %에 달하는 인플레이션을 겪어야 하였다. 이것이 한 요인이 되어 1993년 자국 화폐인 텐게(Tenge)를 도입하게 된다. 그럼에도 불구하고, 1995년까지 상당한 정도의 인플레이션을 경험해야 했다. 그러나 텐게를 달러에 대한 고정환율에서 변동환율로 바꾸면서 1995년부터는 어느 정도 환율이 안정되게 된다.

　　이것은 소련의 해체와 경제 개혁 과정에서 나타난 시련이었다. 그리고 1997년 한국을 비롯한 아시아의 경제위기와 1998년의 러시아 모라토리엄은 카자흐스탄 경제를 상당히 어렵게 만들었다. 이때 카자흐스탄 텐게화는 거의 40% 하락하게 된다(Kasera & Katz 2007: 3-6).

　　이런 상황에서 카자흐스탄의 경제 상황도 상당히 좋지 않았다. 이 결과 1990년대 GDP는 하락하게 되었다. [표 1]에서 보면, GDP가 1990년 이래 지속적으로 하락하는 것을 볼 수 있다. 특히 카자흐가 자국 화폐를 도입한 1993년 이후 감소하다가, 1996년, 1997년 증가한다. 그리고 1998년 러시아의 모라토리엄 이후 1999년에 급격히 GDP가 감소한 것을 알 수 있다.

[표 1] 카자흐스탄의 GDP: 1990-2000　　　　　　　(단위: 10억 달러)

연도	1990	1991	1992	1993	1994	1995	1996	1997	1998	1999	2000
GDP	26.9	24.9	24.9	23.4	21.2	20.4	21.0	22.2	22.1	16.9	18.3

자료: Olcott 2005: 264

　　그러나 카자흐스탄 경제는 2000년 이후 거의 매년 10% 대의 고속 성장을 지속하였다. 1994년에 1인당 GDP 가 600달러에 불과하였지만, 2007년 말 기준으로 1달러 =120텐게로 계산할 때 6,954달러에 육박하고 있다. 그리고 2007년 GDP를 구매력 평가지수(purchasing power parity) 로 산정할 때 10,428달러에 달한다(Cohen 2008: 64; 카자 흐스탄 통계청).

　　[표 2]에서 2000년에서 2007년까지 카자흐스탄의 GDP 와 성장률을 볼 수 있다. 자료마다 성장률의 소수점 이하에 서 약간 차이가 나지만, 전반적으로 카자흐스탄이 고성장 을 하고 있다는 것을 알 수 있다. 2007년에 성장률이 둔화 되었는데, 이것은 미국 모기지론 사태의 영향이다. 2008년 미국 모기지론 사태는 전세계적으로 심각한 금융위기를 야 기시키고 있는데, 카자흐스탄은 이러한 영향을 미리 받았 고, 2008년에도 이 영향은 여전히 지속되고 있다.

[표 2] 카자흐스탄의 GDP: 2000-2007*　　　　　　(단위: 10억 달러)

연도	2000	2001	2002	2003	2004	2005	2006	2007
GDP	21.67	27.09	31.47	38.43	48.92	63.25	85.11	107.08
GDP성장률	–	13.5	9.8	9.3	9.6	9.7	10.6	8.5

자료: 카자흐스탄 통계청; 이재영 & 신현준 2007: 28; 대한무역진흥공사 2008: 16
* 1달러에 120텐게로 계산하여, 텐게 가치를 달러로 환산한 것이다.

카자흐스탄의 GDP가 성장하는 동안에 임금도 많이 올랐다. [표 3]에서 보면 해마다 임금이 상승하고 있는 것을 볼 수 있다. 1993년에서 1994년에 갑자기 임금이 10배로 뛰는데, 이것은 1993년 11월 텐게가 도입되면서 생긴 현상이다. 그러므로 정상적인 상황은 아니다. 2008년 5월 시점에서 볼 때, 1달러=120텐게로 계산할 때, 평균임금은 494.25달러가 된다. 94년에 1인당 GDP가 600달러에 불과했다는 것을 감안하면, 놀라운 성장이라고 하지 않을 수 없다.

[표 3] 월 평균임금 (단위: 텐게)

연도	월 평균임금	연도	월 평균임금
1993	128	2001	17303
1994	1726	2002	20323
1995	4786	2003	23128
1996	6841	2004	28329
1997	8541	2005	34060
1998	9683	2006	40790
1999	11864	2007	52479
2000	14374	2008/5월	59310

자료: 카자흐스탄 통계청

현재 카자흐스탄의 GDP 규모는 다른 중앙아시아 국가들과 코카서스 국가들의 GDP를 합한 것보다도 크다. 그렇지만 여전히 브리티쉬 페트롤리움(British Petroleum)이나 엑슨모바일(ExxonMobil)보다 적다. 카자흐스탄의 고성장은 적극적인 경제 개방과 시장경제로의 개혁 정책에 힘입은 바 크다. 이 때문에 CIS 국가로서는 처음으로 EU(2001년)와 미국(2002년)으로부터 시장경제로 인정받았다 (Cohen 2008: 64). 그러나 이러한 성장은 석유와 가스 등의 에너지 분야와 광업 분야의 성장에 기인한 바가 크다.

[표 4]는 GDP에 각 산업이 어느 정도 기여하고 있는지를 보여준다. [표 5]는 [표 4]를 GDP에 대한 비율로 표시한 것이다. 일단 [표 4]를 보면 모든 분야에서 생산이 증가하고 있는 것을 알 수 있다. 그리고 [표 5]는 상대적으로 어느 분야가 더 발전되고 있는가를 보여준다고 할 수 있다.

일단 표는 크게 상품 생산과 서비스업으로 나뉘어져 있다. 표를 보면 서비스업의 비중이 갈수록 늘어나고 있는 것을 알 수 있다. 2000년에 48%를 차지하던 서비스업이 2007년에는 54%를 차지하고 있다. 이것은 선진국형으로 산업 구조가 변하고 있는 것을 보여준다.

상품 생산 분야를 보면, 농축수산업의 비중은 전반적으로 매우 낮다. 그리고 갈수록 그 비중도 저하되고 있다. 여기서 눈 여겨 볼 것은 공업 부문으로 분류되어 있는 채굴업과 제조업이다. 채굴업은 2001년에 잠깐 비중이 줄었다가 이후 꾸준히 증가되어, 2007년에는 전체 GDP의 15%를 차지하고 있다. 이에 비해 제조업은 전반적으로 비중이 감소하고 있다. 2000년에 16%를 차지하고 있던 것이 2007년에는 11%로 줄어들어 있다. 채굴업이 2000년 13% 수준에 머물고 있었던 것에 비교되는데, 이것은 채굴업이 상대적

[표 4] GDP와 산업 생산: 2000-2007 (단위: 백만 달러)

	2000	2001	2002	2003	2004	2005	2006	2007
상품 생산	9,941.7	12,153.6	13,785.6	16,502.2	20,777.7	27,830.6	38,175.8	46,464.0
농축수산업	1,757.3	2,363.4	2,516.2	3,021.7	3,484.4	4,029.0	4,677.7	6,061.1
공업	7,063.0	8,308.9	9,274.7	11,179.0	14,328.1	18,843.4	25,154.5	30,292.7
채굴업	2,825.6	3,095.6	3,814.2	4,647.9	6,663.0	9,990.7	13,721.9	16,123.0
제조업	3,574.4	4,454.7	4,561.8	5,464.3	6,513.0	7,616.8	9,900.9	12,305.4
건설	1,121.5	1,481.3	1,994.7	2,301.5	2,965.2	4,958.2	8,343.5	10,110.1
서비스업	10,482.3	13,373.9	15,882.8	19,916.8	26,112.4	32,906.4	43,940.3	58,070.7
GDP	21,665.8	27,088.3	31,469.0	38,433.1	48,917.8	63,254.9	85,114.4	107,081.6

자료: 카자흐스탄 통계청

[표 5] 산업 부분의 GDP에서의 비중: 2000-2007*

	2000	2001	2002	2003	2004	2005	2006	2007
상품 생산	0.46	0.45	0.44	0.43	0.42	0.44	0.45	0.43
농축수산업	0.08	0.09	0.08	0.08	0.07	0.06	0.05	0.06
공업	0.33	0.31	0.29	0.29	0.29	0.30	0.30	0.28
채굴업	0.13	0.11	0.12	0.12	0.14	0.16	0.16	0.15
제조업	0.16	0.16	0.14	0.14	0.13	0.12	0.12	0.11
건설	0.05	0.05	0.06	0.06	0.06	0.08	0.10	0.09
서비스업	0.48	0.49	0.50	0.52	0.53	0.52	0.52	0.54
GDP	21,665.8	27,088.3	31,469.0	38,433.1	48,917.8	63,254.9	85,114.4	107,081.6

자료: 카자흐스탄 통계청
* [표 4]를 GDP에 대한 비율로 표시한 것이다.

으로 발전되고 있다는 것을 보여주는 것이다.

　　[표 4] [표 5]에서 보면 2005년 이후 건설업이 발전하고

있는 것을 알 수 있다. 이것은 2005년 이후 카자흐스탄에서 상당한 건설 붐이 일었던 것을 반영하고 있다. 또한 건설 경기가 GDP 성장에 어느 정도 기여하였다는 것을 보여준다.

[표 6]은 산업 분야별로 외국인 직접 투자 현황을 보여준다. 표를 보면 전반적으로 외국인 직접 투자가 꾸준히 증가하고 있는 것을 알 수 있다. 그런데, 표를 보면 2000~04년 동안 광업, 채굴업 분야에 대한 투자가 압도적이었음을 알 수 있다. 그리고 2005년 이후로는 광업, 채굴업에 대한 투자가 상대적으로 낮은 수준에 머물러 있다가, 2007년에 늘어나게 된다. 광업, 채굴업 분야에 대한 투자를 보면, 원유와 천연가스 부분에 집중되어 있음을 알 수 있다. 이러한 현상은 외국인들의 관심이 주로 원유와 천연가스와 같은 에너지 부분에 집중되어 있다는 것을 보여준다. 우라늄, 석탄, 철광석 등 다른 광업 분야는 상대적으로 적게 투자되고 있다.

[표 6]에서 흥미로운 점은 2004년부터 부동산 부분에 대한 투자가 급증하였다는 것이다. 2005년부터는 부동산 투자가 광업, 채굴업 분야에 대한 투자를 상회하고 있다. 이러한 외국인들의 부동산 투자 증가가 카자흐스탄에 부동산 붐을 조성한 원인의 하나로 볼 수 있다.

또 눈에 띄는 것이 금융중재(Financial Intermediation) 분야이다. 이 부문은 2005년에 비해 2006년에 3배 이상의 투자가 이루어졌고, 2007년에는 폭발적인 투자를 유발하고 있다. 뒤에서 다시 설명하겠지만, 이러한 부동산과 금융 부

[표 6] 외국인 직접 투자: 2000-2008(1분기)　　　　　　　(단위: 백단 달러)

투자 부분	2000	2001	2002	2003	2004	2005	2006	2007	1 q 2008
농축수산	3.8	5.0	2.4	1.6	-2.0	1.2	37.3	1.7	0.1
광업, 채굴업	2,035.5	3,088.9	2,123.4	2,188.3	5,247.8	1,796.6	2,323.1	4,625.4	878.2
석탄,갈탄채굴, 이탄 추출	15.7	-1.8	7.7	4.9	9.7	-3.5	0.0	-0.7	2.7
원유와 천연가스 채굴	2,002.1	3,059.5	2,070.8	2,113.6	5,177.1	1,682.4	2,003.4	4,312.8	779.5
우라늄과 토륨원석 채굴	4.5	10.2	18.6	8.7	34.8	68.4	162.4	148.9	53.3
철광석 채굴	4.0	11.5	21.2	37.8	16.4	55.3	149.1	159.9	11.8
기타광업	9.3	9.5	5.0	23.2	9.9	-6.0	8.3	4.5	30.8
제조업	246.9	642.7	832.4	1,000.7	520.6	303.6	644.1	867.7	372.3
전기,가스, 수도공급	41.3	33.8	19.0	82.4	11.4	119.5	26.7	35.1	-5.9
건설	12.3	31.0	47.0	50.6	160.3	94.0	378.4	492.8	53.6
연도매,소매, 수리업	46.8	63.6	105.1	163.2	259.1	381.4	737.4	1,253.4	166.1
호텔, 레스토랑	10.1	25.3	10.9	7.5	13.4	5.8	10.2	49.2	8.1
교통, 창고,통신	88.4	161.1	95.1	75.2	101.1	98.1	302.3	181.8	47.4
금융중재	29.9	44.8	11.8	52.3	71.0	107.9	398.7	2,906.4	185.2
부동산, 임대, 기타베즈니스활동	257.5	454.5	845.9	998.5	1,843.7	3,647.8	5,610.9	6,955.3	1,514.9
교육,건강, 사회적작업	5.6	6.0	13.4	4.2	91.0	62.6	99.5	97.3	72.5
기타	3.3	0.0	0.0	0.0	0.0	0.0	0.0	0.0	0.0
합계	2,781.2	4,556.6	4,106.4	4,624.5	8,317.3	6,618.6	10,568.6	17,466.1	3,292.3

자료: 카자흐스탄 중앙은행

문의 급성장은 2007년 이래 미국 모기지론의 영향으로 카자흐스탄이 위기에 처한 원인이 된다.

2007년까지 부동산이나 금융 부문이 급성장하는 모습을 보여주고 있다. 그러나 2008년의 미국 모기지론 사태로 인한 세계적인 금융 위기 속에서 카자흐스탄의 금융과 부동산, 건설 붐도 상당 정도 위축될 전망이다. 그리고 이 부문의 성장 배경에는 석유와 같은 에너지 자원 분야의 성장이 뒷받침되었다는 사실도 간과할 수 없다.

에너지 자원과 광산업의 발달은 노동자의 임금 구조에도 그대로 반영되어 있다. [표 7]에 각 산업 분야에 따른 월 평균임금이 나와 있다. 표를 보면, 광업 분야의 임금이 외국 기관 종사자와 금융 부문에 이어 3위를 차지하고 있음을 알 수 있다. 광업 분야의 임금은 전체 평균 임금의 1.68배에 달한다. 이것은 1달러= 120텐게로 계산할 때, 833달러에 이른다. 금융 부문의 임금이 높은 것은 카자흐스탄에서 이 부문을 정책적으로 키우고 있고, 그런 이유로 이 부문이 적어도 CIS권 내에서는 1위를 달릴 정도도 발전되어 있는 현실을 반영하고 있다.

카자흐스탄의 경제는 에너지 자원 분야의 성장에 힘입어 발전하였다. 이것은 경제활동인구 현황에도 반영되고 있다. [표 8]을 보면, 2001년 10.4%의 실업 인구가 2008년 1분기에는 6.9%로 감소되었다. 특히 청년 실업 인구는 2001년에 19.1%에 달했는데, 이것이 상당히 줄어 2008년 1분기에는 8.1%로 감소되었다. 게다가 장기 실업 상태의 인구는

[표 7] 분야별 월 평균 임금: 2008년 5월 (단위: 텐게)

분야	월 평균임금
전체	59,310
농축산업	31,538
수산업	28,918
공업	71,695
광업	100,054
제조업	65,017
전기, 가스, 수자원	54,775
건축업	77,916
상업, 수리업(자동차, 개인용품 등)	59,815
호텔, 레스토랑	63,243
교통, 통신	77,682
교통	77,509
통신	78,190
금융	155,683
부동산업	89,683
공무원	46,880
교육	33,770
보건	36,135
서비스업	61,368
외국 기관 종사자	206,657

자료: 카자흐스탄 통계청

2.9%에 불과하다. 이 정도면 거의 실업 문제가 없다고 판단해도 되지 않을까 싶다.

[표 8] 카자흐스탄 노동 현황 (단위: 천 명)

	2001	2002	2003	2004	2005	2006	2007	2008 (1/4분기)
경제활동인구	7479.1	7399.7	7657.3	7840.6	7901.7	8028.9	8228.3	8336.8
직업 가진 인구	6698.8	6708.9	6985.2	7181.8	7261	7403.5	7631.1	7762.9
노동자	3863.3	4030.2	4229.6	4469.9	4640.5	4776.6	4973.5	5138.3
자영업자	2835.5	2678.7	2755.6	2711.9	2620.4	2626.9	2657.6	2624.7
실업자	780.3	690.7	672.1	658.8	640.7	625.4	597.2	573.8
실업자 비율(%)	10.4	9.3	8.8	8.4	8.1	7.8	7.3	6.9
청년실업인구(%) (15-24세)	19.1	17.3	14.5	14.3	13.4	12.1	9.4	8.1
장기실업상태인구 수준(%)	7.6	6.0	5.3	5.1	4.3	4.0	3.3	2.9
비경제활동인구	3175.8	3155.3	3278.6	3383.4	3476.9	3493.9	3463.2	3485.5

자료: 카자흐스탄 통계청

그러나 여전히 에너지 자원과 광업에 의존하고 있는 산업 구조는 문제로 제기된다. [표 9]는 카자흐스탄의 교역 현황을 보여주고 있다. 무역이 해마다 상당한 폭으로 증가 하고 있는 것을 알 수 있다. 그리고 수출이 수입보다 많은 것도 확인된다. 그리고 수출하는 품목은 압도적으로 광물 이 많다. 이것은 큰 문제라고 할 수 있다. [표 10]에서 보면, 2006년 광물 제품의 수출은 72.7%에 달한다. 그리고 [표 11]에서 보면 2007년에는 약간 줄어 67.6%이다. 그러나 비 금속과 같은 원료 제품의 수출도 상당하기 때문에 결국 지 하자원에 의존하는 수출 형태를 지니고 있다. 이것은 산업 이 다양하게 발전하지 못해 생기는 현상이다. 그리고 이것

[표 9] 카자흐스탄 교역 현황: 2003-2007   (단위: 억 달러)

구분	2003	2004	2005	2006	2007
교역량	212.2	328.7(54.9%)	452.0(37.5%)	619.2(36.9%)	794.7(41.8%)
수출	129.0	200.9(55.7%)	278.4(38.5%)	382.5(37.3%)	469.7(22.7%)
수입	83.2	127.8(53.6%)	173.5(35.7%)	236.7(36.4%)	326.0(37.7%)

자료: 대한무역진흥공사 2008: 33

[표 10] 2006년 교역 품목별 수출입 비율

수 출	수 입
광물제품(72.7%)	기계 및 장비류(45.4%)
비금속(15.7%)	광물 제품(13.8%)
화학 제품(4.0%)	비금속(13.4%)
식품 및 관련 제품(2.6%)	화학 제품(11.0%)
기계(1.7%)	식품 및 관련 재료(7.1%)
기타(3.3%)	기타(9.3%)

자료: 대한무역진흥공사 2008: 33

[표 11] 2007년 교역 품목별 수출입 비율

수출	수입
광물제품(67.6%)	기계 및 장비류(46.9%)
비금속(18.0%)	비금속(13.8%)
화학 제품(4.7%)	광물 제품(12.6%)
식품 및 관련 제품(4.4%)	화학 제품(10.9%)
기계(1.9%)	식품 및 관련 재료(6.9%)
기타(3.5%)	기타(8.8%)

자료: 대한무역진흥공사 2008: 33

은 장기적으로 카자흐스탄이 해결해야 할 과제이다.

카자흐스탄의 무역수지는 꾸준히 흑자를 유지하고 있고, 또 지속적으로 증가하고 있다. 그러나 다른 한편으로 외채도 꾸준히 증가하고 있는 상태이다. [표 12]를 보면, 2005년 1분기에 2,259백만 달러이었던 흑자가 2008년에 8,648백만 달러로 늘어나 있다. 이러한 흑자는 최근 몇 년 동안의 높은 원유가와 원자재 가격에 기인하는 측면이 크다. 그리고 카자흐스탄의 석유 생산 능력이 향상된 점에도 기인한다. 외채도 꾸준히 증가하고 있는데, 외채 중에는 시

[표 12] 무역수지와 외채: 2005-2007 (단위: 백만 달러)

		무역수지	외채
2005	1월-3월	2259	34256
2005	1월-6월	4970	35725
2005	1월-9월	7797	38278
2005	1월-12월	10322	43429
2006	1월-3월	3312	48384
2006	1월-6월	7444	53967
2006	1월-9월	11933	60073
2006	1월-12월	14642	73996
2007	1월-3월	3643	81923
2007	1월-6월	7094	92379
2007	1월-9월	10198	94200
2007	1월-12월	15141	96369
2008	1월-3월	8648	98709

자료: 카자흐스탄 중앙은행

[표 13] 국제수지   (단위: 백만 달러)

분 기	수 지
2005	-1943.79
I-2005	155.97
II-2005	-1058.70
III-2005	196.45
IV-2005	-1237.51
2006	11074.59
I-2006	3790.84
II-2006	1946.50
III-2006	287.54
IV-2006	5049.70
2007	-3051.16
I-2007	2197.44
II-2007	837.89
III-2007	-4444.85
IV-2007	-1641.64
I-2008	1384.34

자료: 카자흐스탄 중앙은행

중 은행들이 부동산이나 건설 부문 대출을 위해 외국에서 빌린 자금이 상당 부분 차지한다. 이것이 2007년 카자흐스탄의 금융 위기를 촉발하게 된다.

[표 13]은 2005년부터 2008년 1분기까지의 국제수지를 보여준다. 2005년과 2007년에 국제수지가 적자였지만, 2006년의 국제수지 흑자가 이 적자를 보전하고도 남는다. 이런 측면에서 카자흐스탄의 국제수지는 전반적으로 양호

하다고 할 수 있다.

카자흐스탄 경제 발전은 오일 달러의 유입에 기인하는 측면이 강하다. 이것은 축복이기는 하나, 저주가 될 수도 있다. 소위 '네덜란드 병(Dutch Disease)'에 걸릴 수 있는 것이다. '네덜란드 병'은 네덜란드에서 대규모 가스전이 발견되면서 생긴 경제 현상에 대한 호칭이다. 대규모 가스전이 발견되면서, 이의 수출로 상당한 외화가 네덜란드 국내에 유입되게 된다. 이로 인해 환율이 상승하고, 인플레이션이 발생하고, 임금이 오르고, 국내 기업의 경쟁력이 저하되어 수출이 감소하고, 수입이 늘어나는 현상이 발생하였다.

이러한 '네덜란드 병'이 카자흐스탄에서도 발생할 가능성에 대해 경계하는 목소리들이 많다. 카자흐스탄과 같이 에너지 자원 외에 국제 경쟁력을 갖춘 다른 산업이 발달하지 못한 국가에서는 문제가 더욱 심각해질 수 있다.

카자흐스탄에 어느 정도 '네덜란드 병'의 징후가 있다는 의견도 있다(황윤섭 & 김형식 2007). 이러한 사실은 어느 정도 물가와 환율에 반영된다고 여겨진다. [표 14]를 보면, 소비자 물가지수가 2005년부터 상승하고 있는 것을 알수 있다. 산업 물가지수도 2004년 이후 상당히 상승한 것을 알 수 있다. 2007년이나 2008년은 좀 예외적인 상황이라고 할 수 있을 것 같은데, 2007년 카자흐스탄에서 발생한 금융 위기가 반영되어 있다. 그리고 세계적인 유가와 원자재가의 고공행진에 기인한 점도 있다.

그러나 2007, 08년의 인플레이션에도 불구하고, 환율

[표 14] 물가지수

	소비자 물가지수 (전년 동기)	산업 물가지수 (전년 12월)
99.12	117.8	157.2
00.12	109.8	119.4
01.12	106.4	85.9
02.12	106.6	111.9
03.12	106.8	105.9
04.12	106.7	123.8
05.12	107.6	120.3
06.12	108.4	112.5 *
07.12	118.8	131.9
08.07	120.0 **	129.6 ***

자료: 카자흐스탄 중앙은행
* 2006년 산업물가지수는 11월의 값이다. 원래 통계 자료에 12월의 값이 누락되어 있다.
** 2008년 소비자 물가지수는 2007년 7월과 비교된 값이다.
*** 2008년 산업물가지수는 2007년 12월과 비교된 값이고, 6월 값이다.

[표 15] 미국 달러에 대한 텐게 환율

연도	2000	2002	2003	2004	2005	2006
환율	138	153	149	135	133	125

자료: 김상원 2008: 38

은 텐게 가치가 상승하는 방향으로 꾸준히 움직이고 있다.
[표 15]를 보면, 2002년 텐게가 고점을 찍고는 이후 계속 하
락하고 있다. 2007년에는 금융위기가 드러난 8월에 약간
상승하였다가 다시 9월에 하락한다. 그리고 이후 계속해서
환율이 하락하고 있다. 2008년 9월에는 환율이 120원대 아

[표 16] 미국 달러에 대한 텐게 환율: 2007~2008

	2007	2008
1월	126.36	120.21
2월	124.21	120.85
3월	123.84	120.69
4월	120.1	120.38
5월	122.42	120.57
6월	122.31	120.75
7월	123.58	120.18
8월	126.25	120.54
9월	120.96	119.84
10월	120.89	–
11월	120.82	–
12월	120.3	–
평균	122.67	120.45

자료: 카자흐스탄 중앙은행

[표 17] 외환보유고와 국가석유펀드(National Oil Fund)　　(단위: 백만 달러)

연도	총외환 보유	asset in CFC*	금	순외환 보유	국가석유 펀드자산
00.12	2,096	1,595	502	2,094	–
01.12	2,508	1,998	511	2,506	1,240
02.12	3,141	2,555	586	3,138	1,915
03.12	4,962	4,236	726	4,959	3,663
04.12	9,277	8,473	804	9,273	5,131
05.12	7,069	6,084	986	7,065	8,074
06.12	19,127	17,751	1,376	19,123	14,092
07.12	17,629	15,777	1,853	17,626	21,006
08.07	21,033	18,893	2,140	21,027	25,966

자료: 카자흐스탄 중앙은행
* CFC – Convertible Foreign Currency 교환가능 외국통화

래로 내려가 있다. 이러한 텐게 가치의 안정은 카자흐스탄 중앙은행이 2007년 8월에 발생한 카자흐스탄 금융 위기에 강력히 대처한 때문이다.

2007, 08년의 인플레이션과 강한 텐게 환율, 고임금 등은 카자흐스탄의 에너지 자원 이외 분야의 경쟁력을 상실하게 만들 가능성이 많다. 그리고 2008년 10월 들어 원유를 비롯한 국제 원자재 가격이 하락하고 있는데, 이것은 적어도 단기적으로 카자흐스탄의 경상수지를 악화시키는 작용을 하게 될 것이다.

카자흐스탄은 '네덜란드 병'을 예방하기 위해 다양한 노력을 기울이고 있다. 그 중 하나가 국가석유펀드(National Oil Fund)를 만든 것이다. 국가석유펀드는 석유 수출 수익금을 적립한다. 이것은 에너지 자원의 수익금으로 국내 경제에 대한 압력을 완화하고, 에너지 자원의 변동성이 심해지거나 경기침체 시기에 사용할 목적을 갖고 조성되었다. 이 펀드의 75%는 장기 투자를, 25%는 단기 투자를 한다. 또 투자는 미국 국채와 같이 안전하다고 판단되는 자산에 집중된다(Cohen 2008: 71).

[표 17]에서 카자흐스탄의 외환보유액과 석유 펀드, 즉 국가석유펀드(National Oil Fund)의 적립금을 볼 수 있다. 2008년 7월 현재 외환보유액은 210억 달러이고, 국가석유펀드의 적립금도 거의 260억 달러에 달하고 있다. 표를 보면, 2006년 외환보유고와 국가석유펀드가 전년도에 비해 대폭 증가한 것을 알 수 있다. 특히 국가석유펀드는 2006년

12월에 비해 2008년 7월 적립금이 거의 2배 가까이 증가하였다. 이것은 2006년부터 시작된 원유가의 고공행진에 기인한 것이다.

02 ── 카자흐스탄의 석유와 가스 산업

:: 석유 · 가스 개황

현재 카자흐스탄에서 가장 중요한 사업은 석유 관련 부문이다. 카자흐스탄의 석유 관련 산업은 GDP의 30%, 수출의 50%를 차지한다(EIA 2008.02). 가스도 중요한 부문이기는 하지만, 아직은 수출 여력이 많지 않다. 미국 에너지정보청(EIA)의 자료를 보면, 카자흐스탄은 2006년 석유 수출 국가 순위에서 14위에 올라 있다. [표 18]을 보면, 중동의 주요 석유 수출국인 카타르보다 높은 순위에 올라 있다.

카자흐스탄의 확인된 석유 매장량은 2007년 말 기준 398억 배럴로서 전세계 매장량의 3.2%를 차지하고 있다. [표 19]에서 보듯이 매장량에서 세계 9위를 차지하고 있다(BP 2008.06a: 6). 카자흐스탄의 석유 매장량은 CIS권에서 러시아 다음으로 많은 것이다.

확인된 천연가스 매장량은 1997년 말 1.87조 ㎥이었건 것이, 2007년 말에는 1.90조 ㎥로 늘어났다. 이것은 전세계 매장량의 1.1%를 차지하는 것이다. 그리고 [표 20]에서 보듯 매장량에서 세계 16위를 차지하고 있다(BP 2008.06b:

[표 18] 석유 순수출국 순위: 2006 (천 배럴/1일)

순위	국 가	수 출
1	사우디아라비아	8,525
2	러시아	6,866
3	아랍 에미리트	2,564
4	노르웨이	2,542
5	이란	2,469
6	쿠웨이트	2,340
7	베네즈엘라	2,134
8	나이제리아	2,131
9	알제리	1,842
10	멕시코	1,710
11	리비아	1,530
12	이라크	1,438
13	앙골라	1,379
14	카자흐스탄	1,145
15	카타르	1,033

자료: EIA (http://tonto.eia.doe.gov/country/index.cfm)

[표 19] 확인된 석유매장량 순위: 2007년 말 (단위: 10억 배럴)

순위	국 가	매장량
1	사우디아라비아	264.2
2	이란	138.4
3	이라크	115.0
4	쿠웨이트	101.5
5	아랍 에미리트	97.8
6	베네즈엘라	87.0
7	러시아	79.4
8	리비아	41.5
9	카자흐스탄	39.8

자료: BP 2008.06a: 6

[표 20] 확인된 천연가스 매장량　　　　　(단위: 조 ㎥)

순 위	국 가	매장량
1	러시아	44.65
2	이란	27.80
3	카타르	25.60
4	사우디아라비아	7.17
5	미국	5.98
6	나이제리아	5.30
7	베네즈엘라	5.15
8	알제리	4.52
9	이라크	3.17
10	인도네시아	3.00
11	노르웨이	2.96
12	투르크메니스탄	2.67
13	오스트렐리아	2.51
14	말레이시아	2.48
15	이집트	2.06
16	카자흐스탄	1.90

자료: BP 2008.06b: 22

22). 천연가스 매장량 순위를 보면, 1위 러시아가 워낙 많지만 카자흐스탄의 매장량도 CIS권 내에서는 투르크메니스탄에 이어 3위를 차지하고 있다.

석유 부존량에서 세계 10위 내에 들고, 천연가스 매장량이 16위를 차지하고 있는 카자흐스탄은 철, 우라늄, 크롬 등의 광물자원도 풍부하게 보유하고 있다는 점에서 자원부국이라고 말하지 않을 수가 없다.

카자흐스탄의 석유와 천연가스 생산량은 꾸준히 증가
하고 있다. [표 21]을 보면, 1997년 53.6만 배럴이었던 석유
생산량은 2007년에는 149만 배럴로 10년 동안 거의 2.78배
증가하였다. 그러나 카자흐스탄 국내 석유 소비는 1997년
21.3만 배럴이었고, 1999년에는 가장 낮은 수치인 14.7만 배
럴을 기록하였다. 그리고 이후 점차 증가하여 2006년에
22.7만 배럴로 가장 높은 소비를 보여주고 있다. 그러나 전
반적으로 소비량은 일정하다고 볼 수 있다. [그림 1]의 생산
량과 소비량의 차이가 카자흐스탄의 수출 물량이라고 생각
하면 된다. 그렇게 볼 때, 카자흐스탄의 수출 물량은 꾸준히

[표 21] 석유와 천연가스 생산과 소비: 1997-2007

연도	석유생산*	석유소비*	천연가스 생산**	천연가스 소비**
1997	536	213	7.6	7.1
1998	537	176	7.4	7.3
1999	631	147	9.3	7.9
2000	744	158	10.8	9.7
2001	836	186	10.8	10.1
2002	1018	193	10.6	11.1
2003	1111	183	12.9	13.3
2004	1297	187	20.6	15.4
2005	1356	207	23.3	19.4
2006	1426	227	24.6	20.9
2007	1490	219	27.3	19.8

자료: BP 2008.06a: 6, 11; BP 2008.06b: 24, 27
* 석유 생산, 소비: 천배럴/1일
**천연가스 생산 소비: 10억 입방미터

늘고 있는 상태이다.

2005년에서 2007년 사이 석유 산업은 느리게 성장하였다. 이것은 카자흐 정부가 유전에서 발생하는 가스 소각을 규제하는 법령을 제정한 것에 한 요인이 있다. 이외에도 텐기즈 유전에서의 환경 침해 방식에 대한 규제, 추운 날씨로 인한 생산의 어려움, CPC 파이프라인의 용량 확대가 지연된 점 등이 원인이다(EIA 2008.02).

카자흐스탄 정부는 2015년까지 350만 배럴로 증산할 계획이다(박상남 2007: 347). 이렇게 되면, 국내 소비량을 제하고도 수출 여력이 아랍 에미리트보다 많게 된다([표 18] 참조).

천연가스의 생산도 꾸준히 증가하고 있는데, 1997년 76억 입방미터이었던 생산량이 2007년에는 273억 입방미터로 증가하였다. 그러나 이에 비례해 카자흐스탄 국내 천연가스 소비도 꾸준히 증가하였다. 1997년 71억 m^3이었던 소비가 2007년에는 198억 m^3로 늘어나 있다. 카자흐스탄에서의 천연가스 생산 증가에 맞추어 소비도 늘어난 것은 구소련 시기 천연가스 개발이 별로 이루어지지 않았던 점에도 영향이 있다. 이 때문에 독립 후에도 우즈베키스탄 등에서 가스를 수입해 쓰고 있었다. 그러던 것이 가스 생산이 증가하고, 인프라가 확대됨에 따라 자체 생산분을 내수로 사용하게 됨에 따라 소비가 증가한 것이다. [그림 2]에서 2004년부터 생산량과 소비량의 차이가 벌어지기 시작하는 것을 볼 수 있다.

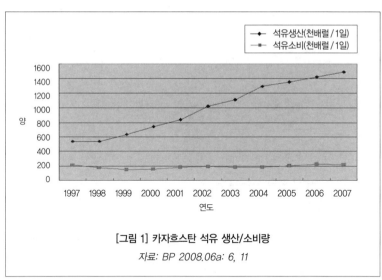

[그림 1] 카자흐스탄 석유 생산/소비량

자료: BP 2008.06a: 6, 11

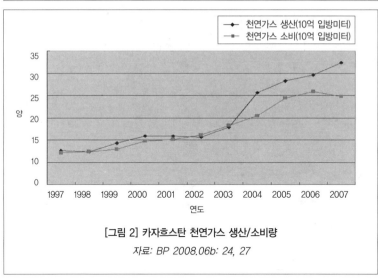

[그림 2] 카자흐스탄 천연가스 생산/소비량

자료: BP 2008.06b: 24, 27

카자흐스탄은 2010년 450억 ㎥, 2015년에는 600억 ㎥
를 생산할 계획이다(Cohen 2008: 165). 이렇게 되면, 2015

년에는 대략 400억 ㎥의 수출이 가능할 것으로 여겨진다.

카자흐스탄에는 2005년 말 기준으로 172개의 유전과 42개의 콘덴세이트(Hydrocarbon condensate)가 존재한다. 이중 80개 이상이 개발 상태에 있고, 55개 유전에서 원유가 생산되고 있다(박상남 2007: 348).

[그림 3]에서 보듯 카자흐스탄의 유전은 주로 카스피해 근처에 위치하고 있다. 그러나 쿰콜은 카스피해에서 떨어진 크즐오르다 주에 위치하고 있다. 카라차가나크(Karachaganak, 250,000 bbl/d), 텐기즈(Tengiz, 280,000 bbl/d), CNPC-악토베무나이가스(CNPC-Aktobemunaigas, 120,000 bbl/d), 우젠무나이가스(135,000 bbl/d), 망기스타우무나이가스(Mangistau munaigas, 115,000 bbl/d), 쿰콜(Kumkol, 70,000 bbl/d)이 원유를 대부분 생산하고 있어, 이들을 합하면 카자흐스탄 석유생산량의 70%에 달한다. 나머지는 소규모 유전에서 생산되고 있다(EIA 2008.02).

:: 주요 유전·가스전

카자흐스탄의 주요 유전에 대해 살펴 보도록 하자.

텐기즈 유전은 1980년대 말에 미국의 세브론(Chevron)이 투자를 추진하였다. 그러나 합의가 이루어진 것은 1993년 4월에 이르러서이다. 세브론은 투자자들을 안심시키기 위해 계약서뿐만이 아니라 나자르바예프 대통령의 개인적인 보장까지도 받아 내었다.

텐기즈 유전은 60~90억 배럴의 채취 가능한 매장량을

[그림 3] 카자흐스탄의 유전 분포

자료: Shkolnik 2005

가지고 있다. 이것은 세계에서 6번째로 큰 유전이다. 그러
나 유전 개발은 어려운 점이 많았는데, 개발 초기에 기반
시설이 없다는 점이 문제였다. 이 때문에 생산시설과 병원,
학교까지 새로 지어야 했다. 또 파이프라인이 러시아에 의
해 통제되는 아틔라우-사마라 라인 하나밖에 없다는 점도
문제였다. 게다가 노동력도 부족했고, 기후도 좋은 여건이
아니었다.

처음에는 세브론이 단독으로 개발하다가 이후 다른 외
국 기업들도 참여하게 된다. 현재 세브론텍사코
(ChevronTexaco, 50%), 엑손모바일(ExxonMobil, 25%), 카

즈무나이가즈(KazMunayGaz, 20%), 루카르코(Lukarco, 5%)가 참여하고 있다. 루카르코는 러시아의 루크오일(LUKoil)과 브리티쉬 페트롤리엄(Brithish Petroleum)의 합자회사이다.

텐기즈 유전은 카자흐스탄이나 외국 기업들에게 상당한 의미를 갖고 있었다. 그것은 구소련의 독립 국가가 외국 기업과 성공적으로 협력할 수 있는지 시험하는 의미를 지녔다. 그러므로 많은 사람들이 이 사업을 주시하게 되었다. 루크오일의 텐기즈 유전 참여는 서구 투자자들을 안심시키는 역할을 하였고, 다른 유전에 대한 투자도 증가하게 된다. 카자흐스탄 입장에서는 다른 이익도 있었는데, 텐기즈 유전 개발에 따른 외화 수입이 생겼다는 것이다. 이것은 독립 초기 카자흐스탄에게는 매우 귀중한 것이었다.

1993년 처음 생산을 시작한 이래 텐기즈 유전의 생산량은 계속 증가하고 있다. 2003년 1월 카자흐스탄과 세브론텍사코는 생산량 증가에 관한 2세대 프로젝트에 합의하게 된다. 이 합의에는 가스를 태워버리는 대신 다시 주입하는 기술을 사용하는 것이 포함되어 있다. 2007년에 처음 이 기술을 사용하여 생산을 시작하였고, 2006년에 비해 1백만 톤이 늘어난 14.3백만 톤을 생산하였다. 2세대 프로젝트가 완전히 실현되는 2008년에는 1일 54만 배럴의 생산량, 1년에 15백만 톤을 생산할 예정이다.

전문가들은 텐기즈 유전의 생산량이 연간 22~25백만 톤에 이를 것이라고 예측하고 있다. 그리고 2012년에는 1

일 1백만 배럴을 생산할 수 있을 것으로 보고 있다. 그러나 현재 텐기즈의 석유를 운송하는 CPC 라인의 확장이 지체되고 있기 때문에 생산 증대에 어려움을 겪고 있다(Cohen 2008: 147-152).

카라차가나크 유전은 1997년 11월에 투자 계약이 이루어졌다. 이를 위해 여러 기업들이 카라차가나크 석유(Karachaganak Petroleum, KPO) 컨소시움을 구성하였다. 영국의 브리티쉬 가스(British Gas, 32.5%), 이탈리아의 에니(Eni, 32.5%), 미국의 세브론(20%), 러시아의 루크오일(15%)이 참여하고 있다. 카라차가나크 유전은 12억 톤의 석유와 콘덴세이트, 그리고 1.35조 ㎥의 천연가스 매장량을 지니고 있다고 평가된다(Cohen 2008: 152).

카라차가나크 유전은 초기에 국경 바로 너머 러시아의 오렌부르크로 가는 통로밖에 갖고 있지 못했다. 그러나 2003년 4월 아틔라우(Atyrau)로 연결되는 파이프라인이 완공됨으로써, CPC 파이프라인에 접속하게 된다. 이로 인해 카라차가나크 유전의 수출 여력이 증대되었다. 카라차가나크 유전에서는 2007년 25만 배럴의 원유가 생산되었다(EIA 2008.02). KPO는 2005년 향후 100억 달러를 투자하여, 6~8년 내에 생산량을 3배로 늘릴 계획을 세웠다(김상원 2008: 30).

카샤간 유전은 북부 카스피해 연안에 위치해 있다. 이 유전은 2001년 8월 이탈리아의 아집/에니(Agip/Eni), 미국의 엑슨모빌(ExxonMobil), 네덜란드의 쉘 디벨롭먼트

BV(Shell Devolpment BV), 프랑스의 토탈피나엘프(TotalFinaElf), 미국의 코노코필립스(ConocoPillips), 영국의 브리티쉬 가스(BG Group), 일본의 인펙스(Inpex)로 구성된 컨소시움(AgipKCO)에 의해 발굴되었다.

카샤간 유전은 지난 30년간 발굴된 유전 중에서 가장 큰 것으로, 세계 5위의 규모를 갖고 있다. 가채 매장량은 130억 배럴로 평가되고 있고, 최고 생산량은 1일 1.5백만 배럴에 이를 것으로 예상된다. 카자흐스탄이 2015년에 세계 10대 석유 생산국으로 진입하겠다는 계획에는 카샤간 유전이 중심에 있다.

2007년 AgipKCO와 카자흐 정부 간에 갈등이 있었다. 갈등은 프로젝트 비용의 상승과 생산 지체 때문에 야기된 것이다. 원래 카샤간 유전의 생산은 2005년으로 예정되어 있었는데, 이것이 2008년으로 연기되고, 다시 2010년으로 미루어지게 된다. 그리고 570억 달러로 예상되었던 비용이 1,360억 달러로 증가되었다. 이것은 원자재와 노동력 등의 비용이 상승된 바에 기인한다. 다른 한편으로는 카샤간 유전이 카스피해 바다에 있었기 때문에 작업이 어려운 점도 컸다. 이 여건이 환경 면에서 작업하는데 어려움을 가중시킨다. 겨울에는 얼음을 깨고 작업을 해야 하는 것이다. AgipKCO는 석유 산업의 역사에서 카샤간 유전은 기술적 측면이나 환경적 측면에서 새로운 도전이라고 하였다.

카자흐 정부 입장에서는 2015년까지 계획된 석유 생산량이 축소되고, 이로 인해 정부 수입이 줄어든다는 것이 문제였다. 세금이나 로열티로 거두어들일 수 있는 수입이 감소하는 것이다.

8월 말 카샤간의 작업이 중단되었고, 9월 카자흐스탄 총리 카림 마시모프(Karim Massimov)가 AgipKCO를 강하게 비판한다. 에니(Eni)측이 로비를 하고, 이탈리아 총리가 카자흐스탄을 방문하는 등 다각도로 노력한 끝에 에니의 컨소시움 운영자로서의 지위는 유지된다. 그러나 카자흐 정부는 100억 달러의 생산 지체 보상을 할 것을 요구하였다.

협상 끝에 카자흐 정부는 카즈무나이가즈의 지분을 2배로 늘려 16.8%를 획득한다. 그리고 지분 획득의 대가로 17.8억 달러를 지불한다. 그러나 이것은 시장가격보다 상당히 낮은 가격이라고 이야기되고 있다. 아무튼 이 결과 지분율이 변동하게 된다. 변동된 지분율은 코코노필립스 8.4%, 에니 16.8%, 엑슨모빌 16.81%, 인펙스 7.55%, 카즈무나이가즈 16.81%, 쉘 16.81%, 토탈 16.81%이다. 그리고 AgipKCO는 카자흐 정부에 석유 가격과 연동하여 25억~45억 달러를 보상하기로 합의한다.

그러나 2008년 1월 생산 개시 시점을 2011년으로 연기하였다. 그리고 다시 5월에 상업 생산을 2012년이나 2013년에 개시하는 것으로 연기하였다. 이로 인해 다시 갈등이 일어났는데, 이것은 카자흐스탄이 2015년 세계 10대 석유 생산국이 되는 것에 차질이 생기기 때문이다. 2008년 6월 새로이 협약이 체결되어 2013년에 생산을 개시하기로 하였다. 그러나 비용의 추가 상승은 용납하지 않기로 했고, 2041년에 끝나는 PSA 계약도 연장하지 않았다. 그리고 유가에 연동된 로열티의 지급 조건은 그대로 유지하기로 하였다(Cohen 2008: 153-157).

카자흐스탄에서 천연가스는 주로 유전에 속해 있다. 다시 말해, 석유-가스, 석유-콘덴세이트 형태로 존재한다. 현재 채취되는 가스는 카라차가나크와 텐기즈에 집중되어 있고, 이들이 전체 생산량의 64%를 차지하고 있다(박상남 2007: 350).

전문가들은 육지 매장량이 1.8조 ㎥, 카스피 연안 매장량이 3.3조 ㎥에 이를 것으로 평가하고 있다. 가스 생산은 증가하고 있지만, 그 수출은 정체되고 있다. 이것은 기본적으로 러시아가 가스 수출 통로를 장악하고 있어 다른 대체 통로가 없기 때문이다(Cohen 2008: 163).

카자흐스탄의 천연가스 생산 증대는, 2005년 5월 정부가 34개 석유 회사에 천연가스 소각을 하지 않을 수 있을 정도로 생산 감축을 명령했기 때문이다. 이 때문에 일시적으로 석유 생산 증가율이 약화되었다. 석유회사들은 가스를 이용한 전력 생산과 같은 다른 활용 방안을 모색하게 되었다. 앞에서도 기술한 적이 있지만, 특히 텐기즈 유전에서는 가스를 재주입하는 방식으로 가스 소각량을 줄였다(김상원 2008: 33).

:: 파이프라인

카자흐스탄의 석유와 가스 생산이 증대되고 있고, 카자흐스탄이 세계 10대 원유 생산국가로 발돋움하겠다는 야심을 갖고 있지만, 생산의 증가만으로는 부족하다. 원유를 수출할 수 있는 통로가 필요하다. 이 부분은 2장에서 서술하였지만, 강대국들의 패권 투쟁의 장이 되고 있다.

기본적으로 러시아는 기존의 CIS 국가들을 통제하려 하고 있고, 이들에 특별한 권리를 갖고 있다고까지 생각하고 있다. 이에 반해 유럽과 미국은 러시아를 우회하는 통로를 개발하기 위해서 노력하고 있다. 이러한 각축이 2008년 8월의 그루지아 전쟁의 한 원인으로 거론되고 있다. 그루지아에서의 러시아의 행보는 중앙아시아 제국들에게 상당한 경고를 준 셈이다.

중국은 이러한 과정에서 조용히 실리를 챙기고 있다. 중국은 SCO를 주요 수단으로 하여 카자흐스탄을 비롯한 중앙아시아 국가들과 외교 관계를 강화하고 있고, 러시아와도 관계를 돈독히 하고 있다. 이러한 기반 하에 카자흐스탄의 유전 사업과 중국으로의 파이프라인 건설이라는 실질적 이익을 취하고 있다.

2007년 카자흐스탄은 120만 bbl/d의 석유를 수출하였다. 408,000 bbl/d는 러시아 파이프라인 시스템과 철도로 북쪽으로 수출하고, 620,000 bbl/d는 카스피해 파이프라인 컨소시움(CPC)를 통해 서쪽으로 수출되었다. 70~80 bbl/d는 이란과의 스왑 거래로 남쪽으로 보내졌다. 85,000 bbl/d

는 동쪽 중국을 향해 아타수-알라샨코우(Atasu-Alashankou) 파이프라인으로 수출되었다(EIA 2008.02). 결국 총수출의 86%가 러시아가 통제하고 있는 통로를 통해 수출되었음을 보여준다. 이것으로 러시아의 카자흐스탄 석유 분야에 대한 통제력이 얼마나 강한지 알 수 있다.

　카자흐스탄에 대한 러시아의 영향력도 강하지만, 카자흐스탄도 대안적 파이프라인에 대한 관심이 크지 않은 듯 보인다. 카자흐스탄은 미국과 서구가 추진하는 BTC 파이프라인도 안정적이라고 생각하지 않는 것 같다. 이것은 최근의 그루지아 사태에서 극명하게 나타났다고 본다. 서구나 미국은 그루지아의 안보에 별로 역할을 하지 못하였다. 이것은 다른 중앙아시아 국가들에게도 마찬가지일 것이다. BTC 라인의 터키 쪽 부분도 쿠르드족 분쟁으로 위험 상태에 처할 수 있기 때문에 더욱 그렇게 판단할 수 있다. 그리고 남쪽 통로는 미국의 대이란 통제정책으로 막혀 있는 상태나 다름 없다. 이런 상황이기 때문에 카자흐스탄 입장에서는 현실적으로 선택할 수 있는 대안이 별로 없는 것 같다.

　카자흐스탄은 2007년 3월 러시아와 연간 1,500만 톤의 원유를 아틔라우-사마라 파이프라인을 통해 수출하기로 계약하였다. 이와 더불어 CPC 파이프라인 확장에 대한 계약도 체결한다. 2007년에 나자르바예프가 러시아를 방문하여, 러시아와 카자흐스탄은 파트너 관계이지 경쟁 관계가 아니라고 선언하였다. (Cohen 2008: 130).

　이런 상황에서 미국은 다양한 외교적 움직임을 보여주

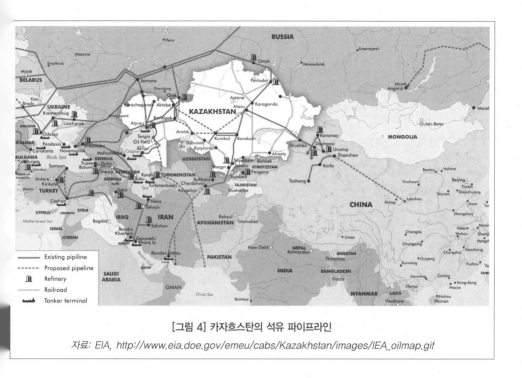

[그림 4] 카자흐스탄의 석유 파이프라인

자료: EIA, http://www.eia.doe.gov/emeu/cabs/Kazakhstan/images/IEA_oilmap.gif

었다. 2장에서 기술하였듯이, 2008년 9월 미국 부통령 딕 체니(Dick Cheney)가 그루지아, 아제르바이잔, 우크라이나를 방문하고, 10월 초에 콘돌리자 라이스 미 국무장관이 카자흐스탄을 방문하였다. 그리고 러시아의 특권적 지위를 부정하는 발언을 하였다 (Stern 2008.10.05). 그러나 이러한 미국의 움직임이 안전보장을 담보할 수 없는 한 실제적인 효과가 있을지 의문이다. 우즈베키스탄의 경우에도 독립 초기 미국에 대한 기대를 크게 가졌다가, 그것이 충족되지 못하자 러시아와의 관계를 강화하는 방향으로 나아가고 있다. 최근에는 고립 정책을 추구하던 투르크메니스탄까지 러시아와의 연대를 강화하는 방향으로 가는 상황이고 보면, 미국과 서구의 입지가 좁아지고 있는 것 같다.

카자흐스탄은 2015년까지 세계 10대 석유 수출국의 위치를 확보하려 하고 있다. 그리고 이를 위해 석유 증산에 박차를 가하고 있다. 그러나 이미 현재의 파이프라인 용량이 한계에 이르렀다. 이 때문에 철도를 통한 수송도 일부 이루어지고 있는 상태이다. 그러나 이것은 비용이 많이 들어 대규모로 실행하기에는 문제가 많다. 러시아로 통하는 CPC 라인과 사마라 파이프라인은 이미 한계에 도달했고, BTC 라인을 통한 수출도 아직 활발하지 않은 상태이다. 게다가 BTC 라인도 용량이 넉넉하지 않고, 증설될 필요가 있다. 이것이 카자흐스탄으로서는 큰 문제이다. 아직 카샤간의 석유 생산이 시작되고 있지 않다는 점을 고려하면, 파이프라인이 증설되지 않는다면 카자흐스탄은 수출에 심대한 장애를 겪을 것이다(Ferris-Rotman 2008.10.14).

현재 카자흐스탄의 주요 파이프라인은 카스피해 파이프라인 컨소시움(Caspian Pipeline Consortium, CPC)과 아틔라우-사마라(Atyrau-Samara) 파이프라인, 아타수-알라샨코우(Atasu-Alashankou) 파이프라인, 바쿠-트빌리시-제이한(Baku-Tbilisi-Ceyhan, BTC) 파이프라인이다.

아틔라우-사마라 파이프라인은 구소련 시대부터 존재했던 것으로, 카스피해 북쪽에 인접한 카자흐스탄의 아틔라우와 러시아의 사마라를 연결하는 라인이다. 이 라인이 현재로서는 가장 저렴한 수출 통로이다. 카즈트랜스오일

(KazTransOil)과 트랜스네프트(Transneft)가 라인을 소유하고 있다. 이 라인은 100km에 톤당 0.73 달러, 배럴당 2~3 달러 정도이다. 그러나 이 라인도 이미 한계에 도달해 있고, 카자흐스탄과 러시아의 협약에 의해 1년에 15~17.5 백만 톤으로 운송이 제한되어 있다.

CPC 파이프라인이 가장 유용한 라인으로, 배럴 당 3.70 달러의 비용이 든다. 그러나 CPC 파이프라인은 CPC 회원에게만 이용이 제한되어 있다. 회원 중에 누군가가 제삼자에게 용량을 대여하려고 해도 전체의 동의를 받아야 한다.

다른 운송 방법으로는 카자흐스탄의 악타우(Aktau) 항에서 카스피해를 건너 러시아의 마하츠칼라(Makhachkala)나 아제르바이잔의 바쿠(Baku)로 운송하고, 그곳에서 철도로 러시아 흑해의 노보로시이스크(Novorossiysk)나 그루지아의 바투미(Batumi) 항으로 운송하는 것이 있다. 바쿠와 노보로시이스크를 연결하는 파이프라인이 존재하지만, 용량이 작아 전략적인 방법이 될 수 없다. 또 다른 운송 방법으로는 2005년에 완공된 BTC 라인이다. 이 라인의 운송비는 3~4 달러 정도이다.

이란행 운송로는 인도나 동남아시아로의 수출을 원활하게 만들 수 있다. 이란이 자체 파이프라인 시스템을 완공하면, 카자흐스탄은 이란을 통해 1일 50만 배럴을 수출할 수 있을 것으로 보인다. 그러나 미국이 이를 막고 있고, 러시아도 이곳을 통해 수출하려는 경쟁 상대이고 보면 그렇게 쉽지만은 않은 상태이다. 그러나 이란과의 석유 스왑 거래는 꾸준히 이루어지고 있다. 이 경우 비용은 배럴당 4 달러 정도이다. 러시아도 최근 이러한 거래를 시도하고 있다.

근래 카자흐스탄은 카자흐스탄 카스피해 석유운송 시스템(Kazakhstan Caspian Oil Transport System, KCOTS)를 만들었다. 이것은 카스피해에 5개의 석유 탱크를 지닌 유로선단을 건설하는 것이다. 카자흐스탄은 이 배들이 BTC 파이프라인에 석유를 공급할 것이라고 하지만, 미국의 반대만 아니라면 이란에 공급하는 것도 문제될 것이 없다. 러시아도 카스피해에서의 석유 운송에 압력을 가하여, 15년간 연 1,500만 톤의 원유를 바쿠-노보로시이스크 파이프라인으로 운송하도록 하는 계약을 체결하였다.

운송통로가 카자흐스탄의 경제 발전을 위해 중요하고, 이것은 정치적·경제적 자주권과도 밀접한 관련이 있다. 운송통로가 다양하지 않으면, 저가로 가스를 판매할 수밖에 없었던 투르크메니스탄처럼 경제적·정치적으로 종속될 수밖에 없다.

운송통로 중에 가장 중요한 것은 파이프라인이다. 현재 주요 파이프라인은 CPC 파이프라인과 BTC 파이프라인, 아타수-알라샨코우 파이프라인이다. 이들 파이프라인의 배후에는 이 지역의 패권과 관계된 러시아, 미국, 중국이 자리하고 있다.

CPC 파이프라인은 카자흐스탄의 텐기즈에서 러시아의 흑해 항구인 노보로시이스크까지 연결되는 전장

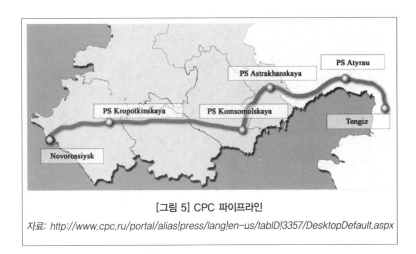

[그림 5] CPC 파이프라인

자료: *http://www.cpc.ru/portal/alias!press/lang!en-us/tabID!3357/DesktopDefault.aspx*

1,580km의 라인이다(그림 5 참조). 이 파이프라인의 건설에 26억 달러가 소요되었다. CPC는 1999년에 건설이 시작되어 2001년에 완공되고, 2003년부터 본격적으로 가동되었다.

CPC의 구성은 좀 복잡하다. 7개국의 10개 회사가 참여하고 있다. 2007년 1월 현재 지분 구성은 다음과 같다. 러시아 2.4%, 카자흐스탄 19%, 오만 7%, 세브론 카스피해 파이프라인 컨소시움(Chevron Caspian Pipeline Consortium) 15%, 루카르코(Lukarco BV) 12.50%, 모바일 카스피해 파이프라인(Mobile Caspian Pipeline) 7.5%, 로스네프트-쉘 카스피해 벤처즈(Rosneft-Shell Caspian Ventres Ltd.) 7.50%, 아집 인터내셔널(Agip International N.V) 2.00%, 오리크스 카스피해 파이프라인(Oryx Caspian Pipeline LLC) 1.75%, BG 오버시즈 홀딩즈(BG Overseas

Holdings Ltd.) 2%, 카자흐스탄 파이프라인 벤처즈
(Kazakhstan Pipeline Ventures LLC) 1.75%이다.

CPC는 석유 생산업자들이 소유하고 있는 파이프라인
이라는 점에서 독특하다. 대부분의 파이프라인이 생산자와
독립되어 있는데, CPC는 현재 석유를 생산하고 있거나 생
산 예정인 기업들이 소유하고 있다. 그래서 파이프라인의
사용료도 CPC에서 결정한다(Cohen 2008: 131-135).

CPC의 용량은 연간 28.2백만 톤으로 평가된다. 그런데
이미 2004년 중반에 총용량에 도달하였다. [그림 4]에서, 카
라차가나크와 켄키약에서 아틔라우로 파이프라인이 연결
되어 있는 것을 볼 수 있다. CPC는 텐기즈와 카라차가나크
의 증대되는 석유 생산을 수용할 능력이 더 이상 없다.

CPC는 초기부터 파이프라인의 운송 능력을 연 67백만
톤으로 늘리는 계획이 있었다. 그러나 이 계획은 러시아의
비협조로 이루어지지 않고 있다. 러시아는 용량을 늘리는
것이 별로 이익이 되지 않는다는 등의 변명을 하지만, 용량
이 67백만 톤으로 늘어나면 러시아는 매년 15억 달러의 수
익이 더 생긴다.

그럼에도 불구하고 러시아는 계속 용량 확대에 부정적
입장을 보였고, 이것이 2007년 많은 논란을 낳았다. 러시아
는 용량을 확장하는 대가로 몇 가지 조건을 내걸었다. 첫째
사용료를 기존 24.6달러에서 38달러로 늘릴 것, 둘째 파이
프라인 건설에 참여한 개별 기업 차용금의 이자율을 기존
12.66%에서 6%로 낮출 것, 셋째 파이프라인의 부채에 대해

담보하기 위해 50억 달러의 유로펀드를 발행할 것, 넷째 러시아 정부가 지명한 대표에게 보다 많은 권한을 부여할 것을 요구하였다. 이 중 세 번째의 부채는 주로 러시아 때문에 생긴 것이다. 이에 더해 러시아가 추진하고 있는 부르가스-알렉산드로우폴리스(Bourgas-Alexandroupolis) 파이프라인에 CPC가 파트너로 투자하는 안을 밀어붙였다.

부르가스-알렉산드로우폴리스 파이프라인은 러시아, 불가리아, 그리스가 2007년 3월에 합의한 것으로서, 터키를 우회하는 라인이다. 이것은 미국이 지원하는 트랜스-카스피해 파이프라인과 경쟁이 되기도 한다. 그리고 러시아가 통제하는 최초의 유럽연합 내의 파이프라인이 된다.

2007년 5월 푸틴이 카자흐스탄을 방문하였고, 나자르바예프와 전격 합의에 이른다. 나자르바예프는 부르가스-알렉산드로우폴리스 파이프라인을 지지하기로 결정한다. CPC에 참여하고 있는 서구기업들 입장에서는 탐탁치 못했으나, 다른 대안적 통로가 없는 상황에서 선택의 여지가 없었다. 그래서 2007년 9월 운송요금을 올려주고, 부채에 대한 이자율을 6%로 낮추는 조건에 합의하게 된다. 그리고 2007년 12월에 카자흐스탄과 러시아는 연간 67백만톤으로 용량을 확장하는데 서명하게 된다. 또 카자흐스탄은 부르가스-알렉산드로우폴리스 파이프라인 건설에 지분을 갖고 참여하고, 그것을 지원하기로 결정하였다 (Cohen 2008: 136-139).

BTC 파이프라인은 카자흐스탄이 석유 운송로를 다변

화할 수 있는 기
회를 제공한다.
이 파이프라인은
1994년에 계획되
었지만, 2002년 9
월이 되어서야 겨
우 공사가 시작되
었 다 . 그 리 고
2005년 5월에 운
영이 시작되었다.
이 라인은 아제르
바이잔의 바쿠에
서 그루지아의 트
빌리시, 터키의

[그림 6] BTC 파이프라인
자료: http://www.globalresearch.ca/index.php?
context=va&aid=9907

제이한을 연결한다(그림 6 참조).

　　[그림 6]에서 보듯 이 파이프라인은 카자흐스탄의 유전
과 직접 연결되지 않고 있다. 이 때문에 카스피해를 가로지
르는 파이프라인, 즉 트랜스-카스피해(Trans-Caspian) 파이
프라인이 미국에 의해 지지받고 있지만 아직 실행에 이르
지는 못하고 있다. 러시아가 반대하고 있는 것이다.

　　2006년 6월 16일, 미국 부통령 리차드 체니가 방문하
고 약 한 달 뒤, 카자흐스탄은 BTC에 참여한다고 발표하였
다. 그리고 2007년 1월 24일, 카자흐스탄은 카스피해 석유
운송 시스템(Kazakhstan Caspian Oil Transport System,

KCOTS) 설립 조약에 서명하였다(Cohen 2008: 140).

KCOTS는 카스피해 항구인 악타우(Aktau)에서 배로 아제르바이잔의 바쿠로 석유를 운송하고, 이곳에서 BTC 파이프라인을 통해서 터키의 제이한까지 운송하게 된다. 이를 위해 바지선과 석유 탱크가 필요하고, 카자흐스탄의 항구에 석유 운송 인프라가 건설될 필요가 있다. 그리고 바쿠에도 석유 터미널이 필요하다. 이를 위해 30~40억 달러가 소요될 것으로 예상하고 있다. KCOTS가 가동되면, 초기에 연간 25백만 톤의 석유가 운송될 것이고, 이후 38백만 톤까지 확장될 계획이다. 2010년이나 2011년에 가동이 시작될 것으로 예상하고 있다. 초기에는 텐기즈나 부근 유전들의 물량을 소화할 예정이지만, 카샤간 유전이 생산을 시작하면 운송량이 대폭 확대될 것이다(Cohen 2008: 145).

아타수-알라샨코우 파이프라인은 중국으로 연결되는 파이프라인이다(그림 7 참조). 1,000km에 이르는 거대한 공사가 겨우 15개월만에 완공되었다. 이런 규모의 공사로는 기록적인 시간이다. 몇몇 전문가들은 안전성과 환경에 대한 영향을 문제 삼는다. 그러나 이 파이프라인이 중국과 카자흐스탄에 갖는 정치·경제적 의의는 막대하다.

아타수-알라샨코우 파이프라인은 2005년 12월 15일에 가동을 시작하였고, 첫해에 1.8백만 톤을 운송하였다. 2010년에는 연 2천만 톤으로 늘릴 계획이다(Cohen 2008: 142). 이 공사를 위해 7억 달러가 소요되었다. 그리고 중국은 정유공장이 있는 두샨쯔에 이르는 252km의 파이프라인을 별

[그림 7] 카자흐스탄-중국 석유 파이프라인

자료: http://www.eia.doe.gov/emeu/cabs/Kazakhstan/images/Map_KZ-CH_2Aug04.pdf

도로 건설하였다(Xinhua 2006.07.12).

2장에서 기술했듯이, 중국은 석유 수입국으로 전락되어 안정적인 석유 공급이 절대적으로 필요하다. 이런 이유로 카자흐스탄의 석유 산업에 중국은 적극적으로 진출하고 있다. 1997년 중국은 악퇴베에 위치한 좌나졸과 켄키야크

유전의 지분을 60% 획득하였고, 2005년에는 페트로카자흐
스탄의 지분을 100% 인수하였다. 페트로카자흐스탄은 크
즐오르다의 쿰콜 유전을 소유하고 있다.

　유전의 지분 획득과 더불어, 중국은 파이프라인 건설
에도 열의를 보이고 있다. 아타수-알라샨코우 파이프라인
은 중국이 계획한 3단계 파이프라인 건설의 한 단계가 완성
된 것이다. [그림 7]에서 보듯 파이프라인 건설은 3단계로
나누어져 있다. 1단계에 해당하는 켄키야크에서 아틔라우
를 연결하는 파이프라인은 2002년 12월에 완공되었다. 이
라인은 450km에 달하는 공사이다. 이제 남은 구간은
761km에 달하는 켄키야크와 쿰콜 구간이다. 이 구간은
2009년에 완공될 예정이다(Upstreamonline 2008.04.09).

　켄키야크-쿰콜 구간의 공사가 마무리 되면, 중국은 카
자흐스탄의 주요 유전에서 석유를 공급받을 수 있게 된다.
[그림 4]에서 보듯이, 켄키야크는 아틔라우와 연결되어 있
고, 아틔라우는 카라차가나크, 텐기즈와 연결되어 있기 때
문이다.

　중국의 파이프라인이 경제성을 갖기 위해서는 단순히
카자흐스탄의 석유만으로는 부족하고, 러시아의 석유도 보
급될 필요가 있다. 카자흐스탄과 중국이 외교적 노력을 기
울긴 결과 2008년 3월 러시아는 카자흐스탄-중국 파이프라
인에 자국의 석유를 공급하기로 결정하였다(Reuters
2008.03.12).

　중국-카자흐스탄 파이프라인은, 카자흐스탄의 입장

에서 보면, 석유 수출 통로를 다변화하는 수단이다. 게다가 이 라인은 제 3국을 거치지 않는, 생산자와 소비자가 직접 연결되는 라인이기 때문에 상당히 경제적이라고 할 수 있다.

지난 수년간 카자흐 측은 러시아의 가즈프롬(Gazprom)에 1,000 ㎥(tcm) 당 44달러로 가스를 판매하였다. 그런데 이중 4분의 1만이 유럽의 소비자 가격으로 받을 수 있었다. 그러나 지난 수년간 러시아 측은 가스 가격을 몇 차례 올려 주었다. 이 지역의 가스를 통제하기 위한 의도에서였다. 2006년 5월 가즈프롬은 1,000 ㎥ 당 140달러로 가스를 구입하기로로 약속하였다. 이것은 러시아가 이 지역에서 가스 오펙(gas OPEC)을 만들겠다는 기획을 가졌기 때문에 가능했다. 2007년 카자흐스탄을 비롯한 중앙아시아 국가들은 가스 가격을 유럽 수준으로 인상하겠다고 선언한다.

카자흐스탄에서 가스 부문을 담당하는 회사는 카즈트랜스가즈(KazTransGaz JSC)이다. 이 회사는 매장된 가스 자원과 이의 운송, 수출을 담당하고 있고, 카자흐스탄 내의 가스 파이프라인도 소유하고 있다.

러시아의 가즈프롬과 카즈트랜스가즈는 2001년 11월 28일 카즈로스가즈(KazRosGaz)라는 합자회사를 50대 50의 지분으로 설립한다. 이 회사는 카자흐스탄의 천연가스 구입과 판매를 담당한다. 그리고 카자흐스탄의 국경 바로 너머의 오렌부르크(Oenburg) 가스 정제소에 공급한다.

오렌부르크에서 정제된 가스는 서카자흐스탄에서 일부 소비되고 나머지는 수출된다. 2007년에 1,000 ㎥ 당 145 달러를 지불하였다. 그러나 가즈프롬은 유럽에서 250~400 달러에 판매하였다. 이러한 가격 차이는 오렌부르크 정제소와 가즈프롬에 막대한 수익을 가져다 주고 있다.

2007년 5월 러시아와 카자흐스탄은 합자회사를 설립하였는데, 이것은 카자흐스탄에서 러시아로 통하는 가스 파이프라인을 확장하는 목적을 두었다. 투르크메니스탄과 우즈베키스탄에서 카자흐스탄을 통해 러시아로 향하는 가스의 양이 증대하고 있기 때문에 필요한 것이다(Cohen 2008: 163-165).

2004년 카자흐스탄의 가스 파이프라인은 투르크메니스탄과 우즈베키스탄의 가스 43.35bcm을 러시아로 운송하였고, 러시아의 가스 66.05 bcm을 카자흐스탄으로 운송하였다. 2005년에는 좀 양이 줄어서 투르크메니스탄과 우즈베키스탄의 가스 42.97 bcm을 러시아로, 61 bcm의 러시아 가스를 카자흐스탄으로 운송하였다. 2008년에는 47 bcm의 러시아 가스를, 54 bcm의 중앙아시아 가스를 운송할 계획이다.

앞으로 가스 운송량이 증가할 것에 대비해서 카자흐스탄은 가스 운송 인프라를 현대화하고 확장하려 하고 있다. 앞에서도 기술했지만, 카자흐스탄 자체의 생산량 증가와 투르크메니스탄과 우즈벡에서의 운송량이 증가하고 있기 때문이다.

카자흐스탄의 인터가스 중앙아시아(Intergas Central Asia)는 카즈트랜스가즈의 자회사로서, 주로 투르크메니스탄 가스의 러시아로의 운송에서 수익을 얻고 있다. 이 회사는 매년 러시아의 가즈프롬과 계약을 맺고 있다. 우즈벡의 가스가 카자흐스탄으로 들어갈 때 가즈프롬이 직접 통제하고, 이것은 카라차가나크의 카자흐 가스가 오렌부르크로 이송될 때 동일한 양의 가스로 정산한다.

카자흐스탄의 가스 파이프라인은 두 개의 네트워크로 나뉘어져 있다. 하나는 서부의 가스 생산지대이고, 다른 하나는 남부의 가스 수입지대이다. 이렇게 나누어져 있어서, 카라차가나크의 가스는 남부로 향하지 못하고 북쪽의 오렌부르크로 가게 된다. 그리고 가스 생산지가 산업지대와 연결되지 못하고 있기 때문에 산업적 이용에 방해를 받고 있다.

남부 지역은 우즈베키스탄에서 가스를 공급받고 있는데, 연 38억 m^3의 가스를 수입한다. 이것은 카자흐스탄 전체 소비량의 40%에 달한다. 2008년 우즈베키스탄은 카자흐스탄에 1천 m^3 당 100달러에 공급하기로 계약하였다. 이것은 2007년도와 동일한 가격이다. 우즈벡에서 들어오는 가스 라인은 타쉬켄트-비쉬켓-알마티로 이어진다.

카자흐스탄은 내부 가스 파이프라인 인프라 건설 프로젝트를 추진 중이고, 이것이 완공되면 우즈벡에서의 국내용 가스 수입은 중단될 것이다. 카즈무나이가즈는 2011년 완공 예정으로 베이네우-보조이-삼소노프카(Beineu-

Bozoi-Samsonovka) 라인을 건설 중이다. 이것은 전장 1,500km에 이르는데, 초기 운송량은 50억 ㎥로 할 계획이다. 이렇게 되면, 남부지방은 악튀빈스키, 아트라우, 만기스타우 지역에서 가스를 공급받게 된다(Cohen 2008: 168-170).

카자흐스탄의 가스 수출 통로는 몇 가지로 나누어 볼 수 있다. 첫째가 구소련 시절부터 존재했던 중앙아시아 중심(Central Asia-Center, CAC) 가스 파이프라인 시스템이다. 이것은 투르크메니스탄-우즈베키스탄-카자흐스탄-러시아-우크라이나-유럽으로 이어진다. 다른 하나는 카스피해 동쪽 연안을 따라가는 프리카스피이스키(Prikaspiisky) 가스 파이프라인이다. 마지막은 카자흐스탄과 중국을 연결하는 가스파이프라인이다.

CAC 가스 파이프라인은 투르크메니스탄, 우즈베키스탄, 카자흐스탄, 러시아를 연결하는 파이프라인으로서, [그림 8]의 투르크메니스탄 중앙 지역에서 시작하고 있다. 2007년 12월 러시아와 카자흐스탄, 투르크메니스탄은 CAC를 통해 가스를 운송하기로 합의하였다. 그리고 파이프라인을 2012년까지 현대화하고 확장하기로 하였는데, 공사가 끝나면 800억 ㎥의 용량을 갖게 될 것으로 보인다. 계약에 따르면, 각국은 자국 내의 파이프라인 확장을 책임지기로 되어 있다. 공사비는 대략 20억 달러로 추정된다.

2007년 5월 러시아, 투르크메니스탄, 카자흐스탄은 프리카스피이스키 파이프라인을 확장하기로 합의하였다. 이라인은 우즈베키스탄을 거치지 않고, 투르크메니스탄 - 카자흐스탄 - 러시아로 이어진다. [그림 8]에서 카스피해를 따라 북진하는 굵은 점선의 좌측을 따라가는 선이 프리카스피이스키 파이프라인이다. 이 파이프라인은 2006년에 4억 m^3의 가스를 운반하였다. 2009년에는 100억 m^3, 2015년에는 300억 m^3를 운송할 계획이다.

2007년 12월 20일 러시아, 카자흐스탄, 투르크메니스탄은 카스피해를 따라가는 새로운 가스 파이프라인을 건설하기로 합의하였다. 이것은 앞에서도 기술한 적이 있지만, 러시아가 높은 가격의 가스 구입을 약속하였기 때문에 가능했던 것이다. 이 라인은 [그림 8]에서 카스피해를 따라 북진하는 굵은 점선으로 표시되어 있다.

중국은 중앙아시아의 에너지 자원을 확보하기 위해 열심이다. 중국은 일부 석유 파이프라인은 건설해 놓았지만, 가스 파이프라인 건설도 추진 중이다. 중국은 석탄이나 석유를 사용하는 발전소를 가스로 바꿀 계획이다. 이것은 석유에 지나치게 의존하는 것을 피하고 환경에도 유리하기 때문이다. 현재 중국은 카자흐 가스를 연간 80~100억m^3 구입하고 있다. 이것은 2020년에는 300억 m^3로 늘어날 예정이다.

중국으로의 가스 파이프라인 건설에는 몇 가지 안이 있다. 첫째가 투르크메니스탄 - 우즈벡 - 알마티 - 중국 라인이다. 둘째는 카자흐스탄 서부의 가스전에서 시작해서 중국까지 파이프라인을 건설하는 것이다. 세 번째는 러시아의

[그림 8] 카자흐스탄 가스 파이프라인

자료: http://www.eia.doe.gov/emeu/cabs/Kazakhstan/images/IEA_gasmap.gif

이쉼(Ishim) - 페트로파블로스크 - 콕체타우 - 아스타나-카라
간다-발하쉬-두르쥬바로 연결하는 파이프라인이다. 이것은
러시아와 카자흐스탄의 가스를 운송하게 된다.

2007년 말 투르크메니스탄, 우즈베키스탄, 카자흐스탄
을 거쳐 중국으로 연결되는 파이프라인이 합의되었다. 그
리고 2008년 초 중국은 페트로차이나(PetroChina)와 이 회
사의 모기업인 중국국가석유공사(CNPC)가 22억불을 출자
하였다. 이 파이프라인은 투르크메니스탄 188km, 우즈베

키스탄 530km, 남부 카자흐스탄 1,300km에 이른다. 중국은 카자흐스탄 라인과 연결되는 국내라인 4,500km를 건설할 예정이다. 중국내 라인은 상하이와 광동으로 연결된다 (Cohen 2008: 170-176).

현재까지 카자흐스탄의 가스는 모두 러시아를 통해 수출되고 있다. 그러므로 중국 가스 파이프라인이 완공되면, 수출 통로를 다변화하게 되는 것이다. 이것은 카자흐스탄뿐만이 아니라, 우즈베키스탄과 투르크메니스탄의 경우에도 마찬가지이다. 이로써, 중앙아시아 가스 운송을 둘러싼 러시아의 횡포는 어느 정도 줄어들 수 있을 것으로 예측된다.

:: 석유·가스 산업정책

지금까지 카자흐스탄의 석유와 가스 매장 현황과 유전지대, 파이프라인 등에 대해서 살펴보았다. 카자흐스탄의 에너지 자원을 둘러싼 열강의 각축은 아직도 치열하게 진행되고 있다. 그리고 이들의 대리인인 각국 기업들이 카자흐스탄에서 활동하고 있다. 그러나 이것으로 카자흐스탄의 정책 결정의 선택권이 완전 결여되었다는 것을 의미하지는 않는다. 오히려 카자흐스탄은 지금까지 현명하게 선택해왔고, 이들 열강들과 다국적기업의 자본을 적절히 활용하여 2000년 이래 급속한 경제 성장을 이루어왔다. 그리고 열강들의 세력 균형을 유지하고, 지역 안보를 보다 확고히 하는데 성공적이었다고 말할 수 있다.

카자흐스탄이 독립했을 때, 이미 자신들이 풍부한 에너지 자원을 보유하고 있다는 것을 알고 있었다. 그리고 이것이 경제 발전에 상당히 중요하다는 것도 알고 있었다. 구소련 시절에 이미 카스피해 지역에 방대한 석유와 가스가 묻혀 있다는 것이 알려져 있었다. 그러나 이의 본격적인 개발은 이루어지지 않았다.

그러므로 카자흐스탄이 독립한 이후, 이 자원을 어떻게 개발해야 할 것인지에 대한 전략적 선택이 필요했다. 이들 자원을 국가 소유로 남겨 둘 것인지, 아니면 완전히 민간에 넘길 것인지를 선택해야 했다. 또한 자원의 소유가 반드시 국민들을 부유하게 만든다고 볼 수도 없었다. 단순히 자원만 팔아먹는 국가로 남아 있을 수도 있고, 여전히 국민들은 빈곤에 시달릴 가능성도 얼마든지 있었다. 게다가 카자흐스탄은 자원을 개발할 자금과 기술이 결여되어 있었다.

이런 상황에서 카자흐스탄은 외국 기업에게 유전 개발을 허용한다. 이것은 러시아의 예와 비교하면 분명히 다른데, 러시아는 석유·가스와 같은 에너지 자원을 민간에 이전하였고, 외국기업의 접근을 완전히 차단하였다.

카자흐스탄의 개방 정책의 결과, 쉐브론텍사코, 엑슨모빌, 아집/에니, 로얄 더치 쉘, 브리티스 그룹, 토탈피나엘프, 인펙스 등 다국적 기업들이 유전사업권을 획득하게 되었다. 그리고 이들 기업의 뒤를 이어 캐나다, 중동, 러시아 회사들이 사업에 참여하게 된다. 중국은 2005, 06년에 유전

사업 참여를 강화한다. 최근에는 인도까지 이 지역에 관심을 갖고 진입하고 있어서, 세계 열강들이 모두 카스피해 주변에 모였다고 할 수 있을 정도이다.

이러한 카자흐스탄의 정책은 어느 한 국가에 지나치게 종속되지 않으려는 의지를 보여준다. 이렇게 다양한 국가가 카자흐스탄에서 사업을 벌이고 있을 때, 이들 사이의 세력 균형이 형성되고, 이들 역시 지역의 안정을 바라게 될 것이기 때문이다.

초기 카자흐스탄의 외국 투자 개방 정책은 성공적이었다. 그리고 2000년대 들어와 국제 유가가 지속적으로 상승하고, 중동 지역이 불안해지면서 카자흐스탄에 대한 투자 열기는 뜨거워진다. 상황이 이렇게 되자, 카자흐스탄으로서는 자본과 기술에 대한 갈증이 해소되고, 좀 더 여유있는 입장에서 외국 자본을 대하게 된다. 그래서 점차 자원에 대한 국가의 통제를 강화하고, 외국 기업에 대한 카자흐 정부의 지위도 강화하는 방향으로 정책을 선회하게 되었다.

카자흐 정치인이나 지식인들 사이에서는 1990년대 초반과 중반에 이루어진 계약이 너무 외국 기업에 유리하게 되어 있고, 심지어 어떤 계약은 카자흐스탄의 국익에 반한다고 생각하는 정서가 존재한다. 카자흐 정부는 경제가 발전함에 따라, 점차 에너지 부문에 대한 법을 강화하여 정부의 역할을 확대하고, 카자흐스탄의 이익을 증대시키고 있다(Cohen 2008: 117-121).

2004년 카자흐스탄 하원은 매도 예정인 유전이나 에너지 관련 프로젝트의 지분을 우선적으로 획득할 권한을 국가에 부여하는 법률을 통과시켰다. 그리고 세금 조항을 변경하여 석유 회사에 부과되던 기존의 25~30%의 세금을 60~65%로 인상하였다. 그리고 에너지 기업과 계약을 체결할 때 세율을 고정하는 것을 금지하였다.

2005년 말에는 지하자원 이용 권한과 광업 기업의 이익을 이전하는 것을 제한하는 지하자원법을 제정하였다. 같은 법률의 72조에는 에너지 자산을 획득하는데 있어 정부가 우선적 거부권을 가질 권한을 부여하고, 투자자가 계약 후 2년 내에 권리를 이전하는 것을 금지하였다. 또 정부는 특정 국가의 투자자가 카자흐 시장을 지배하는 것을 금지하고, 국가 안보에 중요한 전략 물자 거래에 강한 통제권을 부여하였다.

새 법률에 의해서 카자흐스탄은 카샤간의 브리티쉬 가스의 지분 일부를 획득하고, 페트로카자흐스탄의 지분 33%를 다시 사들였다(Cohen 2008: 121).

또 2005년 개정된 법률에 따라, 카즈무나이가즈는 카자흐스탄의 모든 신규 해상 PSA에 대해 계약 당사자가 되어야 하고, 50% 이상의 지분을 확보하게 되었다(박상남 2007: 353).

2006년 말 정부는 지하자원 이용자들과의 관계를 조정할 특별 조직을 설립한다. 이 조직은 유리한 장기 계약을 한 지하자원 이용자들과 정부 사이의 균형을 맞추는 것이 목적이다.

2007년 7월 카자흐스탄 의회는 국가 안보와 국익에 중요하다고 생각되는 산업 자산에 대한 국가의 통제를 강화하고, 경제에 있어 국가의 역할을 증진하는 법률을 제정한다. 이 법률은 전략적 자산의 유형을 규정하고, 정부가 이들 자산이나 지분을 획득할 우선적 권리를 부여하였다.

2007년 10월에 지하자원법이 개정되었는데, 새 법에 따르면 정부는 일방적으로 지하자원 이용자와의 계약을 취소하거나 개정할 수 있다. 이 법에 따라 카자흐 정부는 국가 안보에 위협이 되거나 경제적 이익을 침해한다고 간주되는 계약을 취소할 수 있다. 정부는 외국 기업에 재협상을 강요하거나 2개월 내에 합의된 계약을 거부함으로써 변경이나 취소가 가능하다.

이 법률에 대해 미국을 비롯한 각국과 외국 기업들이 반대하였다. 이 법률이 카자흐스탄이 서명한 국제 투자 협정에 위반된다는 주장도 제기되었다. 그러나 이 법률의 통과는 외국 투자에 대한 카자흐스탄의 최근의 변화를 보여주는 중요한 사건이다.

이 법률이 통과될 즈음, 카샤간 유전의 생산 지체 문제로 카자흐 정부와 이탈리아의 에니(Eni)사 사이에 갈등이 빚어지고 있었다. 카자흐 정부는 이 법률이 카자흐스탄의 경제적 이익을 무시하거나 계약의 의무 사항을 지키지 않는 경우에 적용된다고 주장하였다. 이런 주장은 카샤간의 생산 지체를 두고 한 말이다. 이 법률의 제정으로 외국인 투자자들의 입지가 좁아졌다고 할 수밖에 없을 것이다. 그럼에도 불구하고, 2007년과 2008년 국제 유가의 고공비행은 카자흐스탄으로의 투자 열기를 가라앉히지 못하는 것 같다(Cohen 2008: 121-125).

카자흐스탄에서 석유, 가스의 채굴 부문은 발전하고 있지만, 석유와 가스의 정제나 석유/가스 관련 산업은 전혀 발달되지 못했다. 그리고 이 부문은 대부분 국가의 소유로 남아 있다. 석유 정제 부문은 외국인 직접 투자가 별로 이루어지지 않고 있다. 정제된 제품의 국내 가격이 국제 가격에 비해 낮기 때문에, 석유생산업자들이 별로 매력을 느끼지 못하고 있기 때문이다.

원유 정유공장은 세 개가 있는데, 파블로다르와 아틔라우, 쉼켄트에 위치하고 있다. 이들의 정제 능력은 345,093 bbl/d 정도이다. 2006년에 191,000 bbl/d를 정제하였고, 2007년에는 약간 늘어 193,000 bbl/d를 정제하였다. 파블로다르의 정유소는 서부 시베리아에서 공급되는 원유를 정제하고 있다. 그리고 아틔라우의 정유소는 서북 유전지대에서 원유를 공급받고 있다. 쉼켄트의 정유소는 쿰콜, 악튀빈스크, 마카틴스크에서 원유를 공급받고 있다(EIA 2008.02).

카자흐스탄은 석유화학산업을 육성할 계획을 갖고 있다. 석유화학산업은 원유 채굴보다 더 큰 시장을 갖고 있고, 계속 시장의 규모가 커지고 있다. 석유화학산업을 육성하기 위해 2005년 11월 아흐메토프 총리는 향후 15년간 80억 달러를 투자하겠다고 밝힌 바 있다.

카자흐스탄은 2004년 국제 컨설팅기관에 카자흐스탄의 석유화학 관련 잠재력과 발전 가능성에 대한 컨설팅을 받았다. 이에 기반해 2005년 9월 카자흐스탄 석유화학산업 발전을 위한 종합계획을 확정하였다. 2006년에는 석유화학단지의 지역별 배치와 아틔라우 주에 국가 석유화학산업단지(National Petrochemical Industry Park) 건설을 위한 검토가 이루어졌고, 1차적으로 10개의 에탄올 공장, 3개의 메탄올 공장, 8개의 액화탄화수소 공장이 제안된 상태이다.

또한 카즈무나이가즈가 아틔라우와 인접한 쿨사리(Kulsary)에 2개의 석유화학공장 건설에 착수하였고, 러시아의 루크오일과 카즈무나이가즈가 카스피해 가스화학 복합단지(Gas Chemical Complex) 건설을 위한 합작법인을 설립하였다. 이 단지는 연 140억 ㎥의 가스를 정제할 수 있는 능력을 가진 대규모로 계획되고 있고, 투자 비용으로 40억 달러가 예상되고 있다. 2007년 3/4분기에 공사가 시작되어 완공까지 3년이 걸릴 예정이다.

카자흐스탄의 석유화학 육성 정책은 적절한 것으로 평가되고 있다. 단순한 원료의 생산/수출에서 부가가치가 높은 제품의 생산으로 옮아가는 것은 일단 긍정적이다. 게다가 카자흐스탄은 원료를 생산하고 있기 때문에 경쟁력이 있다고 평가되고 있다. 2000년 이전까지만 해도 석유화학 산업이 주로 시장 주변에 위치하였으나 원가 경쟁력이 중요시되면서 원료 생산지로 옮아가고 있는 점을 고려하면, 카자흐스탄의

석유화학산업 발전 전략은 긍정적이라고 평가할 수 있다(박
상남 2007: 359-360).

03 ── 경제개발 전략

카자흐스탄은 2000년 이래 높은 경제 성장률을 보여주
며, 중앙아시아의 지도적 국가로 위상을 높이고 있다. 그러
나 석유나 가스, 광물 개발에 편중되어 있는 경제 구조는
상당한 문제점을 지니고 있다. 이에 카자흐스탄 정부는 이
러한 문제를 극복하기 위해 다양한 노력을 기울이고 있다.

1997년 '카자흐스탄 - 2030(Kazakhstan-2030)' 이라는
장기 국가발전전략을 제시한 바 있고, 2001년 12월 '2010년
까지의 카자흐스탄 개발의 전략적 계획(The Strategic plan
of development of Kazakhstan till 2010)' 이라는 발전계획을
내놓은 적도 있다. 그러나 2003년에 발표된 '2003 ~ 2015년
카자흐스탄 공화국의 혁신적 산업 발전 전략(Innovative
Industrial Development Strategy of the Republic of
Kazakhstan for 2003-2015, 이하 혁신전략 2015)' 은 최근의
산업 발전 전략을 잘 보여주는 문건이다.

'혁신전략 2015'는 채굴 지향의 산업을 벗어나 산업
다변화 정책을 통해 지속가능한 발전을 이루겠다는 목표를
설정하고 있다. 이를 위해 경쟁력있고, 수출 지향적인 상품
과 서비스를 생산해 내겠다는 것이 정책의 핵심이다.

'혁신전략 2015'에는 다음과 같이 카자흐스탄 경제의 문제점들이 지적되어 있다.

세계화의 경향 속에서 카자흐스탄은 다음과 같은 도전에 직면해 있다. 일방적 채굴 지향, 글로벌 경제와의 빈약한 통합, 자국 내에서의 산업간 지역간 빈약한 경제 통합, 자국 시장의 상품과 서비스에 대한 빈약한 수요(작은 경제), 생산과 사회적 인프라의 저개발, 기업의 일반적인 기술적 수준의 낙후화, 과학과 생산의 효과적인 연계의 결여, 과학과 공학 연구에 대한 낮은 투자, 세계화 요청에 대한 경영의 부적합성, 서비스와 기술 지향적 경제로의 이행에 있어서의 부적합성 (IIDSRK2003-2015 2003: 1).

카자흐스탄 경제에 대한 이러한 진단은 적절한 것으로 여겨진다. 그리고 이들 문제를 극복하기 위해 목표로 설정된 것이 앞서 이야기한 산업 다변화 정책을 통해 경쟁력있고 수출 지향적인 상품과 서비스 부문을 육성하겠다는 것이다.

이를 위해 생명공학, 핵 기술(Nuclear Technology), 우주 기술, 신물질 개발, 정보기술 발전에 지원하기로 하였고, 카자흐스탄 투자기금(Kazakhstan Investment Fund), 수출보험공사(the Exort Insurance Corporation), 혁신기금(The Innovation Fund)을 설립하고, 카자흐스탄 개발은행

(Kazakhstan Development Bank)을 강화하기로 하였다. 또한 금융시장의 발전, 교육투자, 반독점, 인프라 구축 등의 정책을 시행하기로 하였다.

'카자흐스탄 투자기금'은 비채굴 분야의 사적 부문을 지원하기 위한 것이다. 이것은 카자흐스탄의 주식시장이 발달되지 못하고, 기업의 자본 조달이 어렵기 때문에 설립된 것이다. '카자흐스탄 투자기금'이 지분 소유에 의한 투자 방식인데 반해 카자흐스탄 개발은행은 저리로 중장기 자금을 대여해 주는 방식이다. 혁신기금은 벤처 지원을 위한 것으로서, 고도기술 산업의 발전과 창립을 위해 지원한다. 이런 고도기술 산업으로는 정보산업이나 생명공학 등의 분야가 포함된다. 수출보험공사는 보험이나 재보험을 통해 수출을 지원하기 위한 것이다.

카자흐스탄은 중앙아시아 지역의 고도기술, 수출입, 투자, 금융과 교역의 센터가 되려는 목표를 세웠다. 그리고 이를 위해 점진적으로 완전히 교역을 자유화할 계획이다. 또한 WTO에 가입하려고 노력하고 있다. 이를 통해 카자흐스탄의 수출에 대한 차별을 제거하고, 카자흐스탄이 국제 교역의 규칙과 원칙을 지키는 개방적 시장경제를 가진 국가로 이미지를 제고하고, 지역 경제 통합을 촉진하려고 의도하고 있다.

이외에도 '혁신전략 2015'에는 투자정책, 경쟁력을 확보하기 위한 노동, 교육·훈련, 건강, 금융, 과학·기술, 연구·혁신, 표준화, 인프라 구축, 전기, 통신, 운송, 세금 등에 대한 내용이 담겨 있다.

'혁신전략 2015'는 3단계로 구성되어 있다. 첫 단계는 2003~05년으로, 준비단계로서 필요한 법률 개정과 국가 기관의 설립 등의 작업이 진행된다. 두 번째 단계인 2006~10년은 구체적인 실행단계로서, GDP는 2000년에 비해 2배가 증가될 계획이다. 세 번째 단계인 2011~15년은 전략이 가장 활발하게 구현되는 단계로서, 상품과 서비스 생산에서의 성장률이 가스와 석유 채굴에서 발생하는 성장률보다 높아질 것이다.

정책이 성공적으로 실행되면, 경제성장률은 적어도 8.9~9.2%에 달하고, GDP는 2000년에 비해 2015년에는 3.5~3.8배 늘어날 것으로 예상된다. 제조업 분야에서의 연간 성장률은 8~8.4%에 달하고, 노동생산성은 최소 3배 증가하고, 에너지 효율도 2배 증가할 것으로 예상된다. 또한 상품 생산이 GDP에서 차지하는 비율이 46.5%에서 50~52%로 증가하고, 연구와 혁신 활동이 GDP의 0.9%에서 1.5~1.7%로 증가할 것으로 예상된다(IIDSRK2003-2015 2003).

'혁신전략 2015'에 의해 2006년 초 몇 개의 국립 기관이 설립된다. 카지나 지속가능기금(Kazyna Sustainable Development Fund)과 삼룩 국가지주회사(Samruk State Holding Company)가 그것이다. 또한 알마티 지역금융센터(Regional Financial Center of Almaty, RFCA)와 카즈아그로 국립지주회사(KazAgro National Holding JSC)를 설립하

였다.

카지나는 2006년 4월에 설립되었다. 이것은 카자흐스탄의 혁신적 경제 발전과 경쟁력있는 분야를 육성하기 위한 투자를 제고하기 위한 것이다. 또한 경제를 다변화하고, 수출경쟁력을 향상하고, 세계 경제에 성공적으로 통합되도록 하는 목적을 갖고 있다. 카지나는 여러 카자흐스탄의 개발기관들을 통합하는 위치에 있다. 카지나는 카자흐스탄 개발은행, 투자기금, 국립혁신기금, 소규모 사업발전기금(the Small Business Development Fund), 마케팅과 분석조사센터(the Center of Marketing and Analytical Research), 수출보험공사, 카즈인베스트(Kazinvest LLP)의 지분을 갖고 있다. 그리고 카지나는 가치있는 외국 자산을 획득하기 위한 자금도 축적하고 있다.

2007년 중반 카지나는 283개 프로젝트에 52억 달러를 투자하고 있었고, 그중 카지나의 자금은 18억 달러였다. 2008년에는 9.5억 달러를 추가 투자할 계획이다. 전반적으로 2005년에 비해 카지나가 관리하는 프로젝트는 5배가 늘어났다.

2008년 들어와 기금 운영에 대해 통합적 관리와 책임제, 투명성, 반부패 등을 강화하고 있고, 프로젝트의 선택과 자금조달, 실행, 보고 과정에 투명성을 제고하는 개혁을 도입하였다. 그리고 2008년 하반기부터 여러 정보에 대해 투명하게 공개할 예정이다.

'카자흐스탄의 30개 지도적 기업(Thirty Corporate

Leaders of Kazakhstan)' 프로그램은 2007년 11월에 공식적으로 발족되었다. 이 프로그램은 삼성이나 LG, 소니처럼 국가를 대표하는 경쟁력있는 기업을 육성하겠다는 목적을 갖고 있다. 이러한 기업을 통해 세계 50대 경쟁력 국가로 진입하겠다는 전략이다. 2007년 말 97개 프로젝트가 선정되었고, 이것은 600억 달러 규모에 이른다.

카지나는 이 30개의 지도적 기업 프로그램을 실행하고 있으며, 경제부와 삼룩과 협조하고 있다. 국내외 투자자, 국가 예산, 국가석유펀드, 은행과 다른 금융기관이 자금을 조달하고 있다.

카지나가 이 프로그램을 국가를 대신하여 실행하고 있다. 그러므로 이 프로그램이 시장에서 국가 주도로 승자를 결정하는 구조가 아닌가 하는 문제를 제기하는 사람들도 있다. 국가가 승자를 선택할 때 실패할 가능성이 많다고 생각하는 것이다. 그러나 카자흐스탄 입장에서는 WTO에 가입하기 위해 자국의 경쟁력있는 산업이 조속히 육성될 필요가 있다고 판단하고 있다.

삼룩은 2006년 1월부터 활동을 시작하였다. 이것은 국가의 자산 관리에 책임성과 효율성을 증진하기 위한 목적으로 설립되었다. 삼룩은 국가를 대신하여 주요 국영기업의 지주회사 역할을 하고 있다. 이렇게 함으로써 기업 운영에 국가가 개입하지 않고도 정부의 전략적 우선순위에 있는 정책을 실행할 수 있다.

삼룩이 관리하는 회사는 카즈무나이가즈, 카자흐스탄

테므르 졸루(Kazakhstan Temir Zholy, 철도회사), 카자흐텔
레콤, 카자흐스탄 전력망 운영회사(Kazakhstan Electricity
Grid Operation Company, KEGOC), 카즈포스트(KazPost,
우체국)이다. 정부의 특별위원회가 이들 국영기업에 대한
자본의 분배나 재투자에 대해 감시하고 관리함으로써 효율
성을 증대시킨다.

최근 카지나와 삼룩이 합병하여 국가복지기금 삼룩-카
지나(National Welfare Fund Samruk-kazyna)가 되었다. 합
병은 2008년 10월 13일에 행해졌다. 이것은 미국 모기지론
사태로 불거진 세계 금융위기에 대한 대처 방안으로 결정된
것이다.

알마티 지역금융센터(RFCA)는 중앙아시아의 금융 허
브로 자리잡으려는 목적을 갖고 설립되었다. 이를 위해 나
자르바예프 대통령은 IMF 총재였던 제임스 볼펜손(James
Volfensohn)을 고문으로 초빙하였고, 알마티를 금융센터
로 발전시키는데 필요한 조언을 듣고 있다.

카자흐스탄 금융 시스템은 지역 내에서 가장 건전하다.
그러나 금융 부문에 대한 규제를 개선해야 하고, 리스크를
피할 수 있는 운영능력이 필요하다. 그리고 여전히 은행이
압도적으로 다수인데, 다른 금융 부문, 보험이나 연금, 유가
증권, 모지지 등이 발전될 필요가 있다. 그리고 투명성이 제
고되어야 하고, 지배구조가 개선될 필요가 있다.

카즈아그로는 카지나의 특수발전기관이다. 이것은 농
업 생산성을 증대하고, 수자원 사용의 효율성을 높이고, 농

지의 황폐화를 저지하고, 농업 기술을 개선할 목적으로 설립되었다. 카자흐 정부는 수출 경쟁력이 있는 농산물가공 회사를 발전시키는데 노력을 기울이고 있다.

카자흐스탄은 일본 면적만큼의 농지를 보유하고 있고, 많은 인구가 농업에 종사하고 있다. 그러나 농업 기술이 낙후되어 있고, 생산비용이 높으며, 농업에 필요한 물품 조달이 부족하다. 이 결과 생산성이 떨어진다. 세계은행(World Bank)에 따르며 동유럽 평균보다도 한참 지체되어 있다고 한다. 또한 카자흐스탄 자체는 농산물 수출국이지만, 농업 가공품은 주로 러시아에서 수입하고 있는 실정이다.

이런 상황 때문에 카즈아그로와 같은 기관의 농업 지원은 시급하게 요구된다. 그리고 농산물 가공 분야를 육성할 필요가 있다. 이외에 카자흐스탄은 탄소 배출 규제 시장이 경쟁력이 있다고 보고 있고, 이 때문에 바이오디젤의 개발에도 투자하고 있다. 북부 카자흐스탄에 연간 10만톤 규모의 바이오 에탄올, 3만 4천톤 규모의 글루텐 생산 공장을 건설하였다(Cohen 2008: 215-224).

카자흐스탄 대통령은 2006년 3월, 2015년까지 세계 50대 경쟁력있는 국가로 진입하겠다고 선언하였다. 2007~08년 국제경쟁력지수에서 61위에 올랐다(이재영 & 신현준 2007: 42). 그런데 2008~09년의 경쟁력지수는 66위였다. 가장 문제가 되는 부분으로 부패가 1위였고, 조세 규정, 인플레이션, 세율 등이 뒤를 이었다(World Economic Forum 2008).

카자흐스탄이 산업을 다변화하고, 경쟁력있는 기업을 육성하겠다는 전략은 이상적이라 보여진다. 그러나 카자흐스탄이 해결해야 할 주요 과제는 경쟁력지수에서도 나타나지만 부패를 청산하는 것이다. 이 문제를 해결하지 않고 국제 경쟁력지수가 상승하기는 힘들 것으로 보인다.

04 ── 최근의 경제 상황

카자흐스탄은 2000년 이후 경기가 좋았다. 매년 10%에 가까운 경제성장률을 기록했으며, 석유 부문의 외국인 투자가 증대하고, 유가가 고공 행진을 한 덕에 상당한 수익을 기록하게 된다. 그리고 석유와 광업 외 다른 분야에서도 상당한 성장이 이루어지는데, 금융과 건설 부문 성장이 두드러졌고, 이것이 성장을 이끄는 몫을 하였다.

2007년 8월 카자흐스탄 은행들은 유동성 위기에 처한다. 이전까지 카자흐스탄 은행들은 CIS권 내에서 은행 부문이 선두를 차지하고 있었고, 국제적 순위에서도 인정받고 있었다. 그러므로 외국 자금을 빌리는데 별 어려움이 없었다. 그러나 2008년 8월 중순 갑자기 외국으로부터의 차입이 어려워졌다. 이 때문에 카자흐스탄 시중은행들은 대출을 중지하게 된다 (Conrad 2008: 1-5). 이 영향으로 텐게 가치가 급락하여 1달러에 125텐게 였던 것이, 사설 환전상에서는 150~170텐게까지 떨어졌다(ADB 2008: 113).

이 영향으로 건설 부문이 타격을 받게 된다. 건설은 대부분 카자흐스탄의 시중은행에서 자금을 공급받고 있었는데, 대출이 중단되자 공사가 중지되었다. 아파트 같은 경우는 미리 청약금을 납입하였는데, 청약자는 청약금을 지불했으나 입주는 할 수 없는 상태에 처한다.

또한 2007년 6월 6%이었던 이자율이 2007년 말에는 12%로 인상된다(ADB 2008: 113). 이 영향으로 높은 이자 부담을 감당할 수 없는 사람들이 주택을 팔기 위해 내놓게 되고, 주택값은 급속도로 하강하게 된다. 그러나 집이 잘 팔리지 않기 때문에 은행은 모기지 부문에서 부실이 발생하게 되었다.

카자흐스탄의 주택값은 너무 올라 이미 버블 가능성에 대해 이야기되고 있었다. 2000년에서 2007년 사이에 주택값이 18배 상승하였다(Nuttall 2008.10.14). 이러한 수치는 누가 봐도 과도한 감이 있다. 이러한 버블 붕괴의 직접적인 계기는 미국의 서브프라임 모기지론 부실에 따른 여파가 카자흐스탄 은행의 유동성 부족을 야기했기 때문이다.

주택이나 어떤 상품도 무한히 가격이 상승할 수는 없다. 이것이 일단 문제이다. 그런데도 주택이나 건설 부문에 리스크 관리를 하지 않고 대출을 해 준 카자흐스탄 은행에 당연히 책임이 있다. 카자흐스탄 은행은 대출자의 수입이나 능력, 담보물의 가치 등에 대해 엄격히 심사하지 않고 쉽게 대출을 해 주었다(Kusainov 2007.10.29). 이러한 은행의 부실한 리스크 관리가 위기의 한 원인이라고 할

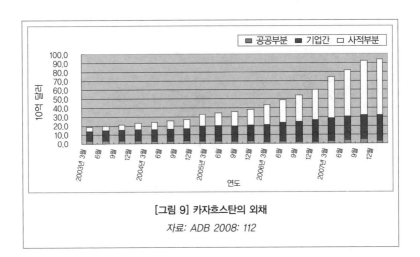

[그림 9] 카자흐스탄의 외채

자료: ADB 2008: 112

수 있다.

은행이 외국에서 빌려오는 자금도 크게 증가하였다. 이것은 사실 카자흐스탄 내의 예금이 매우 적은 데에 이유가 있다. [그림 9]를 보면, 공공부문과 기업 상호간의 외채는 크게 증가되지 않았다. 그런데 사적 부문에서의 외채가 급격히 늘어난 것을 볼 수 있다. 2007년 말에 전체 외채가 939억불이었는데, 이중 기업 상호간의 외채는 284억 달러이었다. 기업간의 부채는 주로 석유 회사들 사이에서 외국의 모기업이 빌려주는 것이다. 그런데 사적 부문에서의 부채는 625억 달러에 달하고 있다. 이것은 GDP의 60%에 달하는 액수이다.

이렇게 막대한 외채를 이용하여 카자흐스탄 은행들은 대출을 하게 되는데, 2004년에 비해 2007년 중반에는 거의 4배에 달하였다. [그림 10]을 보면 대출이 급격히 증가했음

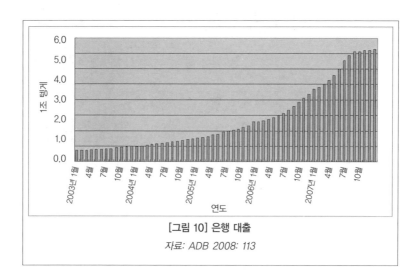

[그림 10] 은행 대출
자료: ADB 2008: 113

을 볼 수 있다. 이러한 대출 중 많은 부분이 붐을 일으키던 부동산에 제공되었다. 대출의 약 70%가 직간접적으로 부동산에 관련되어 있었다. 대출의 증가와 부동산 가격의 상승이 서로 맞물려 버블을 부풀리고 있었던 것이다(ADB 2008: 112).

시중은행들에서 유동성 위기가 발생하자, 중앙은행(National Bank of Kazakhstan)은 단기 유동성 자금을 투입하였다. 2007년 8월에 180억 달러의 자금을 은행에 공급하였다. 부동산 시장의 붕괴를 막기 위해 정부는 40억 달러의 자금을 예산에서 투입하기로 한다. 이중 10억 달러는 2007년에 투입되었고, 나머지는 2008년에 투입된다. 자금의 일부는 주택 청약금이 납입되었음에도 공사가 중단된 건설 부문에 공급되거나 은행에 의해 중단된 산업 투자 프로젝트에 공급된다. 나머지 자금은 소규모 기업에 제공된다. 자금은

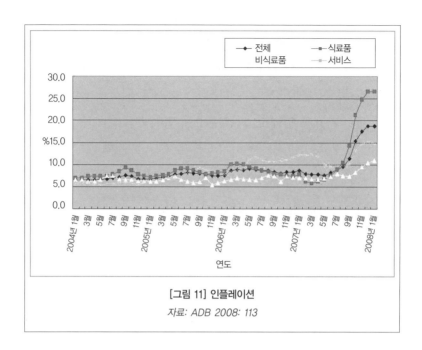

[그림 11] 인플레이션
자료: ADB 2008: 113

카지나 지속가능발전기금에 의해 배분된다. 지원 결과 정부 회계가 3년만에 처음으로 적자로 돌아섰다(ADB 2008: 113).

이 영향으로 텐게화의 가치도 많이 떨어졌지만, 중앙은행이 텐게를 달러에 고정시키는 정책을 폄으로써 안정된다(Conrad 2008: 6) 그러나 인플레이션은 심각해서 7년만에 처음으로 두 자리 수를 기록하여, 2007년 말 18.8%에 달한다. [그림 11]을 보면, 특히 식료품 값이 많이 오른 것을 알 수 있다. 이것은 국제 식료품 값의 상승에 일부 원인이 있다. 그러나 내부적으로는 급속도로 통화패창이 일어난 것도 한 원인이다. 노동생산성에 비해 임금이 많이 올랐고, 공과금, 교통요금 등도 많이 올랐다.

정부는 인플레이션에 대한 대책으로 식물성 기름과 유지종자의 수출을 금지하였다. 그리고 식물성 기름 수입에 부과되던 관세를 없애고, 다른 주요 수입식품의 관세를 낮추었다. 밀 수출에 대해서는 허가제를 도입하고, 지역 내 밀 안정기금을 설립하였다. 또한 다양한 기본식품에 대한 가격 인상을 제한하고, 공과금과 교통요금의 인상을 일시적으로 동결시켰다(ADB 2008: 113-114).

2007년 10월 8일 스탠더드 앤드 푸어즈(Standard & Poor's, S&P)는 카자흐스탄의 신용등급을 하향 조정하였다. 이 결과 카자흐스탄의 신용등급은 BBB-가 되었다. 같은 날 피치(Fitch)도 카자흐스탄의 신용등급을 포지티브(positive)에서 스테이블(stable)로 바꾸었다. 신용등급의 하락은 은행 쪽에서 발생한 위기 때문이다(Saidazimova 2007.10.13).

최근 상황을 보면, 2008년 9개월간 카자흐스탄의 인플레이션율은 9%이다(Gazeta 2008.10.21) 그리고 2008년 8개월간 36개 시중은행의 순익은 47% 하락하였다. 무디즈(Moody)는 은행 분야의 전망을 어둡게 보고 있다.

2008년 10월 3일 현재 카자흐스탄은 495억 달러의 외화자산을 보유하고 있는데, 이중 276억 달러는 국가석유펀드의 자산이다. 그러나 2008년 하반기에 상환해야 할 외채가 137억 달러이고, 이중 93억 달러가 시중은행 부채이다. 2009년에 169억 달러를 상환해야 한다. 이중에서 69억 달러가 시중은행 부채이다. 골드만삭스는, 카자흐스탄은 은행 시스템을 유지하기에 충분한 화력을 지니고 있다고 평가하였다. 그러면서 2009년 성장률을 이전의 5%에서 3.5%로 낮추었다. 카자흐스탄 총리 카림 막시모프(Karim Maksimov)는 2007년 4~5%, 2009년에 5~6% 성장할 것으로 전망하였다(Gizitdinov & Cochrane 2008.10.20).

그러나 최근의 세계적 금융위기의 충격에서 카자흐스탄도 안전한 것은 아니다. 주택이 거의 40% 정도 하락하였다. 알마티와 아스타나에는 공사가 중단된 건물이 많이 있다. 2007년에 공사를 시작한 건물의 50% 정도가 완공되지 못한 채 남아 있다. 2008년 중반에 285개 부동산 개발회사가 407개 프로젝트를 진행중인데, 이중 123개 회사의 200개 프로젝트가 문제가 있다는 평가가 나와 있다. 그리고 이 프로젝트 대부분은 알마티와 아스타나에서 진행되는 것이다(Nuttall 2008.10.14).

블룸버그 통신의 카림 막시모프 총리와의 인터뷰에 따르면, 카자흐스탄 정부는 은행을 지원하고, 외국 투자에 대해 지불 의무를 다할 것이라고 하였다. 그리고 외부의 도움 없이 생존할 특별 계획을 세워두고 있기 때문에 IMF 등의 도움은 필요 없다고 주장하였다(Gizitdinov & Cochrane 2008.10.20).

막시모프 총리는 10월 20일, 연말까지 150억 달러를 투입하여 세계적 금융위기의 충격을 완화하겠다고 선언하였다. 50억 달러는 국가석유펀드에서 제공하고, 50억 달러는 삼룩-카지나 펀드에서 제공하기로 하였다. 그리고 따로

50억 달러를 준비하여 은행 부문을 지원하기로 하였다 (Lillis 2008.10.21).

10월 23일 카자흐스탄 의회는 금융 안정을 위해 부실 은행의 지분 인수 법률을 제정하였다. 지분 인수를 위해 주주의 동의는 필요 없고, 자본 적정성, 유동성 비율 등을 보고 결정할 수 있도록 하였다. 국가는 최소 10%의 지분을 시장 가격으로 인수할 수 있고, 1년 내에 시장상황을 보아 환매할 수 있도록 하였다(Silk Road Intelligencer 2008.10.23).

카자흐스탄이 아이슬랜드의 뒤를 이을 것이라는 예측도 있고, 카자흐스탄에서 매우 드문 현상인 자그마한 소요가 발생하기도 하였다. 이것은 삶의 질의 하락, 건설 부문의 위기, 주택 차압 등에서 야기된 소요였다(Lillis 2008.10.21).

이러한 현상은 카자흐스탄의 상황이 좋지 못하다는 것을 보여준다. 그러나 현재 세계적인 금융위기 상황에서 편안한 나라는 없다. 카자흐스탄은 최초로 미국발 모기지론 충격을 받은 나라이고, 세계 경제가 침체 국면으로 접어드는 경향을 보여주고 있고, 국제 유가와 원자재 값도 하락 국면에 접어들었기 때문에 단기적으로 카자흐스탄의 경제를 밝게 볼 수는 없는 것 같다.

그러나 카자흐스탄 정부는 위기를 견뎌낼 수 있다는 자신감을 보이고 있다. 상당한 외화자산을 쌓아놓고 있기 때문에 위기를 무사히 극복할 수 있을지도 모르겠다. 현재와 같은 세계적 경제 위기 상황에서 정확한 예측을 하기는 어렵다. 그렇지만 현재의 위기는 모든 국가가 겪고 있는 어려움이고, 카자흐스탄도 여기서 예외가 될 수 없을 것이다. 앞으로 적어도 1~2년은 어려운 시기가 될 것이다.

카자흐스탄의 경제는 장기적으로는 호전될 것이라고 낙관적인 전망을 할 수 있다. 그것은 카자흐스탄이 보유한 풍부한 석유와 가스, 광물 자원들이 일차적으로 카자흐 경제를 받쳐줄 것이기 때문이다. 그리고 카자흐 정부가 강력히 추진하고 있는 산업 다변화 전략이 성공하면, 카자흐스탄 경제는 안정적인 궤도에 올라설 것으로 전망할 수 있다.

카자흐스탄 연표

카자흐스탄 연표에서 구체적인 달과 날이 불분명한 것은 앞에 기술했다. 즉 연
도만 확인된 것은 해당 연도의 가장 앞에, 달만 확인된 것은 해당 달의 가장 앞
에 기술하였다.

- 1986년　　　　　　미하일 고르바초프, 게나지 콜빈을 딘무하메드 쿠
　　　　　　　　　　나예프의 후임으로 카자흐스탄 공산당 서기장으로
　　　　　　　　　　임명.
- 1986년 12월 16일　젤톡산 운동 발발. 러시아 민족인 게나지 콜빈의 임
　　　　　　　　　　명에 반발해 발생.

- 1989년 6월 22일　나자르바예프, 카자흐스탄 공산당 서기장이 됨.
- 1989년 9월　　　　나자르바예프, 소비에트 최고회의 의장이 됨.

- 1990년 3월　　　　12회 최고회의 선거. 카자흐어의 지위향상법 제정.
　　　　　　　　　　카자흐어를 공식적 국가 언어로 지정, 러시아어는
　　　　　　　　　　민족간 소통 언어로 지정됨.
- 1990년 4월 24일　나자르바예프가 최고회의에 의해 카자흐스탄 대통
　　　　　　　　　　령으로 선출됨.
- 1990년 10월 25일　카자흐스탄의 주권 선언.

- 1991년 10월 16일　대통령 선거법을 새로 제정.
- 1991년 12월 1일　국민투표에 의한 대통령 선거로 나자르바예프가 5
　　　　　　　　　　년 임기의 대통령으로 당선.
- 1991년 12월 16일　카자흐스탄 독립 선언.

- 1992년   터키 앙카라에서 투르크계 국가들의 정상회담 개최. 앙카라 선언 채택.
- 1992년   아프가니스탄, 아제르바이잔, 카자흐스탄, 키르기즈스탄, 타지키스탄, 우즈베키스탄, 투르크메니스탄이 ECO 회원으로 가입.
- 1992년   러시아는 CPC를 설립하고, 카스피해의 텐기즈 필드에서 러시아의 흑해 항구 노보로시이스크까지 연결하는 파이프라인 건설을 제안.
- 1992년 5월   나자르바예프 대통령, 미국 첫 공식 방문. 미국은 카자흐스탄의 안전 보장 약속.
- 1992년 5월 15일   타쉬켄트에서 집단안보조약(Collective Security Treaty, CST)에 아르메니아, 카자흐스탄, 키르기즈스탄, 러시아, 타지키스탄, 우즈베키스탄이 서명.

- 1993년   텐기즈 유전 생산 시작.
- 1993년 1월 28일   새로운 헌법 제정. 대통령 후보자는 공식적인 국가언어에 대한 완벽한 구사 요구. 그리고 대통령에 상당 정도 권력을 집중함. 의회는 366석에서 177석으로 축소됨. 그리고 42석의 국가 선정 의석 배정.
- 1993년 9월   아제르바이잔, CST에 참여.
- 1993년 9월 15일   텐게 도입.
- 1993년 12월   그루지아, 벨라루시 CST에 참여.
- 1993년 12월   카자흐스탄의 모든 핵미사일 격납고 파괴하고, 핵무기를 러시아로 반환한다는 조약에 서명.
- 1993년 12월   최고회의 해산.

- 1994년   나자르바예프 대통령은 독립국가연합(CIS)을 유라시아연방(Euro-Asian Union)으로 대체하자고 주장.
- 1994년   바이코누르 임차 계약을 러시아와 맺음. 연간 1억 1

천 5백만 달러.

- 1994년 2월 14일 　미국과 카자흐스탄, '카자흐스탄-미합중국 간의 민주적 동반자 관계'라는 헌장이 서명됨. 미국이 카자흐스탄의 안보, 독립, 주권, 영토의 영속성, 민주 발전의 중요한 가치를 인정한다는 내용.

- 1994년 3월 7일 　의회 선거 실시.

- 1994년 12월 15일 　부다페스트 회의에서 러시아, 영국, 미국이 카자흐스탄 공화국의 안전보장 비망록에 서명함. 카자흐스탄의 독립과 자주권의 존중, 현 국경의 확고부동함을 확인함. 또한 영토불가침권과 정치적 독립을 위협하는 무력 사용 금지 조항이 포함됨. 이후 중국과 프랑스도 불가침권 보장을 선언함.

- 1995년 3월 6일 　94년 선거로 구성된 의회의 헌법 위반 판정. 나자르바예프 대통령, 의회 해산.

- 1995년 3월 24일 　260명으로 구성된 자문기구인 민족의회 소집.

- 1995년 4월 29일 　민족의회의 결의에 따라 국민투표 실시. 나자르바예프, 임기 연장. 대통령 권한 강화.

- 1995년 5월 26일 　나자르바예프 대통령은 핵무기가 완전 철수되었음을 선언함.

- 1995년 8월 30일 　헌법 개정에 관한 국민투표 실시. 9월 6일 정식 통과됨. 의회 권한 약화, 대통령 권한 강화. 의회는 상하양원제로 변경. 상원 47명, 하원 77명. 65세 이상은 선거에 의한 공직 금지.

- 1995년 12월 　카자흐스탄, 우즈베키스탄, 키르기즈스탄이 센트라스바트(CentrAsBat) 창설을 결정하고 1996년에 결성됨.

- 1995년 12월 　의회 선거 실시.

- 1996년 4월 26일 　상하이 5국(Shangai 5) 성립.

•1997년	중국의 CNPC는 악퇴베의 좌나졸과 켄키야크이 유전 지분 60% 확보. 중국-카자흐스탄 파이프라인 건설 계약 체결.
•1997년 8월	카자흐스탄, 우즈베키스탄, 키르기즈스탄 군이 미국 노스 캐롤리나(North Carolina)의 포트 브래그(Fort Bragg)에서 훈련받음.
•1997년 9월	카자흐스탄과 우즈베키스탄에서 8개국 합동훈련이 실시됨.
•1997년 9월 14일	노스 캐롤리나에서 우즈벡까지 미국 비행기가 쉬지 않고 비행함.
•1997년 10월	아케잔 카줴겔딘 총리 해임. 후임으로 누를란 발김바예프가 임명됨.
•1997년 11월	카라차가나크 유전에 대한 투자 계약 성사.
•1997년 12월 10일	알마티에서 아스타나로 수도 이전.
•1998년	BTC 파이프라인에 대한 실행 계획이 수립됨. BTC는 아제르바이잔의 바쿠에서 시작해 그루지아의 트빌리시, 터키의 제이한을 연결하는 파이프라인.
•1998년 말	헌법 개정. 하원의 7개 의석을 비례대표로 임명. 7% 이상 득표율을 얻지 못한 당은 의회 진출 금지. 범죄 사실이나 행정적인 기준에 맞지 않으면 피선거권 박탈. 대통령의 임기 7년으로 연장. 65세 나이 제한 철폐. 나자르바예프 자신에 대한 소환 금지.
•1998년 말	아케잔 카줴겔딘이 카자흐스탄 공화국가인민당(RNPK)을 결성. 정부는 대통령 후보로 출마하려던 카줴겔딘에 다양한 범죄 혐의로 기소. 카줴겔딘 망명.
•1999년	카자흐스탄 정부는 스위스 정부에 아케잔 카줴겔딘의 계좌 조사 요구.
•1999년	우즈베키스탄, GUAM(Georgia, Ukraine, Azerbaijan,

Moldova)에 참여.

•1999년 1월 10일	대통령 선거 실시. 나자르바예프, 재선에 성공.
•1999년 3월	대통령과 그의 가족, 그들의 경제적 이익에 대한 정보를 국가 기밀로 규정, 위반시 처벌할 수 있는 법령 반포. 또한 대통령의 명예와 권위에 대한 모욕죄 반포.
•1999년 4월 2일	아제르바이잔, 그루지아, 우즈베키스탄 CST 탈퇴.
•1999년 9월 17일	상원의원 선거.
•1999년 10월 10일	하원 의원 선거.
•1999년 11월	나자르바예프의 사위인 라하트 알리예프가 세무경찰 고위직에 임명됨. 이후 그는 비밀정보기관인 KNB의 부위원장으로 임명됨. 또 다른 사위인 티무르 쿨리바예프는 카즈무나이가즈의 부사장으로 임명됨. 나중에 사장이 됨.
•2000년 7월	의회는 나자르바예프에게 종신적 특권 부여. 나자르바예프가 대통령직을 떠나고도 주요 정부 관리에게 정책 문제에 충고 가능. 국가안보회의에 종신직을 유지.
•2000년 7월	아케잔 카줴겔딘이 이탈리아에서 체포되었다가 석방됨.
•2000년 7월 8일	러시아 분리주의자들에 대한 재판 진행.
•2000년 11월	22명의 러시아 분리주의자들이 체포됨.
•2001년	CPC 파이프라인 완공.
•2001년 5월	러시아, 아르메니아, 벨로루시, 카자흐스탄, 키르기즈스탄, 타지키스탄의 6개국으로 구성된 CSTO는 1,500명의 신속대응군 창설. 본부를 키르기즈스탄에 둠.
•2001년 6월 15일	상하이 5국에 우즈베키스탄이 가입함으로써, 상하이 협력기구(SCO)로 개편됨. 중국, 러시아, 우즈베키스

	탄, 카자흐스탄, 키르기즈스탄, 타지키스탄이 회원국.
• 2001년 8월	AgipKCO에 의해 카샤간 유전이 발굴됨.
• 2001년 11월	대통령의 사위 라하트 알리예프, 오스트리아 대사 파견.
• 2001년 11월 18일	카자흐스탄 민주적 선택당(DCK) 설립.
• 2001년 11월 21일	DCK와 관련된 정부 관료 해임. 부총리, 국방부 차관 예르틀레소바, 파블로다르 주지사 죄키야노프, 노동부 장관 알리한 바이메노프가 포함됨.
• 2001년 11월 28일	러시아의 가즈프롬과 카자흐스탄의 카즈트랜스가즈, 합자회사 카즈로스가즈 설립.
• 2001년 12월	나자르바예프의 미국 방문. 조지 부시와 나자르바예프는 카자흐스탄이 국제적 기준을 지키고, 법치와 종교의 자유, 인권을 증진하고, 민주적 제도와 과정을 강화하는 내용에 서명.
• 2001년 12월	RNPK의 아미르 사노프, 아자마트의 표트르 스보이크, 인민의회의 굴좐 예르갈리예바, 통합민주당(UDP) 결성. 카쉐겔딘이 지도부에 포함됨.
• 2002년 1월 25일	나자르바예프, DCK 운동을 비판하는 성명 발표.
• 2002년 1월 28일	토카예프 총리 해임, 이만갈리 타스마감베토프를 총리로 임명.
• 2002년 1월 29일	DCK의 온건파들이 악졸 당을 결성.
• 2002년 3월	DCK의 아블야조프가 구금됨. 권력 남용과 탈세 혐의로 기소.
• 2002년 4월	DCK의 좌키야노프가 구금됨. 권력 남용과 탈세 혐의로 기소.
• 2002년 6월	새로운 정당법 통과. 5만명의 검증된 서명을 받은 당원 명부 필요. 설립 후 2개월 이내 등록 실패, 혹은 2번의 연속된 선거에 불참, 혹은 득표수의 3% 이하 획득시 정당 폐지.

- 2002년 9월 　　　카자흐스탄은 제임스 기펜 사건의 재판 중지를 요구.
- 2002년 12월 　　중국에 의해 아틔라우와 켄키야크를 연결하는 파이
　　　　　　　　　프라인 완공.

- 2003년 1월 7일 　RNPK 실행위원장인 아미르좐 코사노프를 세금포
　　　　　　　　　탈 혐의로 조사.
- 2003년 1월 9일 　악졸 당의 대표 오라즈 좐도소프가 대통령 특별 고
　　　　　　　　　문으로 임명됨. 아자마트 운동의 대표 무라트 아우
　　　　　　　　　에조프는 국립도서관 관장으로 임명됨.
- 2003년 3월 30일 제임스 기펜이 뉴욕 케네디 공항에서 체포됨.
- 2003년 4월 　　　카라차가나크와 아틔라우 연결 파이프라인 완공.
- 2003년 5월 　　　아블야조프 사면. 정치 활동 금지 조건.
- 2003년 여름. 　　SCO 첫 군사훈련 실시.
- 2003년 6월 　　　중국과 카자흐스탄은 '2003-2008년까지의 협력 프
　　　　　　　　　로그램' 합의.
- 2003년 9월 22일 러시아의 푸틴 대통령과 키르기즈스탄의 아카예프
　　　　　　　　　대통령은 키르기즈스탄 내 칸트 공군기지 사용에 대
　　　　　　　　　한 협약 체결.
- 2003년 10월 　　나자르바예프 대통령의 딸인 다리가 나자르바예바
　　　　　　　　　가 아사르 당을 창립.

- 2004년 　　　　바이코누르 기지를 2050년까지 사용할 수 있는 계
　　　　　　　　　약 체결. 상업적·군사적 용도로 협력 사용을 규정
　　　　　　　　　하는 조항이 포함됨.
- 2004년 1월 　　　매도 예정인 유전이나 에너지 관련 프로젝트의 지분
　　　　　　　　　을 국가가 우선적으로 획득할 수 있는 권한을 부여하
　　　　　　　　　는 법률 제정. 석유 회사에 대한 세금을 대폭 높임.
- 2004년 4월 　　　러시아는 우즈베키스탄의 하나바드 기지 사용권을
　　　　　　　　　획득. 영공 방위 분야에서 협력 협정.
- 2004년 9월 19일 하원 선거. 선거가 있기 두 달 전 악졸의 알튼벡 사

르센바예프를 정보부 장관으로 임명. 선거 결과 진정한 야당 중에는 오직 악졸이 1석을 차지함. 그러나 악졸은 부정선거에 대한 항의의 표시로 의석을 거부함.

- 2004년 10월   러시아는 타지키스탄에 5천명 규모의 영구 기지를 획득.

- 2005년   우즈베키스탄, GUAM에서 탈퇴.
- 2005년   미국과 카자흐스탄은 전략적 지역 파트너(strategic regional partner) 관계를 맺음.
- 2005년 1월 6일   법원에 의해 DCK 폐쇄 결정.
- 2005년 봄.   제임스 기펜은 뇌물 제공을 부정하지 않고, 대신 자신이 CIA를 위해 일하였다고 주장.
- 2005년 3월   DCK와 RNPK, 악졸의 급진파, '공정한 카자흐스탄을 위하여(FJK)' 결성. 오탄 당의 대표이자 의회 대변인이었던 좌르마한 투약바이가 FJK의 대통령 후보로 선출됨.
- 2005년 3월   '전진, 카자흐스탄 민주적 선택'당이 결성됨. DCK의 후예.
- 2005년 4월   의회는 선거 전후에 시위를 금지하는 법을 제정. 키르기즈스탄의 튤립 혁명 영향.
- 2005년 4월 20일   악졸의 급진파들이 '나구즈 악졸' 당을 결성. 불라트 아빌로프, 알튼벡 사르센바예프, 오라즈 좐도소프가 공동 대표.
- 2005년 5월   BTC 파이프라인 운영 시작.
- 2005년 6월   러시아와 내륙 국경 문제 합의.
- 2005년 7월 4일   중국과 카자흐스탄은 '전략적 파트너쉽으로의 발전'에 관한 의정서 채택.
- 2005년 8월 22일   CNPC는 페트로카자흐스탄의 지분 100% 인수.
- 2005년 10월   무기로 사용 가능한 2,900kg의 고농축 우라늄을 저

농축 우라늄으로 변형함.

- **2005년 11월**　카자흐스탄의 아타수(Atasu)와 중국 신장의 알라샨코우(Alataw, Alashankou)를 연결하는 파이프라인 완공.
- **2005년 11월 12일**　FJK 소속 자만벡 누르카딜로프가 암살 당함.
- **2005년 12월 4일**　대통령 선거 실시. 나자르바예프 임기 7년의 3선에 성공.
- **2005년 12월 15일**　아타수-알라샨코우 파이프라인 가동 시작.
- **2005년 말**　지하자원 이용권한과 광업 기업의 이익을 이전하는 것을 제한하는 지하자원법 제정. 새 법률에 따라 캬샤간의 브리티쉬 가스의 지분 일부 획득, 페트로카자흐스탄의 지분 33%를 환수. 카즈무나이가즈는 모든 신규 PSA 계약의 당사자가 되어야 하고, 50% 이상의 지분을 확보해야 한다.

- **2006년**　우즈베키스탄, CSTO에 참여.
- **2006년**　나자르바예프 대통령과 푸틴 대통령은 천연가스 판매 가격의 인상에 대해 합의.
- **2006년 1월 14일**　좌키야노프 사면.
- **2006년 2월 13일**　알튼벡 사르센바예프가 운전사, 보디가드와 함께 살해당한 채 발견.
- **2006년 4월과 7월**　알마티의 샨이락과 바카이 지역에 대한 강제 철거와 주민들의 항쟁.
- **2006년 7월**　미국 라이스 국무장관이 나자르바예프 대통령의 전면적 사회정치 개혁을 지지한다고 언급.
- **2006년 7월**　투약바이, 사회민주당 창당 선언. 나사르 당과 오탄 당 합당.
- **2006년 8월 31일**　사르센바예프 암살에 대한 최종 판결이 내려짐. 전 상원위원장이었던 예르잔 우템바예프가 살인을 교사하였다고 결론이 내려짐.

- 2006년 9월 8일   중앙아시아 5개국은 세미팔라친스크에서 핵무기자유지역 협정에 서명함.
- 2006년 9월 말   악졸 대표 알리한 바이메노프가 의회 의석을 수용.
- 2006년 11월   시민당과 농업당이 오탄 당과 합당. 당명을 누르-오탄으로 변경.

- 2007년   미국의 체니 부통령, 카자흐스탄 방문. 나자르바예프의 종신 대통령제 채택은 필요한 조치라고 지지 표명.
- 2007년 1월   라하트 알리예프, 누르방크 사장 아빌마젼 길리모프와 부이사장 졸다스 팀라리예프 납치.
- 2007년 1월 24일   카스피해 석유 운송 시스템(KCOTS) 건설 조약에 서명.
- 2007년 2월 9일   라하트 알리예프, 외무부 장관에서 해임됨. 오스트리아 대사로 발령.
- 2007년 3월   아트라우-사마라 파이프라인을 통해 연간 1,500만톤의 원유를 수출하기로 러시아와 합의. CPC 파이프라인의 확장에 대한 계약도 체결.
- 2007년 4월 26일   미국의 베이커 휴즈 회사가 카자흐스탄에 대한 뇌물 제공 혐의로 부패방지법에 의해 4천 4백만 달러의 벌금형을 받음.
- 2007년 5월   의회, 헌법 개정. 나자르바예프 대통령의 연임 제한 철폐. 하원을 당에 따른 비례대표 선출로 변경.
- 2007년 5월   이란의 CSTO 가입 권유.
- 2007년 5월 12일   러시아, 카자흐스탄, 투르크메니스탄, 프리카스피이스키 파이프라인 건설에 합의.
- 2007년 6월   나자르바예프 대통령, 알리예프를 공공의 적

	1호로 지명함. 오스트리아에서 체포, 그러나 보석으로 석방됨. 오스트리아 정부, 알리예프의 송환 거부.
• 2007년 7월	국가 안보와 국익에 중요한 산업적 자산의 국가의 우선적 취득 권리를 부여하는 법률 제정.
• 2007년 8월 18일	하원 선거 실시. 누르-오탄이 88% 득표. 다른 당은 7%의 벽을 넘지 못하여, 단 1석도 획득하지 못함.
• 2007년 10월	라하트 알리예프, 나자르바예프 대통령이 사르센바예프의 암살을 지시하였다고 폭로함.
• 2007년 10월	지하자원법 개정. 국가는 일방적으로 지하자원 이용자와의 계약을 취소하거나 변경할 수 있음.
• 2007년 10월 6일	CSTO는 UN 산하에서 파병될 수 있는 평화유지군을 만들기로 합의. 러시아산 무기를 회원국이 모두 러시아 내에서와 동일 가격으로 구입할 수 있도록 협약.
• 2007년 12월	CPC 파이프라인의 용량을 연간 67백만톤으로 확장하는데 합의.
• 2007년 12월 20일	카자흐스탄, 투르크메니스탄, 러시아, 프리카스피이스키 파이프라인 건설 계약 맺음.
• 2007년 말	투르크메니스탄, 우즈베키스탄, 카자흐스탄을 거쳐 중국으로 연결되는 가스 파이프라인 건설에 합의.
• 2008년 3월	러시아는 카자흐스탄-중국 파이프라인을 통해 중국으로 원유를 수출하기로 함.
• 2008년 9월 5일	CSTO의 6개 회원국이 러시아의 그루지아에 대한 군사적 개입을 지지하였다고 러시아 대통령 드미트리 메드베데프가 밝힘.
• 2008년 10월	상원의원 선거 실시.

| 참 고 문 헌 |

- 카자흐스탄 통계청, http://www.stat.kz (검색: 2008년 8월 7일).
- 카자흐스탄 중앙은행, http://www.nationalbank.kz (검색: 2008년 11월 8일).
- 카자흐스탄 정부, http://www.government.kz (검색: 2008년 10월 25일).
- 카자흐스탄 대사관, http://www.kazembassy.org (검색: 2008년 9월 30일).
- 카자흐스탄 대통령 공식 사이트, http://www.akorda.kz (검색: 2008년 11월 10일).
- International Information Center of The Republic of Kazakhstan, http://www.kazakhstanlive.com (검색: 2008년 9월 23일).

- 목마츠 히사오 외(2005),《중앙 유라시아의 역사》. 서울: 소나무.
- 김상원(2008), 〈카자흐스탄의 에너지개발과 외국인 투자〉,《국제지역연구》, 12(1), 25-50.
- 김일수 외(2008),《중앙아시아의 거인, 카자흐스탄》. 서울: 궁리.
- 나자르바예프, 누르술탄(1997),《21세기 문턱에서》. 한국경제신문사.

- 대한무역진흥공사(2008),《국가정보 - 카자흐스탄》. KOTRA.

- 도스만베토프, Б.С.(2003), 〈카자흐스탄에서의 민족-인구학의 발전〉, 예르덴 카쥐베포프 편. 《카자흐스탄의 문화와 역사》(pp. 71-85). 용인: 강남대학교 출판부.

- 루네 그루쎄(1998),《유라시아 유목제국사》, 서울: 사계절.

- 룩 콴텐(1984),《유목민족제국사》. 서울: 민음사.

- 박병인(2005a), 〈상하이협력기구(SCO)와 중국의 경제적 이해〉, 《중국학연구》, 31, 323-351.

- _____(2005b), 〈상하이협럽기구(SCO) 성립의 기원 - '상하이 5국'에서 '상하이협력기구'로〉, 《중국학연구》 33, 511-534.

- 박상남(2004), 〈중앙아시아 신생국의 국가형성과 터키의 역할〉, 《중동연구》 22(2), 19-38.

- _____(2005), 〈중국의 서부전략과 중앙아시아〉, 《국제지역연구》 8(4), 3-33.

- _____(2007), 〈카자흐스탄의 석유-가스 산업정책〉, 《중동연구》 26(2), 343-366.

- 박상남 & 강명구(2007),《주요국의 대중앙아시아 통상전략 및 시사점》, 서울: 대외경제정책연구원(KIEP).

- 박시인(1994),《알타이 신화》, 서울: 청노루.

- 연합뉴스(2008.09.05), 〈메드베데프 "옛 소련 6개국 러시아 지지"〉, Available from http://www.yonhapnews.co.kr/bulletin/ 2008/09/05/ 0200000000AKR20080905217000079.HTML (검색: 2008년 9월 10일).

- 양정훈(2005), 〈러시아의 대중앙아시아 외교정책의 변천과정〉, 《슬

라브연구》, 21(2), 142-163.

- 오종진(2007), 〈터키의 교육교류를 통한 대 중앙아시아 정책 연구〉, 《한국이슬람학회논총》 17(2), 135-156.

- 이웅현 편.(2007), 《중앙아시아의 문명과 반문명》, 서울: 리북.

- 이재영, 신현준 편저.(2007), 《한국의 주요국별 · 지역별 중장기 통상 전략: 중앙아시아》, 서울: 대외경제정책연구원.

- 이홍섭(2007), 〈카자흐스탄의 대외정책: 전방위 외교정책의 모색〉, 《슬라브연구》, 23(2), 87-107.

- 장병옥(2001), 《중앙아시아 국제정치의 이해》, 서울: 한국외국어대 학교출판부.

- 지재운(2005), 〈중국의 중앙아시아 전략〉, 《중국학연구》 31, 272-292.

- 피터 홉커크(2008), 《그레이트 게임》, 파주: 사계절.

- 황윤섭 & 김형식(2007), 〈신흥석유수출국 경제의 지속 성장 가능성 - 카자흐스탄을 중심으로〉, 《국제지역연구》 11(3), 509-525.

- 輪島実樹(2008), 《カスピ海エネルギー資源を巡る攻防》, 東京: 東洋 書店.

- 木村 汎 編(2003), 《中央アジアの行方―米ロ中の綱引き》, 東京: 勉 誠出版.

- 濱田 正美(2008), 《中央アジアのイスラーム》, 東京: 山川出版社.

- 坂口 泉(2007), 《エネルギー安全保障―ロシアとEUの対話》, 東京: 東洋書店.

- Алексеенко, Александр Николаевич(2001), 〈Республика

в зеркале переписей населення⟩, *Социологическ-*
ие исследования, No. 12, 58-62. Available from http://
www.ecsocman.edu.ru/images/pubs/2005/06/13/0000213102/
010Alekseenko.pdf

• Агенство Республики Казахстан по статистике(2000),
Национальный состав населення Республики Казах-
стан Том 1. Алматы.

• Демоскоп, http://demoscope.ru/weekly/2007/0285/panor
m01.php#2 (검색: 2008년 8월 29일).

• Abisheva, Venera(2003.05.27), ⟨Self-Censorship Rife in Kazak
Media⟩, Available from http://www.iwpr.net/?p=p&s=f&o=
176319&apc_state =hENf-176313 (검색일: 2008년 10월 5일).

• _____(2003.05.30), ⟨Kazakstan: Opposition Pillory
Dariga "PR Stunt"⟩. Available from http://www.iwpr.net/
index.php?apc_state=hen&s=o&o=p=rca&l=EN&s=f&o=176313
(검색일: 2008년 10월 5일).

• ADB(2008), ⟨Asian Development Outlook 2008 - Kazakhstan⟩,
Available from http://www.adb.org/Documents/Books/
ADO/2008/KAZ.pdf (검색일: 2008년 10월 30일).

• Adil Soz(2005.09.20), ⟨"Respublika" newspaper and its successors
prevented from publishing⟩, Available from http://www.ifex.
org/ en/content/view/full/69324 (검색일: 2008년 10월 13일).

• Alibekov, Ibragim(2003.01.31), ⟨Kazakhstani Opposition Showing

Signs of Strain〉, Available from http://www.eurasianet.
org/departments/ insight/articles/eav013103.shtml (검색일:
2008년 10월 10일).

• _____(2004.05.20), 〈Kazakhgate Fires Up Kazakhstan's
Election Campaign〉, Available from http://www.eurasianet.
org/departments/insight/articles/eav052004.shtml (검색일: 2008
년 9월 30일).

• _____(2004.08.12), 〈Opposition Leader in Kazakhstan
Ordered Released From Prison〉, Available from http://www.
eurasianet.org/departments/insight/articles/eav081204a.shtml
(검색일: 2008년 10월 10일).

• _____(2005.02.16), 〈Kazakhstan's Leading Opposition
Party Faces Split〉, Available from http://www.eurasianet.org
/departments/insight/articles/eav021605.shtml (검색일: 2008년
10월 5일).

• Analyst(2006.07.04), 〈Kazakh Pro-Presidential Parties Merge〉,
Available from http://www.cacianalyst.org/newsite/
?q=node/4059 (검색일: 2008년 10월 10일).

• Analyst(2007.02.06), 〈Tow Missing Kazakh Bankers Have Been
Abducted〉, Available from http://www.cacianalyst.org/
?q=node/ 4455 (검색일: 2008년 9월 23일).

• Arthur(2007.05.27), 〈Consitutional Amendments: A Silver Lining〉,
Available from http://kazakhstan.neweurasia.net/2007/05/21/
consitutional-amendments-a-silver-lining/ (검색일: 2008년 10월

14일).

• Baituova, Gaziza(2006.07.10), 〈Party's Over for Kazak President's Daughter〉, Available from http://www.iwpr.net/?p=rca&s=f&o =322172&apc_state=henirca2006 (검색일: 2008년 10월 10일).

• Barnes, Hugh(2007), 〈Kazakhstan's feuding first family〉, New Statesman. 136(4852), pp.34-36.

• BBC(2007.05.18), 〈Kazakh MPs lift presidency limit〉, Available from http://news.bbc.co.uk/2/hi/asia-pacific/6668229.stm (검색일: 2008년 10월 10일).

• Berdyeva, Aisha(2007.12.04), 〈Turkmenistan: Can Ashgabat Keep All of Its Energy Export Promises?〉, Available from http://www. eurasianet.org/departments/insight/articles/eav120407.shtml (검색일: 2008년 9월 25일).

• Bissenova, Alima(2001.10.09), 〈Kazakhstan Tries to Balance Disparate Interests〉, Available from http://www.eurasianet.org/ departments/ insight/articles/eav100901a.shtml (검색일: 2008년 9월 23일).

• Blagov, Sergei(2000.07.16), 〈Russian 'separatists' highlight ethnic tensions〉, Available from http://www.atimes.com/c-asia/ BF16Ag01.html (검색일: 2008년 10월 9일).

• _____(2007.12.11), 〈Russia Seeking to Keep Kazakhstan Happy〉, Available from http://www.eurasianet.org/ departments/ business/articles/eav121107.shtml (검색일: 2008 년 9월 25일).

• Bowyer, Anthony Clive(2008), Parliament and Political Parties in Kazakhstan, Central Asia-Caucasus Institute & Silk Road Studies Program. Available from http://www.silkroadstudies.org/new/ docs/Silkroadpapers/0804Bowyer.pdf (검색일: 2008년 10월 7 일).

• BP(2008.06a), 〈BP Statistical Review of World Energy: Oil〉, Available from http://www.bp.com/liveassets/bp_internet /globalbp/globalbp_uk_english/reports_and_publications/statis tical_energy_review_2008/STAGING/local_assets/downloads/p df/oil_section_2008.pdf (검색일: 2008년 10월 25일).

• BP(2008.06b), 〈BP Statistical Review of World Energy: Natural Gas〉, Available from http://www.bp.com/liveassets/ bp_internet/globalbp/globalbp_uk_english/reports_and_public ations/statistical_energy_review_2008/STAGING/local_assets/d ownloads/pdf/natural_gas_section_2008.pdf (검색일: 2008년 10 월 25일).

• Cohen, Ariel(2007.05.30), 〈Kazakhstan: President Nazarbayev Makes a Power Play〉, Available from http://www.eurasianet. org/departments/insight/articles/eav053107.shtml (검색일: 2008 년 10월 14일).

• _____(2008), Kazakhstan: The Road to Independence Energy Policy and the Birth of a Nation, Central Asia-Caucasus Institute & Silk Road Studies Program, Available from http://www.isdp.eu/files/publications/books/08/ac08kazakhsta

nindependence.pdf (검색일: 2008년 10월 4일).

• Conrad, Jurgen(2008), 〈Three Dimensions of the Banking Crisis in Kazakhstan〉, Available from http://www.adb.org/Documents/ Produced-Under-TA/37318/37318-KAZ-DPTA.pdf (검색일: 2008년 10월 30일).

• CPJ(2002), 〈Kazakhstan: Irina Petrushova〉, Available from http://www. cpj.org/awards02/petrushova.html (검색일: 2008 년 10월 10일).

• ___(2005), 〈Irina Petrushova, Respublika Delovoye Obozreniye〉, Available from http://www.cpj.org/cases05/ europe_cases05/ russia.html (검색일: 2008년 10월 10일).

• Cummings, Sally N(2002), Power and Change in Central Asia. Routledge.

• CWI.(2006.04.10), 〈Shanyrak in flames〉, Available from http://socialist world.net/eng/2006/04/10kazak.html (검색일: 2008년 10월 9일).

• Daily Times(2007.10.06), 〈Security alliances led by Russia, China link up〉, Available from http://www.dailytimes.com.pk/ default.asp?page=2007\10\06\story_6-10-2007_pg4_3 (검색일: 2008년 9월 23일).

• Dave, Bhavna(2005), 〈Kazakhstan's 2004 Parliamentary Elections〉, Problems of Post-Communism, 52(1), pp.3-14.

• Dubnov, Arkady(2004.07.16). 〈An oppositionist as head of the Kazakh media: the new minister of information annuls lawsuits

against newspapers⟩, Available from http://enews.ferghana.ru
/article.php?id=510 (검색일: 2008년 10월 10일).

- _____(2004.09.21), ⟨Kazakh minister of information
resigns in protest against parliamentary election⟩, Available
from http:// enews.ferghana.ru/article.php?id=615 (검색일:
2008년 10월 10일).

- _____(2006.02.14), ⟨Kazakh opposition leaders die one
after another⟩, Available from http://enews.ferghana.ru/article.
php?id= 1292 (검색일: 2008년 10월 10일).

- Economist(2006.08.05), ⟨The revolt in Almaty⟩, Economist,
380(8489), pp. 39-39.

- EIA(2008.02), ⟨Country Analysis Briefs: Kazakhstan⟩, Available
from http://www.eia.doe.gov/emeu/cabs/Kazakhstan/
Full.html (검색일: 2008년 10월 17일).

- Eurasianet(2001.11.27), ⟨Political Turmoil Hits Kazakhstan as
Nazarbayev Sacks top officials⟩, Available from http://www.
eurasianet.org/departments/insight/articles/eav112701.shtml
(검색일: 2008년 10월 10일).

- _____(2002.01.30), ⟨New Kazakh Prime Minister Hints at
Nazar bayev's Political Endgame⟩, Available from http://www.
eurasianet. org/departments/insight/articles/eav013002.shtml
(검색일: 2008년 10월 10일).

- _____(2002.10.29), ⟨Supporters of Detained Kazakhstani
Journalist Denounce Incident As Set-up⟩, Available from

http://www.eurasianet.org/departments/civilsociety/articles/ea
v102902.shtml (검색일: 2008년 10월 5일).

• _____ (2003.01.28), 〈Prominent Opposition Journalist
Convicted in Kazakhstan on Rape Charges〉, Available from
http://www.eurasianet.org/departments/civilsociety/articles/ea
v012803.shtml (검색일: 2008년 10월 5일).

• _____ (2003.01.31), 〈International Criticism of Duvanov
Conviction Mount Against Kazakhstan〉, Available from
http://www.eurasianet.org/departments/civilsociety/articles/ea
v013103.shtml (검색일: 2008년 10월 5일).

• _____ (2003.04.08), 〈Letter Indicates that Attorneys for
Kazakhstan were Concerned about President's Possible
Indictment in US Corruption Case〉, Available from
http://www.eurasianet.org/departments/insight/articles/eav040
803.shtml (검색일: 2008년 9월 30일).

• _____ (2007.05.14), 〈Russia Registers Victory in Caspian Basin
Energy Game〉, Available from http://www.eurasianet.org/
depart ments/insight/articles/eav051407a.shtml （검색일: 2008
년 9월 25일).

• Ferghana(2005.08.08), 〈Criminal charges were pressed against
sponsors of Nursultan Nazarbayev's political opponents〉,
Available from http:// enews.ferghana.ru/article.php?id=1000
(검색일: 2008년 10월 7일).

• _____ (2005.12.12), 〈The Kazakh police took in journalists protesting against unfair election〉, Available from http://enews. ferghana.ru/ article.php?id=1194 (검색일: 2008년 10월 7일).

- Ferris-Rotman, Amie(2008.10.14), 〈Export capacity cramps Kazakhstan's oil ambitions〉, Available from http://eurasia. org.ru/cgi-bin/datacgi/ database.cgi?file=News&report= SingleArticle2005& ArticleID= 0000035 (검색일: 2008년 10월 24일).

- Frappier, Chad E(2004), 〈The Drivers for the Elimination of Kazakhstan's Nuclear Weapons Program〉, Available from http://www8.georgetown.edu/centers/cndls/applications/poste rTool/index.cfm?fuseaction=poster.display&posterID=687 (검색일: 2008년 9월 20일).

- Freedom House(2004), 〈Freedom in the World - Kazakhstan (2004)〉, Available from http://www.freedomhouse.org /inc/content/pubs/fiw/inc_country_detail.cfm?country=2959&p f (검색일: 2008년 9월 20일).

- Fuller, Liz(1999.09.18), 〈Kazakhstan's Kazhegeldin conspicuous by his absence〉, Available from http://www.atimes.com/c-asia/AI18Ag02. html (검색일: 2008년 9월 27일).

- Gazeta(2008.08.18), 〈Baku-Tbilisi-Ceyhan: history lesson in conjunction with geography for Kazakhstan〉, Available from http://eng.gazeta.kz/art.asp?aid=116081 (검색일: 2008년 9월 20일).

- _____(2008.10.21), 〈Inflation index in Almaty for 9 months of the

current year made up 109%〉, Available from http://eng.gazeta.
kz/art.asp?aid=120321 (검색일: 2008년 9월 27일).

• Gizitdinov, Nariman & Cochrane, Laura(2008.10.20), 〈Kazakhstan
to Use Oil Wealth to Avert Bank Failures〉, Available from
http://www.bloomberg.com/apps/news?pid=20601095&sid=a
YWhYUSe6Fwo&refer=east_europe (검색일: 2008년 9월 20일).

• Global Integrity(2007), 〈Kazakhstan: Corruption Timeline〉,
Available from http://report.globalintegrity.org/Kazakhstan
/2007/timeline (검색일: 2008년 10월 10일).

• Global Research(2007.05.18), 〈Iran invited to join Central Security
Treaty Organization〉, Available from http://www.
globalresearch.ca/index.php?context=va&aid=5696 (검색일:
2008년 9월 23일).

• GlobalSecurity〈CENTRASBAT〉, Available from http://www.
globalse curity.org/military/ops/centrasbat.htm (검색일: 2008년
9월 23〉.

• guardian(2005.08.01), 〈Uzbekistan kicks US out of military base〉,
Available from http://www.guardian.co.uk/world/2005/
aug/01/usa.nickpatonwalsh (검색일: 2008년 9월 23일).

• Halpin, Tony(2008.08.30), 〈Kremlin announces that South Ossetia
will join 'one united Russian state'〉, Available from http://
www.timesonline.co.uk/tol/news/world/europe/article463584
3.ece (검색일: 2008년 9월 20일).

• HRW(1999a), 〈Kazakhstan's Post-Soviet Political Process, 1992-

1997〉, Available from http://www.hrw.org/reports/ 1999/kazakhstan/ Kaz1099b-02.htm (검색일: 2008년 10월 5일).

- ____(1999b), 〈From "Democratization" to Snap Presidential Elections〉, Available from http://www.hrw.org/reports /1999/kazakhstan/ Kaz1099b-03.htm (검색일: 2008년 10월 5일).

- IAEA(2006.09.08), 〈Central Asia: Towards a Nuclear-Free World - Regional Leaders Sign Nuclear-Weapon-Free Zone Treaty〉, Available from http://www.iaea.org/NewsCenter/ News/2006/central_asia.html (검색일: 2008년 9월 20일).

- IHT(2007.12.20), 〈Russia, Kazakhstan and Turkmenistan sign Caspian gas pipeline deal〉, Available from http://www. iht.com/ articles/ap/2007/ 12/20/news/Russia-Caspian-Pipeline.php (검색일: 2008년 9월 15일).

- IHT(2008.10.04), 〈Ex Kazakh ambassador says he's wanted dead〉, Available from http://www.iht.com/articles/ap/2008/10/04/ europe/EU-Austria-Kazakhstan.php (검색일: 2008년 10월 16〉.

- IIDSRK2003-2015(2003), 〈Innovative Industrial Development Strategy of the Republic of Kazakhstan for 2003-2015〉, Available from http://www.akorda.kz/www/www_akorda_kz.nsf/ 5A3A1C177D0A90A8462572340019E5C6/$FILE/en1.doc (검색 일: 2008년 10월 30〉.

- Indymedia Ireland(2006.08.22), 〈Massive clearances planned to facilitate development have lead to bloody clashes with police〉,

Available from http://www.indymedia.ie/article/78012 (검색일: 2008년 10월 8).

- Interfax-Kazakhstan(2008.10.13), 〈Kazyna and Samruk merging into single national welfare fund〉, Available from http://www. interfax.kz/?lang=eng&int_id=10&function=view&news_id=218 1 (검색일: 2008년 11월 5).

- Internews(2002.09.05), 〈Kazakhs Crack Down on Journalists〉, Available from http://www.internews.org/articles/2002/ 20020905_ojr_ kazakh.htm (검색일: 2008년 10월 5일).

- Junisbai, Barbara & Junisbai, Azamat(2005), 〈The Democratic Choice of Kazakhstan: A Case Study in Economic Liberalization, Intraelite Cleavage, and Political Opposition〉. Demokratizatsiya, 13(3), pp. 373-392.

- Kaleyeva, Tamara(2007), 〈Freedom of Speech in Kazakhstan in 2006 Analytical Report〉, Available from http://www.adilsoz.kz/ site. php?lan=english&id=67&pub=7 (검색일: 2008년 10월 8일).

- Kasera, Saurav & Katz, Barbara(2007), 〈Kazakhstan: Economic Policies Before and After the 1998 Russian Financial Crisis〉, Available from http://cs.nyu.edu/~sk1759/Kazakhstan.pdf (검색일: 2008년 10월 4일).

- Kennedy, Ryan(2006), 〈A Colorless Election〉, Problems of Post-Communism, 53(6), pp.46-58.

- Kesher, Adam(2007.01.31), 〈James Giffen - an International Mystery〉, Available from http://kazakhstan.neweurasia.net

/?p=250 (검색일: 2008년 9월 30).

- Kleveman, Lutz(2004), The new great game : blood and oil in Central Asia. New York: Grove Press.

- Kommersant(2007.10.08), 〈Gendarme of Eurasia〉, Available from http://www.kommersant.com/p812422/CIS_CSTO_Russia_Leb edev/ (검색일: 2008년 9월 23).

- Kramer, Andrew E(2005.11.14), 〈Kazakhstan opposition member slain〉, Available from http://www.iht.com/articles/2005/ 11/14/news/ stan.php (검색일: 2008년 10월 20).

- Kurtov, Adzhar(2007), 〈Presidential Seat or Padishah's Throne?〉, Russian Social Science Review, 48(6), pp. 64-95.

- Kusainov, Aldar(2003.01.03), 〈Kazakhstan's Critical Choice〉, Available from http://www.eurasianet.org/departments/ civilsociety/articles/ eav011303.shtml (검색일: 2008년 10월 10일).

- _____(2003.09.16), 〈Wheels Set in Motion For Dynastic Transition in Kazakhstan〉, Available from http://www. eurasianet.org/departments/insight/articles/eav091603.shtml (검색일: 2008년 10월 10일).

- _____(2007.10.29), 〈Prognoses for Kazakhstan's Banking and Real Estate Sectors〉, Available from http:// silkroadintelligencer. com/2007/10/29/aidarkhan-kusainov-prognoses-for-kazakhstans-banking-and-real-estate-sector/ (검색일: 2008년 11월 3일).

- Legvold, Robert ed(2003), Thinking strategically : the major powers, Kazakhstan, and the central Asian nexus. MIT Press.

- Leila(2007.02.08), 〈Kazakhstan: Money, Kidnapping, Money, Power, Money〉, Available from http://www.neweurasia.net/ 2007/ 02/08/kazakhstan-money-kidnapping-money-power-money/ (검색일: 2008년 10월 7일).

- ____(2007.05.23), 〈The Downfall of Rakhat Aliyev〉, Available from http://kazakhstan.neweurasia.net/2007/05/23/the-downfall-of-rakhat-aliev/ (검색일: 2008년 10월 7일).

- Lillis, Joanna(2006.09.05), 〈Kazakhstani Assassination Trial Concludes with Guilty Verdicts, Questions Continue〉, Available from http://www.eurasianet.org/departments/insight/articles/ eav090506.shtml (검색일: 2008년 10월 12일).

- _____(2006.10.06), 〈Kazakhstan Experiences Political Shift〉, Available from http://www.eurasianet.org/departments /insight/ articles/eav101706.shtml (검색일: 2008년 10월 7일).

- _____(2007.02.09), 〈Kazakhstan: Political Reshuffle Involves President's Son-in-law〉, Available from http://www. eurasianet.org/departments/insight/articles/eav020907.shtml (검색일: 2008년 10월 7일).

- _____(2007.08.20), 〈Kazakhstan Set to Have One-Party Parliament Following Election〉, Available from http://www. eurasianet.org/departments/insight/articles/eav082007.shtml (검색일: 2008년 10월 14일).

- _____(2008.10.21), 〈Kazakhstan: Astana Acts Aggressively to Contain Financial Crisis〉, Available from http://www.eurasianet.org/departments/insightb/articles/eav102108.shtml (검색일: 2008년 11월 4일).

- Luong, Pauline Jones ed(2003), The transformation of Central Asia : states and societies from Soviet rule to independence. New York: Cornell University Press.

- Markus, Ustina(2006.09.14), 〈Kazakh murder verdicts questioned〉, Available from http://www.isn.ethz.ch/isn/Current-Affairs/Security-Watch/Detail/?ots591=4888CAA0-B3DB-1461-98B9-E20E7B9C13D4 &lng=en&id=52471 (검색일: 2008년 10월 12일).

- _____(2007.06.12), 〈Muddy Kazakh politics〉, Available from http://www.dailyestimate.com/print.asp?idarticle=9875 (검색일: 2008년 9월 20일).

- Mayakova, Yelena(2006.03.15), 〈Galymzhan Zhakiyanov: Altynbek Sarsenbayev was a thorn in the hide of the Kazakh regime〉, Available from http://enews.ferghana.ru/article.php?id=1325 (검색일: 2008년 10월 10일).

- Nazarbayev, Nursultan(2008). The Kazakhstan Way, London: Stacey International Publishers.

- NORRIS, FLOYD(2007.04.27), 〈Baker Hughes Admits to Overseas Bribery〉, Available from http://www.nytimes.com/2007/04/27/business/worldbusiness/27settle.html (검색일: 2008년 10월

12일).

- NTI(2005.04.05), ⟨Nuclear Materials Smugglers Could Be Using Central Asian Drug Trafficking Routes⟩, Available from http://www.nti.org /d_newswire/issues/2005/4/4/da1fc2af-bfb3-461d-90aa-dbb3bb27272b.html (검색일: 2008년 9월 20일).

- ___ (2005.10.11), ⟨Kazakhstan Eliminates Nuclear Weapon-Usable Uranium⟩, Available from http://www.nti.org/d_ newswire /issues/2005/10/11/37d14d7c-4c18-4ffa-a058-9bba7e51808d.html (검색일: 2008년 9월 20일).

- Nuttall, Clare(2008.10,14), ⟨ANALYSIS: No bottom yet for Kazakh housing market⟩, Available from http://silkroadintelligencer. com/ 2008/10/14/no-bottom-yet-for-kazakh-housing-market/ (검색일: 2008년 10월 30일).

- Olcott, Martha Brill(1995), The Kazakhs (2nd Ed.), Stanford: Hoover Institution Press.

- _____ (2005), Central Asia's Second Chance. Washington, D.C.: Carnegie Endowment For International Peace.

- Penketh, Anne(2007.11.01), ⟨The president, his former son-in-law, and an accusation of state murder⟩, Available from http://www. independent.co.uk/news/world/asia/the-president-his-former-soninlaw-and-an-accusation-of-state-murder-398487.html (검색일: 2008년 10월 15일⟩

- Pannier, Bruce(2003.09.24), ⟨Central Asia: Presidents' Daughters Emerging As Unlikely Political Forces In Kazakhstan,

Uzbekistan〉, Available from http://www.rferl.org/content/ Article/1104448.html (검색일: 2008년 10월 10일).

• ＿＿＿＿＿＿(2004.11.06), 〈Kazakhstan: Nazarbayev Expecting Obedience from Newly Elected Parliament〉, Available from http://www.eurasianet.org/departments/civilsociety/articles/pp 110604.shtml (검색일: 2008년 10월 15일).

• ＿＿＿＿＿＿(2006.12.22), 〈Kazakhstan: Ruling Party Gets Even Bigger〉, Available from http://www.rferl.org/content/ Article/ 1073642.html (검색일: 2008년 10월 10일).

• ＿＿＿＿＿＿(2008.05.17), 〈Kazakhstan: President's Former Son-In-Law Offers To Testify In 'Kazakhgate' Probe〉, Available from http://www.rferl.org/content/Article/1117505.html (검색일: 2008년 10월 10일).

• parlam, 〈History of the parlamentarism development in Kazakhstan〉, Available from http://www.parlam.kz/Infor mation.aspx?doc= 5&lan=en-US (검색일: 2008년 10월 10일).

• People's Daily(2005.10,20), 〈China-Kazakhstan energy cooperation reaches a new high〉, Available from http://english.peopledaily. com. cn/200510/20/eng20051020_215577.html (검색일: 2008년 10월 3일).

• Poujol, Catherine(2000), Le Kazakhstan. 宇山智彦, 須田将譯(2006), 《カザフスタン》. 東京: 白水社.

• Razumov, Yaroslav(2000.09.15), 〈The genuine significance of the Centrasbat-2000 exercises is yet to be discussed〉, Available from http://www.eurasianet.org/resource/kazakhstan/hypermail/20 0009/0051.html (검색일: 2008년 9월 21일).

- Reuters(2008.03.12), 〈Gazprom Neft asks to send more oil to China〉, Available from http://uk.reuters.com/article/oilRpt/ idUKL 1276756220080312 (검색일: 2008년 10월 2일).

- RFE/RL(2005.04.21), 〈Kazakhstan: Opposition Group Reappears Under New Name〉, Available from http://www.rferl.org/ content/Article/ 1058594.html (검색일: 2008년 10월 14일).

- _____(2005.11.29), 〈Kazakh Opposition Figure's Death Ruled Suicide〉, Available from http://www.rferl.org/content/ article/1063345.html (검색일: 2008년 10월 15일).

- _____(2006.07.19), 〈Kazakh Opposition Leader Calls For New Party〉, Available fromhttp://www.rferl.org/content/Article/ 1069955.html (검색일: 2008년 10월 14일).

- _____(2006.09.11), 〈New Opposition Party Set Up In Kazakhstan〉, Available from http://www.rferl.org/content/ Article/1071222.html (검색일: 2008년 10월 14일).

- _____(2006.09.26), 〈Kazakh Pro-Presidential Parties Complete Merger〉 Available from http://www.rferl.org/content/Article/ 1143724.html (검색일: 2008년 10월 10일).

- _____(2006.11.10), 〈Pro-Nazarbaev Party Merges With President's Power Base〉, Available from http://www.rferl.org /content/article/ 1072644.html (검색일: 2008년 10월 10일).

- _____(2007.01.25), 〈New Opposition Party Registered In

Kazakhstan〉, Available from http://www.rferl.org/content/Article/ 1074279.html (검색일: 2008년 10월 14일).

• _____(2007.06.11), 〈Two Kazakh Opposition Parties Merge〉, Available from http://www.rferl.org/content/Article/ 1077064.html (검색일: 2008년 10월 14일).

• _____(2007.10.31), 〈Kazakhstan: President Accused Of Ordering Opposition Leader's Murder〉, Available from http://www.rferl.org/ content/Article/1079038.html (검색일: 2008년 10월 15일).

• Roberts, Sean R(2007.02.16), 〈Has the Prince Been Exiled Back to Austria?: The On-going Saga of Rakhat Aliyev, Family Quarrels, and the OSCE〉, Available from http://robertsreport.blogspot.com/ 2007/02/has-prince-been-exiled-back-to-austria.html (검색일: 2008년 9월 15일〉

• Roy, Olivier(2001), L'Asie centrale contemporaine. 齊藤かぐみ 譯 (2007),《現代中央アジア》, 東京: 白水社.

• Rumer, Boris ed(2005), Central Asia at the end of the transition. New York: M.E. Sharpe.

• Sabol, Steven(2003), Russian colonization and the genesis of Kazak national consciousness. New York: Palgrave Macmillan.

• Saidazimova, Gulnoza(2007.10.13), 〈Kazakhstan: Global Financial Turmoil Hits Credit Rating〉, Available from http://www.rferl.org/ content/Article/1078942.html (검색일: 2008년 10월 29일〉

• Satpayev, Dosym(2004.11.29), 〈It is getting more and more difficult for Nursultan Nazarbayev to hold on to power〉, Available from http:// enews.ferghana.ru/article.php?id=694 (검색일: 2008년 9월 15일).

- Schatz, Edward(2004), Modern clan politics : the power of "blood" in Kazakhstan and beyond, Washington: University of Washington Press.

- SEC(2007), 〈SEC Charges Baker Hughes With Foreign Bribery and With Violating 2001 Commission Cease-and-Desist Order〉, Available from http://www.sec.gov/news/press/2007/2007-77.htm (검색일: 2008년 9월 16일〉

- Shkolnik Vladimir S (2005), 〈Energy Policy of Kazakhstan〉, Available from http://www.clingendael.nl/ciep/events/20050830/20050830 _ciep_shkolnik.pdf (검색일: 2008년 9월 16일〉

- Sidorenko, Alexander & Ivanov, Andrei(2006.02.14), 〈How the President's Daughter was rid of an Enemy〉, Available from http://enews.ferghana.ru/article.php?id=1291 (검색일: 2008년 9월 15일).

- Sidorenko, Alexander(2006.02.21), 〈Organizer of Altynbek Sarsenbayevs abduction and his accomplices are reported collared〉, Available from http://enews.ferghana.ru/article.php?id=1304 (검색일: 2008년 10월 10일).

- Silk Road Intelligencer(2008.10.23), 〈Kazakhstan adopts law allowing partial nationalization of distressed banks〉, Available from http://silkroadintelligencer.com/2008/10/23/kazakhstan-

adopts-law-allowing-partial-nationalization-of-distressed-banks/
(검색일: 2008년 11월 5일).

- Sinor, Denis ed(1990). The Cambridge History of Early Inner Asia,
New York: Cambridge University Press.

- Skrine, Francis Henry & Ross, Edward Denison(2001), The heart of
Asia : a history of Russian Turkestan and the Central Asian
Khanates from the earliest times. Boston: Adamant Media
Corporation.

- Socor, Vladimir(2006.06.27), 〈Uzbekistan Accedes to Collective
Security Treaty Organization〉, Available from http://www.
jamestown.org/ edm/article.php?article_id=2371223 (검색일:
2008년 9월 15일〉

- Stern, David L(2008.10.05), 〈U.S. plays down its role in Central
Asia〉, Available from http://www.iht.com/articles/2008/10/05/
asia/rice. php (검색일: 2008년 10월 6일).

- Upstreamonline(2008.04.09), 〈Beijing digs in with Kazakh pipes〉,
Available from http://www.upstreamonline.com/live/article1
52009.ece (검색일: 2008년 10월 3일).

- Validov, Khalid(2005.12.26), 〈Oppositionist Makhambet Abzhan
extradited from Kyrgyzstan to Kazakhstan〉, Available from
http:// enews.ferghana.ru/article.php?id=1222 (검색일: 2008년
10월 3일).

- World Economic Forum(2008), 〈The Global Competitiveness
Report 2008-2009〉, Available from http://www.weforum.org/

documents/ GCR0809/index.html (검색일: 2008년 11월 3일).

- Xinhua(2006.07.12), 〈Kazakhstan-China oil pipeline opens to operation〉, Available from http://news3.xinhuanet.com/english/2006-07/12/content_4819484.htm (검색일: 2008년 10월 2일).

- Yermukanov, Marat(2005.01.11), 〈Astana Works to Stave Off Ukraine's Advancing Orange Tide〉, Available from http://www.jamestown.org/publications_details.php?volume_id=407&issue_id=3192&article_id=2369074 (검색일: 2008년 10월 10일).

- _____(2005.04.20), 〈Authoritarian Regime in Kazakhstan Gains "Democratic" Laurels as Opposition Loses Ground〉, Available from http://www.cacianalyst.org/?q=node/2981 (검색일: 2008년 10월 10일).

- _____(2005.11.30), 〈Kazakh Authorities Fear Public Disturbances After Presidential Elections〉, Available from http://www.cacianalyst.org/?q=node/3592 (검색일: 2008년 10월 15일).

- _____(2007.05.30), 〈Constitutional Amendments Bolster Nazarbayev's Presidency〉, Available from http://www.cacianalyst.org/?q=node/4627 (검색일: 2008년 10월 14일).